DROIT
DES CONTRATS SPÉCIAUX

TOUT-EN-UN
DROIT

DROIT
DES CONTRATS SPÉCIAUX

Vincent Gorlier

ellipses

Retrouvez tous les livres de la collection et des extraits sur www.editions-ellipses.fr

ISBN 9782340-057074

8/10 rue la Quintinie 75015 Paris

www.editions-ellipses.fr

Introduction/Préface

I Objet de l'ouvrage : le Droit des contrats spéciaux

L'étude des contrats spéciaux nécessite une bonne maîtrise de la théorie générale du droit des contrats.

En effet, par son objet et ses enjeux spécifiques, l'étude des contrats spéciaux peut être appréhendée comme le prolongement du droit commun des contrats. Les dispositions spéciales qui constituent cette matière s'articulent avec les règles générales du droit des obligations. En effet, tantôt la loi spéciale déroge au droit commun et l'écarte selon l'adage « *Speciala generalibus derogant* », tantôt elle complète la règle générale.

II Objectifs de l'ouvrage

L'objectif de ce manuel construit sous forme de fiches est double.

D'une part, proposer **une synthèse** des principaux contrats spéciaux.

Sans faire preuve d'une exhaustivité doctrinale, de nombreuses jurisprudences sont citées permettant d'illustrer l'intérêt et la nécessité d'étudier les critères de qualification de chaque contrat. En ce sens, il s'agira donc de définir les critères définissant chaque contrat spécial qui afin d'en comprendre leur régime juridique.

Enfin de Fiche, une rubrique « Pour aller plus loin » permet d'aborder un point plus technique ou un élément d'actualité.

D'autre part, proposer un **manuel accessible** à tous les étudiants suivant des cours de Droit, qu'ils soient juristes ou non.

Les étudiants en BTS, en DUT, en Licence professionnelle ou en École de commerce, y trouveront les éléments essentiels d'une matière désormais intégrée à leurs programmes dans le cadre de cours magistraux ou de travaux dirigés.

Les étudiants passant des examens ou concours, spécialement de la fonction publique ou aux métiers juridiques et judiciaires (ENM, CRFPA, commissaire, officier de police…) y trouveront un outil de révision avec les fiches, des QCM et des cas pratiques.

C'est pourquoi nous avons fait le choix de ne pas développer les concepts doctrinaux et renvoyer le cas échéant à des ouvrages spécialisés. Les références jurisprudentielles ont pour objet d'illustrer l'actualité et l'évolution des contrats spéciaux dont l'usage est quotidien.

Ainsi, le présent manuel se veut être un ouvrage de découverte ou de révision, à destination de juristes en herbe ou confirmés, pour apprendre ou s'entraîner.

III Plan de l'ouvrage

- **Définitions de la matière.** Prenant sa source dans les règles de droit commun des contrats, le Droit des contrats spéciaux désigne plus largement les règles juridiques applicables aux contrats dont les règles sont explicitement désignées dans le Code civil.
  Si le droit des communs des contrats a récemment fait l'objet d'une intervention législative pour codifier la jurisprudence applicable, les contrats spéciaux font l'objet à la fois des règles de droit générale correspondant à tous les contrats mais également des règles spéciales qui leurs sont spécifiques.
  Le droit des contrats spéciaux permet d'aborder les régimes juridiques applicables à chaque type de contrat, dont les règles sont énoncées par la loi. Les règles propres à chacun d'entre eux seront abordées, et illustrées.

- **Organisation.** Deux points majeurs nous paraissent essentiels à une bonne connaissance du droit des contrats spéciaux :
  - L'objectif premier étant d'aborder tout d'abord les principaux contrats spéciaux portant sur une chose. Il s'agira notamment de l'étude du contrat de vente qui opère un effet translatif (chapitre 1). Puis du contrat de bail dont l'objet est la mise à disposition d'une chose (chapitre 2) pour enfin aborder le contrat de prêt (chapitre 3) et de dépôt (chapitre 4) qui entraîne une obligation de restitution de la chose.
  - Le second objectif est d'aborder les contrats spéciaux dont l'objet n'est plus une chose, mais un service. Tel est le cas du contrat de mandat (chapitre 5) dont le but est de faire quelque chose pour le nom et le compte d'autrui. Enfin, nous finirons cette étude des contrats spéciaux par l'analyse du contrat d'entreprise (Chapitre 6) qui s'illustre comme le contrat de service par excellence.

- Chacun de ces chapitres comporte :
  - des fiches thématiques numérotées ;
  - des schémas et tableaux récapitulatifs ;
  - des éléments d'approfondissement ;
  - des exercices pratiques.

Sommaire

Que sont les contrats spéciaux ?

L'essentiel

Un contrat se définit comme « un accord de volontés entre deux ou plusieurs personnes destinées à créer, modifier, transmettre ou éteindre des obligations » (art 1101., C. civ.). Le droit commun des contrats a fait l'objet d'une réforme issue de l'ordonnance du 10 février 2016 dont les points essentiels concernent la suppression de la cause, l'admission de la théorie de l'imprévision et l'introduction de dispositions contre la lutte des clauses abusives. La matière des contrats spéciaux n'a pas été touchée par cette réforme, mais elle n'est pas à l'abri à l'avenir de faire l'objet d'une recodification. Les contrats spéciaux sont donc les contrats les plus courants : la vente, le contrat d'entreprise, le mandat, le bail, le prêt et le dépôt. Ils sont régis par des règles particulières prévues par la loi contrairement aux contrats innommés qui n'ont pas de réglementation particulière. L'identification de chaque contrat spécial connaît des impédiments du fait qu'à leurs propres règles s'ajoutent les dispositions de droit commun, mais également une multiplication des règles spéciales.

1. Interrogation. Pour répondre à la question « Que sont les contrats spéciaux » il convient de déterminer ce qu'est un contrat est quel est le corps de règles propres à chaque contrat.

I La notion de contrat

A La définition du contrat

2. Notions. Qu'est-ce qu'un contrat ? Le contrat qui constitue l'un des trois piliers du Code civil avec la famille et la propriété se définissait dès 1804 comme la « *convention par laquelle une ou plusieurs personnes s'obligent envers une ou plusieurs autres à donner, à faire ou à ne pas faire quelque chose* » (ancien article 1101 du Code civil). Ainsi, le Code civil renvoyait à la notion de convention dont le contrat constituait une sous-catégorie. Par ailleurs, les rédacteurs du Code civil ont emprunté au droit romain le triptyque de l'obligation de donner, de faire et de ne pas faire.

En dépit des nombreuses interventions du législateur depuis l'adoption du Code civil, la matière du droit des contrats était restée relativement intacte dans ses grandes lignes. Elle vient de faire l'objet d'un remaniement global opéré par l'ordonnance n° 2016-131 du 10 février 2016 portant réforme du droit des contrats, du régime général et de la preuve des obligations et qui a été ratifiée par la loi n° 2018-287 du 20 avril 2018. C'est sans nul doute la réforme qui apporta le plus de changement dans cette matière. En effet, le législateur contemporain à renouveler le contenu des règles contractuelles. Désormais, le contrat est un accord de volontés destiné, non seulement à créer, mais également à modifier, transmettre ou éteindre des obligations (art 1101., C. civ.). Néanmoins, les principes directeurs du droit des contrats n'ont pas été modifiés par la réforme. Ainsi, les contrats sont soit synallagmatiques ou unilatéraux. Ils peuvent être consensuels, c'est-à-dire être valablement conclu par la seule volonté des parties ou bien réel par la remise d'une chose. Enfin, les contrats peuvent être de gré à gré ou d'adhésion.

B Les apports de la réforme

3. Évolutions. Il n'est pas question de relater en détail l'ensemble des évolutions apportées par la réforme du droit des contrats. Cela dit, la réforme comprend des innovations importantes qui méritent que l'on s'y intéresse. :

4. La suppression de la cause. Parmi les lignes directrices de la réforme, les rédacteurs ont supprimé la cause sans lui substituer une notion parente ou voisine. En effet, avant la réforme la cause était exigée comme conditions de validité du contrat, aux côtés du consentement, de la capacité et de l'objet certain. Il existait deux théories principales de la cause, entre lesquelles la jurisprudence semblait en perpétuelle hésitation, malgré les tentatives d'explication de la doctrine. Traditionnellement, la doctrine distinguait la cause « objective », ou cause de l'obligation, correspondant au but principal du contrat et la cause « subjective », renvoyant aux motifs personnels qui ont déterminé le consentement. La défaillance de la cause entraînait la nullité de l'engagement. La notion a commencé à être critiquée depuis la fin du XXe siècle au motif que la jurisprudence acceptait d'utiliser la cause comme instrument de contrôle de l'équilibre du contrat. Le législateur contemporain y voyant un danger pour la sécurité contractuelle en faisant obstacle à l'efficacité des contrats a fait disparaître la cause comme condition de validité. Ainsi, les prochaines générations d'étudiants en droit n'entendront jamais parler du fameux arrêt Chronopost du 22 octobre 1996 par lequel la Cour de cassation à considérer qu'appliquer une clause limitative de réparation en cas de manquement à une obligation essentielle revenait à priver cette obligation de toute contrepartie réelle et donc à priver de cause l'obligation[1]. Faut-il s'en émouvoir ? On remarquera cependant que le nouvel article 1169 du Code civil issu de la réforme du 10 février 2016 dispose qu'*« un contrat à titre onéreux est nul lorsque, au moment de sa formation, la contrepartie convenue au profit de celui qui s'engage est illusoire ou dérisoire »*. Même moribonde, même bouleversé dans son fondement et ses visages, la cause (même si le terme de cause n'est plus employé) demeure une notion essentielle des échanges contractuels.

5. L'introduction de la théorie de l'imprévision. La réforme comprend une innovation importante : la reconnaissance de la théorie de l'imprévision. En effet, depuis le fameux arrêt Canal de Craponne rendu en 1876, la Cour de cassation a toujours refusé de « modifier les conventions des parties et substituer des clauses nouvelles à celles qui ont été librement acceptées par les contractants »[2]. Cette jurisprudence a toujours été constante malgré qu'il eût été admis une obligation de renégocier le contrat dans certaines circonstances dans l'arrêt Huard[3]. Désormais, le nouvel article 1195 du Code civil admet la révision, voire l'anéantissement judiciaire d'un contrat en cas de changement de circonstances imprévisibles au jour de sa conclusion et rendant son exécution excessivement onéreuse pour l'une des parties.

1. Cass. com., 22 oct. 1996, n° 93-18.632.
2. Cass. civ., 6 mars 1876, canal de Craponne.
3. Cass. com., 3 nov. 1992, n° 90-18.547.

6. La lutte contre les clauses abusives. Enfin, et nous terminerons sur cette dernière précision, portant sur l'instauration de la notion de « clause abusive ». Considéré comme la mesure phare de la réforme, l'article 1171 du Code civil prévoit que « *dans un contrat d'adhésion, toute clause non négociable, déterminée à l'avance par l'une des parties, qui crée un déséquilibre significatif entre les droits et obligations des parties au contrat est réputée non écrite* ». Il s'agit d'un mouvement de lutte contre les clauses abusives insérées dans les contrats comportant un « *ensemble de clauses non négociables, déterminées à l'avance par l'une des parties* » (art 1110 al. 2., C. civ.).

II L'objet des contrats spéciaux

7. Réformes et contrats spéciaux. La réforme du droit des contrats, du régime général et de la preuve des obligations n'a pas impacté la matière du droit des contrats spéciaux. Cela dit, il est tout à fait envisageable que dans les prochaines années la matière fasse l'objet à son tour d'une réforme afin de donner une cohérence à la jurisprudence actuellement applicable.

8. Objet des contrats spéciaux. Le droit des contrats spéciaux renvoie à l'étude des règles spécifiques aux principaux contrats nommés (art 1105., C. civ.). Il s'agit des contrats d'usage courant réglementés par des règles particulières. D'où la dénomination de contrats spéciaux. À l'inverse, les contrats innomés relèvent davantage de la théorie générale des obligations et ne sont donc pas régis par des règles particulières. S'il est plus aisé de définir les contrats nommés que sont la vente, le contrat d'entreprise, le mandat ou le bail, il est toutefois plus difficile de qualifier un contrat innomé. En pratique, il peut s'agir de contrat dit « complexe » regroupant plusieurs contrats nommés. L'illustration la plus frappante réside dans le contrat d'hôtellerie. En effet, dans le contrat d'hôtellerie, l'hôtelier ne s'engage pas seulement à mettre une chambre à la disposition de son client. Ce contrat est soumis également aux règles applicables au contrat de dépôt lorsque les bagages sont confiés à l'hôtelier ou bien encore au contrat de vente lorsque l'hôtel propose à l'achat des cartes postales, des objets souvenirs, etc. Les contrats innomés peuvent parallèlement être des contrats dits « sui generis » ne relevant d'aucun contrat nommé et qui seront uniquement soumis aux règles du droit commun des obligations, ou auquel on pourra étendre, par analogie, certaines règles applicables à des contrats qui s'en rapprochent. Tel sera le cas par exemple des contrats de concession, des contrats de franchise, des contrats de partenariat, des contrats de pompiste dont les critères et la dénomination sont issus de la jurisprudence.

9. L'identification des contrats spéciaux. L'article 12 du Code de procédure civil fait obligation au juge de « *donner ou restituer leur exacte qualification aux faits et actes litigieux sans s'arrêter à la dénomination que les parties en auraient proposée* ». Le contenu du contrat souscrit par les parties l'emporte donc sur sa dénomination.

Une question reste posée : celle de l'autonomie du régime de chaque contrat spécial par rapport aux autres systèmes de réglementation notamment par rapport à celle de droit commun et aux règles particulières qu'il est possible d'appliquer en complément des règles spéciales. Par exemple, la vente obéit à l'article 1101 et suivant du Code civil, mais également aux articles 1582 et suivants de ce même code. Un troisième degré de règles est susceptible de s'appliquer tel que les dispositions concernant les ventes à distances, les ventes d'immeuble à construire, etc. Il en va de même en ce qui concerne le contrat de bail qui obéit aux articles de droit commun :

article 1101 et suivants du Code civil ainsi que par les articles 1713 et suivants du même code auxquelles sont susceptibles de s'ajouter les règles de la loi du bail habitation, du bail commercial ou du bail rural. Enfin, les impédiments tendant à l'identification des contrats spéciaux ont pour source la multiplication des contrats dérogatoire au droit commun sous l'effet de lois spécifiques : droit de la consommation, droit de la construction droit de la concurrence, etc.

Pour aller plus loin

1. Ouvrages

- Collart Dutilleul Fr. et Delebecque Ph., *Contrats civils et commerciaux*, Dalloz, 10e éd., 2015.
- Grillet-Ponton D., *Essai sur le contrat innomé*, th. Lyon, 1982.
- Terré Fr., *L'influence des volontés individuelles sur les qualifications*, LGDJ, 1957.

2. Articles

- Grillet-Ponton D., *Nouveau regard sur la vivacité de l'innommé en matière contractuelle*, Recueil Dalloz, 2000.
- Gautier P.-Y., *Régime juridique de l'innommé: à partir de la modification unilatérale du prix dans le contrat de coffre-fort*, RTD Civ., 2004.

Exercice QCM

→ Répondre aux questions suivantes. Une seule bonne réponse est possible.

1 Un contrat est un accord de volontés entre deux ou plusieurs personnes :

a. Destinées à créer des obligations de donner, de faire et de ne pas faire.
b. Destinées à créer, modifier, transmettre ou éteindre des obligations.
c. Destinées à créer des obligations de donner, transmettre, de faire et de ne pas faire.

2 La réforme du droit des contrats est issue de :

a. L'ordonnance du 10 février 2016.
b. L'ordonnance du 10 février 2018.
c. L'ordonnance du 10 février 2020.

3 Un contrat innomé est un contrat :

a. Régi par des règles particulières.
b. Régi par des lois spéciales.
c. Régi par aucunes règles particulières.
d. Régi par le régime de la responsabilité délictuelle.

4 Lequel de ces contrats est un contrat nommé ?

a. Contrat de pompiste.
b. Contrat de dépôt.
c. Contrat d'hôtellerie.
d. Contrat de franchise.

5 Quelle est la différence entre un contrat complexe et un contrat sui generis ?

a. Il n'y a aucune différence entre ces deux contrats.
b. Le contrat complexe n'entre dans aucune catégorie légale contrairement au contrat sui generis qui combine plusieurs types de contrats nommés.
c. Le contrat complexe est un contrat nommé contrairement au contrat sui generis qui est un contrat innomé.
d. Le contrat complexe combine plusieurs types de contrats nommés contrairement au contrat sui generis qui n'entre dans aucune catégorie légale.

Correction

1 **Réponse b**. Depuis la réforme du droit des contrats : un contrat est « *un accord de volontés entre deux ou plusieurs personnes destinées à créer, modifier, transmettre ou éteindre des obligations* » (art 1101., C. civ.).

2 **Réponse a**. *La réforme du droit des contrats est issue de l'ordonnance du 10 février 2016.*

3 **Réponse c**. *Un contrat innomé n'est régi par aucunes règles particulières.*

4 **Réponse b**. Le contrat de dépôt.

5 **Réponse d**. Le contrat complexe combine plusieurs types de contrats nommés contrairement au contrat sui generis qui n'entre dans aucune catégorie légale.

Exercice

Cas pratique : « Ce n'est pas un hôtel ici ! »

Énoncé

Édouard de La Guigne décide, sur les conseils d'un ami de séjourner durant ces vacances dans une des régions les plus pittoresques du sud de la France. Il choisit de passer la nuit à La Casa De Pâquerette une résidence proposant outre le service hôtelier diverses fournitures de service telles que le petit déjeuner, le nettoyage régulier des locaux, la fourniture de linge de maison. Le lendemain Édouard de La Guigne découvre avec une stupeur mêlée d'effroi et d'horreur que sa voiture qui était garée dans le parc de stationnement de la résidence a disparu. La Casa De Pâquerette quant à elle prétend n'être tenue d'aucune responsabilité. Furieux, Édouard de La Guigne souhaite assigner La Casa De Pâquerette en paiement d'une somme équivalant à la valeur du véhicule perdu.

Qu'en pensez-vous ?

Correction

Rappel des faits et problème juridique

Alors que Édouard de La Guigne passe la nuit au sein de la résidence la Casa De Pâquerette il découvre au matin que sa voiture a été volée alors que le véhicule était garé dans le parking de la résidence. Édouard de La Guigne, souhaite obtenir de la résidence la somme équivalente à la valeur de sa voiture.

Pour déterminer les moyens d'action juridiques Édouard de La Guigne, il convient au préalable de qualifier la relation contractuelle qu'il entretient avec la résidence.

Qualification juridique

Dans cette affaire toute la difficulté réside à distinguer le contrat conclu entre Édouard de La Guigne et la résidence la Casa de Pâquerette. En l'espèce s'agit-il d'un contrat de bail qui est un contrat nommé ou un contrat d'hôtellerie qui est un contrat innomé ? La distinction est d'autant plus difficile puisque la résidence en question confère à Édouard de La Guigne la jouissance temporaire d'un appartement meublé, moyennant le paiement d'un « loyer », mais lui permet également de bénéficier de services annexes d'hôtellerie en contrepartie de rémunérations additionnelles. Ces contrats sont qualifiés de « para-hôtellerie ».

Règles de Droit

La particularité du contrat dit « para-hôtellerie » a pour conséquence, au-delà de l'indispensable mise à disposition d'une chambre, de mettre diverses autres obligations à la charge du professionnel, en particulier celle d'assurer la sécurité des biens introduits par les clients dans l'établissement. Par ailleurs, les articles 1952 et suivants du Code civil font peser une responsabilité de plein droit sur l'hôtelier ainsi tenu comme investi de la garde des effets de ses cocontractants en vertu d'un dépôt « regardé comme un dépôt nécessaire ». À ce titre, il est responsable du vol des voitures automobiles stationnées dans les lieux dont il a la jouissance privative.

À l'inverse le contrat de bail qui est régi par les articles 1713 et suivant du Code civil, n'impose pas au bailleur de garantir au preneur des troubles de fait occasionnés par des tiers comme un vol par exemple. En effet, sauf faute prouvée du bailleur ce dernier n'est pas tenu d'une obligation de gardiennage ou de surveillance.

Certains auteurs ont pu suggérer que ce contrat de para-hôtellerie était un contrat sui generis puisqu'il ne correspondait pas véritablement à une location classique du fait de la présence de prestations de fournitures secondaires (linge de maison et de toilette notamment) que l'on ne trouve pas dans des baux de location en meublé.

Dans une espèce similaire à notre affaire la Cour de cassation dans un arrêt en date du 19 octobre 1999 à décider qu'il s'agissait d'un contrat de location meublé et a par conséquent rejeté la qualification de contrat de para-hôtellerie[1].

Application

Pour agir en réparation contractuelle, Édouard de La Guigne doit d'abord démontrer que le contrat qu'il entretient avec la résidence est un contrat de para-hôtellerie de sorte qu'il pourra invoquer l'obligation découlant du contrat de dépôt obligeant la résidence à être responsable du vol de la voiture aux termes de l'article 1952 du Code civil.

A contrario, s'il n'est pas prouvé que les prestations fournies sont de nature secondaire, le contrat sera qualifié de bail au sens de l'article 1713 il ne pourra obtenir de la part de la résidence le dédommagement équivalent à son automobile dérobée.

1. Cass. civ. 1re, 19 octobre 1999, n° 97-13525.

Chapitre

1

Le contrat de vente

Section

I La formation du contrat de vente

La vente est définie par l'article 1582 du Code civil comme une convention par laquelle l'un s'oblige à livrer une chose, et l'autre à la payer. Plus précisément, la vente est « l'opération ayant pour objet de transférer la propriété d'une chose, que le vendeur s'engage à mettre à la disposition de l'acquéreur, moyennant le paiement d'un prix par ce dernier ». La vente se distingue des autres contrats de par son objet, son prix et le transfert de propriété qu'elle opère (Fiche n° 2).

Néanmoins, il convient de préciser que la conclusion du contrat de vente passe parfois par une phase initiale de négociation, couramment dite de « pourparlers », lesquels peuvent être suivant les cas non contractuels ou contractuels s'ils sont ou non régis par les dispositions d'un avant-contrat (Fiche n° 3). Par ailleurs, la perfection du contrat de vente résulte du respect des règles du droit commun des contrats (Fiche n° 4 à n° 5).

Les critères de qualification du contrat de vente

L'essentiel

Aux termes de l'article 1582 du Code civil, un contrat de vente est une convention par laquelle l'une des parties appelées vendeur s'oblige à livrer une chose à l'autre partie appelée acheteur ou acquéreur dont l'obligation est de payer le prix. La vente qui est le contrat archétype des contrats spéciaux se distingue pourtant des autres contrats spéciaux.

Ainsi, elle ne peut être confondue avec le contrat d'entreprise qui porte sur une prestation intellectuelle ou matérielle et non sur une chose. De même, qu'elle se distingue du mandat qui a pour objet un service et non une chose.

Par ailleurs, la vente est un contrat onéreux et par conséquent aucune confusion n'est permise avec des contrats à titre gratuit: donation, échange, apport en société ou datation en paiement. Enfin, la vente opère un transfert de propriété ce qui la distingue du contrat de bail qui n'offre qu'une jouissance de la chose au locataire et du contrat de dépôt et du prêt entraînant la restitution de la chose.

1. Définition. Aux termes de l'article 1582 du Code civil, le contrat de vente est la convention par laquelle une personne s'oblige à livrer une chose à une autre qui s'engage à la payer.

I La chose

2. Notion. La qualification d'un contrat permet de déterminer de quelle catégorie il relève, afin d'en déduire les règles qui lui sont applicables. Dire que la vente porte sur une chose est un abus de langage. À la vérité la vente porte sur le droit que le vendeur exerce sur la chose. En effet, il s'agit avant tout de transférer un droit de propriété sur la chose et non la chose elle-même. Toute chose peut faire l'objet d'une vente dès lors qu'elle n'est pas considérée comme hors commerce (substances illicites, corps humain, marchandise contrefaite, etc.). Il peut s'agir de meuble ou immeuble, corps certain ou chose de genre, chose présente ou chose future, chose corporelle ou chose incorporelle.

3. Le contrat d'entreprise. Il existe une distinction fondamentale entre le contrat de vente et le contrat d'entreprise. En effet, il s'agit d'un contrat par lequel une personne s'engage à exécuter un travail de façon indépendant, moyennant rémunération. Son objet n'est pas le transfert de la propriété d'une chose, mais l'accomplissement d'une prestation de service, matérielle ou intellectuelle. Par ailleurs, il peut y avoir une confusion entre ses deux contrats dès lors que l'entrepreneur exécute non seulement son travail, mais fournit aussi la matière.

Dans cette hypothèse, il faudra alors distinguer selon que la chose livrée est conforme aux indications du client et que sa confection n'est pas standardisée ou au contraire si la chose est fabriquée en série et qu'elle disponible à toute personne intéressée. Dans le premier cas, il s'agira d'un contrat d'entreprise et dans le second d'un contrat de vente.

Illustration jurisprudentielle

Dans un arrêt rendu le 5 décembre 2018[1], la Cour de cassation a rappelé les critères de distinction entre contrat de vente et contrat d'entreprise. En l'espèce, un exploitant avait commandé à un autre la fabrication d'un rotor (il s'agit d'une pièce mécanique permettant à une machine électrique rotative de tourner) à intégrer dans une turbine dans le but de fabriquer de la pâte à papier. Toutefois, un an après son installation le rotor s'était révélé défectueux. La société qui avait commandé le rotor arguait qu'il s'agissait d'un contrat de vente et assigna par conséquent le fabricant sur le fondement de la garantie des vices cachés. À l'inverse, le fabricant arguait qu'il s'agissait d'un contrat d'entreprise du fait que le rotor devait être intégré dans une turbine qui avait été fabriqué à partir des plans et croquis fournis par l'exploitant et que par conséquent il n'avait pas d'obligation de garantir l'ouvrage contre les vices cachés. La Cour de cassation a tranché dans cette affaire en faveur du contrat de vente aux motifs qu'il portait sur une chose déterminée (à savoir le rotor) à l'avance et non sur un travail spécifique visant à répondre aux besoins particuliers exprimés par l'exploitant. En effet, si la turbine avait été fabriquée selon les indications de l'exploitant il n'en allait pas de même du rotor.

4. Le contrat de mandat. Il est aisé de distinguer le contrat de vente du contrat de mandat puisque ce dernier met en présence un mandataire qui a pour but d'accomplir des actes juridiques au nom et pour le compte d'une personne qui lui a confié cette mission. Le mandat a donc pour objet un service, et non une chose.

II Le prix

5. Notion. La vente est un contrat à titre onéreux qui oblige l'acquéreur au paiement d'une somme d'argent ce prix, qui prend la forme d'une somme d'argent, constitue l'un des éléments caractéristiques du contrat de vente. Il permet de distinguer celui-ci d'autres contrats importants transfert de propriété.

6. Donation. La vente se distingue de la donation qui est, par essence, gratuite et ne contient pas de prix. Néanmoins, des difficultés peuvent naître lorsqu'une donation est faite à charge pour le donataire de verser, par exemple, une rente viagère au donataire. En ce sens, la Cour de cassation a pu décider qu'il s'agit d'une vente malgré les apparences de gratuité.[2]

7. L'échange. Selon l'article 1702 du Code civil, l'échange est un contrat par lequel les parties se donnent respectivement une chose pour une autre et s'opère par le seul consentement. Cela dit, à l'inverse de la vente l'échange ne contient pas de prix. Néanmoins, il n'est pas interdit que les parties s'entendent sur le montant de la soulte (une somme d'argent afin

1. Cass. Com., 5 déc. 2018, n° 17-24.293.
2. Cass. soc., 26 janv. 1956, n° 45.861.

de compenser une inégalité). À cet égard, l'échange sera requalifié en vente lorsque la soulte est si importante qu'elle devient en fait l'objet principal de l'obligation de l'une des parties.

8. L'apport en société. L'apport en société consiste en un transfert de la propriété d'un bien, rémunéré par des droits sociaux à concurrence de la valeur du bien (on parle alors d'apport en nature). Il se distingue de la vente en ce que la contrepartie onéreuse du transfert de propriété ne consiste pas en une somme d'argent, mais en l'attribution de droits sociaux. La jurisprudence a ainsi admis que l'apport pur et simple d'un immeuble par une société anonyme exerçant une activité de marchand de biens à une autre société anonyme devait être assimilé à une vente[1].

9. La datation en paiement. Il s'agit d'un mécanisme par lequel un débiteur règle tout ou partie du montant de sa dette cédant la propriété d'un bien, d'un ensemble de biens ou de droits, lui appartenant. La dation en paiement se distingue de la vente en ce qu'elle est un acte juridique qui modifie l'objet initial de l'obligation en substituant à l'objet monétaire un objet en nature.

III Le transfert de propriété

10. Principe. La vente est un contrat translatif de propriété. Cela signifie qu'elle a pour objet de déplacer la propriété d'un bien du patrimoine du vendeur vers le patrimoine de l'acquéreur. Cette caractéristique essentielle du contrat de vente aboutit à la distinguer des autres principaux contrats spéciaux.

11. Le bail. Ainsi, il ne peut y avoir confusion entre le contrat de vente et celui de bail. En effet, le bail ne permet au locataire qu'une jouissance temporaire et limitée au titre d'un droit personnel tandis que la vente permet à l'acquéreur de devenir définitivement propriétaire de la chose et d'en jouir de façon illimitée. En revanche, on soulignera que le contrat de bail carrière dénommée encore contrat de fortage, c'est-à-dire location d'immeubles à usage de carrières en vue de l'extraction de matériaux a été considérée par la jurisprudence comme une vente[2].

12. Le dépôt. Pareillement, la confusion n'est pas permise entre le contrat de vente et le contrat de prêt. En effet, le contrat de dépôt n'opère aucun transfert de propriété puisque l'article 1915 du Code civil précise que le dépositaire a la charge de garder la chose, mais également de la restituer en nature. Toutefois, un risque de confusion est possible en cas de dépôt-vente. Il s'agit du cas où le marchand conviendra avec son fournisseur que le premier vendra ce qu'il pourra et restituera au second la marchandise non vendue au terme du délai stipulé. Dans la pratique, le dépôt-vente est un véritable contrat caméléon qui peut générer une importante controverse quant à sa qualification. À titre d'exemple, si un distributeur est chargé de vendre la chose appartenant au commerçant, il ne pourra le faire que pour le compte de ce dernier. Autrement dit, le contrat revêtira à la fois l'aspect du contrat de dépôt et du contrat de mandat.

13. Le prêt. Enfin, la vente doit être distinguée du prêt. En effet, au sein du contrat de prêt, le prêteur remet une chose à l'emprunteur, pour que celui-ci s'en serve puis la lui restitue en nature s'il s'agit d'un prêt à usage, ou par équivalent s'il s'agit d'un prêt de consommation. Ainsi l'obligation de restitution du bien est la principale distinction entre les deux contrats puisque l'acheteur se voit transférer la propriété de la chose par effet de la vente. Cela dit,

1. Cass. com., 1er mars 1994, n° 92-12.374.
2. Cass. 3e civ., 15 mars 1967, n° 64-12.560.

une dose d'incertitude affecte les ventes avec consignation de l'emballage. Prenons l'exemple d'une société qui achète pour un chantier des câbles électriques enroulés dans des tourets. Les tourets reçoivent la qualification d'emballage. Il conviendra alors de distinguer si les tourets doivent être restitués ou s'ils sont transférés à l'acheteur qui aura la faculté de le rendre contre remise du prix. Dans le premier cas, il s'agira d'un prêt à usage et dans le second une vente de l'emballage avec promesse de rachat.

Pour aller plus loin

1. Ouvrages

- Brèthe de La Gressaye J., *Essai de classification des contrats spéciaux*, LGDJ, tome 91, 1969.
- F. LABARTHE, « *Les conflits de qualification ; éléments de réflexion à partir de la distinction entre le contrat d'entreprise et d'autres contrats* », in Mélanges dédiés à B. Bouloc, Dalloz, 2006.

2. Articles

- R. Savatier, « *La vente de services* », D. 1971. Chron. 223.

Exercice QCM

→ Répondre aux questions suivantes. Une seule bonne réponse est possible.

1 La vente se distingue de la donation par son caractère :

a. Gratuit
b. Onéreux.
c. aucun des deux.

2 La vente se distingue du contrat d'entreprise parce :

a. Elle accomplit un transfert de propriété.
b. elle accomplit une prestation de service.
c. Elle permet une représentation au nom et pour le compte de quelqu'un.

3 La vente et l'échange sont des contrats similaires ?

a. Vrai.
b. Faux.

4 Le contrat de vente ne peut porter que :

a. Sur des meubles.
b. Sur des immeubles.
c. Sur des meubles et des immeubles.

5 Qu'est-ce qu'un apport en société ?

a. Il s'agit d'un transfert de la propriété d'un bien, rémunéré par des droits sociaux à concurrence de la valeur du bien.
b. Il s'agit d'un mécanisme par lequel un débiteur règle tout ou partie du montant de sa dette cédant la propriété d'un bien, d'un ensemble de biens ou de droits, lui appartenant.
c. Il s'agit d'un contrat par lequel les parties se donnent respectivement une chose pour une autre et s'opère par le seul consentement.
d. Il s'agit de la location d'immeubles à usage de carrières en vue de l'extraction de matériaux a été considérée.

Correction

1 Réponse b. La vente est un contrat à titre onéreux.

2 Réponse a. *La vente accomplit un transfert de propriété.*

3 Réponse b. Faux.

4 Réponse c. Le contrat de vente peut porter sur des biens meubles et des biens immeubles.

5 Réponse a. Il s'agit d'un transfert de la propriété d'un bien, rémunéré par des droits sociaux à concurrence de la valeur du bien.

Exercice

Cas pratique : « Un second couteau »

Énoncé

Okouto CHUICHE, jeune amateur de cuisine à participer à de nombreux concours gastronomiques diffusés à la télévision. Cette médiatisation a contribué à l'ascension rapide et fulgurante de Okouto CHUICHE comme étoile montante de la cuisine. Après une semaine à préparer ces meilleures recettes Okouto CHUICHE se rend au concours de cuisine amateur « À la bonne fourchette », pour lequel il travaille sa recette de pigeon du Périgord aux chanterelles et chantilly depuis de nombreux mois. Il rêve en effet depuis longtemps de ce prestigieux concours, et surtout de son prix, qu'il est d'ailleurs certain de remporter : ouvrages de cuisine par dizaine, mais surtout un long stage chez le plus grand Chef Cuisinier : Cyril Libiac. Toutefois, au moment de découper sa volaille le couteau de cuisine de Okouto CHUICHE se fendille en deux rendant impossible pour le jeune cuisiner de poursuivre le concours. Le règlement est strict, les candidats doivent utiliser leurs propres ustensiles. Okouto CHUICHE décide alors d'agir en garantie des vices cachés à l'encontre de la boutique la Spatule d'argent dans laquelle il avait acheté ce couteau dont le manche et la lame avaient été spécialement forgés pour le concours sur ses indications.

Qu'en pensez-vous ?

Correction

Rappel des faits et problème juridique

Un jeune cuisinier Okouto CHUICHE participe à un concours de cuisine dont l'une des règles est d'utiliser ses propres ustensiles. Malheureusement pour Okouto CHUICHE le couteau qu'il a acheté se fendille et devient inutilisable. Il doit abandonner le concours et souhaite se retourner contre la Spatule d'argent boutique auquel il s'est procuré le couteau et qui avait été réalisé selon ses indications.

Qualification juridique

L'enjeu de la qualification du contrat passé entre Okouto CHUICHE et la Spatule d'argent est important afin de savoir si le jeune cuisinier peut invoquer la garantie des vices cachés. Le contrat d'entreprise s'entend comme « *contrat par lequel l'une des parties s'engage à faire quelque chose pour l'autre, moyennant un prix convenu entre elles* » (art. 1710., C. civ.), alors que la vente est une « *convention par laquelle l'un s'oblige à livrer une chose, et l'autre à la payer* » (art. 1582., C. civ.). En effet, s'agit-il d'un contrat de vente ou un contrat d'entreprise ?

La distinction est d'autant plus difficile dès lors que le fabricant du couteau a apporté la matière avec laquelle il a créé l'ustensile de cuisine.

Règles de Droit

La doctrine et la jurisprudence avaient développé deux éléments de distinction du contrat de vente et du contrat d'entreprise. Le premier élément était l'importance de la main-d'œuvre par rapport à la matière fournie, l'autre étant à spécificité du travail effectué par l'entrepreneur. C'est cette dernière conception qui a été retenue. En effet, la Cour de cassation a pu juger que « serait considéré comme exécutant un contrat d'entreprise, le fabricant d'un produit dont la conception, le mode de réalisation et les propriétés d'utilisation sont déterminés par celui à qui le produit doit être livré »[1].

Application

En l'espèce, il est indiqué que c'est bien Okouto CHUICHE qui a indiqué les modalités de conception du couteau c'est-à-dire la lame et le manche. Par conséquent, on peut en déduire qu'il s'agit d'un contrat d'entreprise. S'agissant d'un contrat d'entreprise et non d'un contrat de vente Okouto CHUICHE ne peut invoquer la garantie des vices cachés précisée à l'article 1641 du Code civil à l'encontre de la Spatule d'argent qui lui aurait permis d'obtenir la restitution du prix et des dommages et intérêts (art. 1645., C. civ.) afin de l'indemniser des préjudices subis consécutifs au vice du couteau. Cela dit, Okouto CHUICHE pourra tout de même engager la responsabilité contractuelle de la Spatule d'argent. En effet, le contrat d'entreprise portant sur une chose matérielle obéit à une obligation résultat. Si l'ouvrage réalisé présente des vices, la responsabilité de l'entrepreneur peut être engagée à condition de prouver la faute de ce dernier.

1. Cass. com., 4 juill. 1989, n° 88-14.371.

Fiche 3

La formation du contrat de vente par étapes

L'essentiel

Les avant-contrats sont de véritables contrats dont le but est d'élaborer la conclusion définitive d'un contrat ultérieur. Les parties qui concluent des avants – contrats ne sont dès lors plus en pourparlers et ont déjà conclu une convention ayant force obligatoire. Jusqu'à la réforme du 10 février 2016, le Code civil n'envisageait que la promesse de vente à l'article 1582. Aujourd'hui, le Code civil consacre le pacte de préférence à l'article 1123 et la promesse unilatérale de vente à l'article 1124 qui n'était qu'envisagée par la doctrine et la jurisprudence. On caractérise ces avant-contrats de la manière suivante :

- Le pacte de préférence est la situation au sein de laquelle une personne propose prioritairement à une autre de négocier avec elle pour le cas où elle déciderait de contracter.
- La promesse unilatérale quant à elle vise la situation ou une personne s'engage envers une autre qui accepte de conclure un contrat dans des conditions déjà définies.
- Enfin, la promesse synallagmatique de vente établit un consentement réciproque des parties sur la chose est le prix.

La violation de ces avant-contrats entraîne différentes sanctions.

Enfin, certains contrats dits à l'agréage comme la vente à la dégustation ou la vente à l'essai permettent à l'acheteur d'examiner la marchandise pour l'achat de laquelle il a passé commande afin de reconnaître si elle y est ou non conforme à ses besoins.

1. Principes. Si l'acte de vente est parfait dès lors que les parties se sont accordées sur la chose et sur le prix, la pratique a conduit à espacer le processus de formation du contrat par certaines étapes. Cela renvoie en notamment au processus des avant-contrats et à certaines ventes qui ne sont conclues définitivement qu'à l'issue d'une phase d'expérimentation : les ventes à l'agréage.

I Les avant contrats

A Le pacte de préférence

2. Définition. Le pacte de préférence est le mécanisme par lequel une personne propose prioritairement à une autre de négocier avec elle pour le cas où elle déciderait de contracter.

Plus simplement « A » dénommé le promettant s'engage auprès de « B » que l'on dénomme le bénéficiaire à lui offrir la conclusion d'un contrat à des conditions déterminées s'il décide de le conclure. À l'origine, le Code civil ne prévoyait pas le pacte de préférence pourtant bien ancré dans les pratiques contractuelles. Ce dernier a été consacré à l'article 1123 du Code civil suite à l'ordonnance du 10 février 2016 portant réforme du droit des contrats.

Le pacte de préférence est un véritable contrat doté de force obligatoire. Il s'agit d'une véritable volition de la part du promettant. Si le terme est quelque peu désuet, il souligne parfaitement la volonté de proposer et de conclure le contrat à une personne déterminée. Il s'agit en ce sens, d'une promesse unilatérale de vente consentie par le promettant au bénéficiaire. Le pacte de préférence échappe à l'exigence de détermination du prix de l'article 1591 du Code civil. En effet, la Cour de cassation a pu décider que la prédétermination du prix de vente n'est pas une condition de validité du pacte de préférence et que son absence n'affecte pas d'une condition potestative l'engagement du promettant[1]. Par ailleurs, le bénéficiaire du pacte dispose d'un droit d'option c'est-à-dire de la possibilité d'accepter ou non l'offre du promettant. Le délai qui sépare la formation du pacte de l'exercice du droit d'option varie d'un pacte à l'autre. L'engagement pris par le promettant lui interdit par conséquent, de conclure avec un tiers, durant le délai laisser au bénéficiaire du pacte.

L'indétermination du prix dans le pacte de préférence

Traditionnellement, la jurisprudence a pu décider « qu'il n'est pas dans la nature du pacte de préférence de prédéterminer le prix du contrat envisagé et qui ne sera conclu, ultérieurement, que s'il advient que le promettant en décide ainsi »[2]. Toutefois, la Cour de cassation à préciser que le prix de vente ne constitue pas une condition de validité du pacte de préférence sauf si les parties en ont fait une cause déterminante de l'accord[3]. La haute juridiction à confirmer ce principe en énonçant dans un arrêt du 5 janvier 2016 que lorsque les rédacteurs d'un pacte de préférence auront entendu y inclure une stipulation relative au prix, il leur appartient que ce prix soit déterminé ou du tout le moins déterminable[4].

3. Distinction avec le droit de préemption. Le droit de préemption est souvent confondu avec le pacte de préférence. Avant la réforme de 2016 et en l'absence de définition légale le pacte de préférence semblait englober plusieurs types de pratiques tels que l'octroi d'une simple propriété ou l'organisation d'un véritable mécanisme de préemption permettant au bénéficiaire d'acquérir aux mêmes conditions que celles préalablement négociées avec un tiers. Par ailleurs, la confusion est souvent entretenue par certains auteurs qui évoquant du pacte de préférence en parle comme un droit de préemption. Néanmoins, le droit de préemption se distingue du pacte de préférence en ce qu'il instaure une faculté de substitution pure et simple au profit du bénéficiaire sans que celui-ci puisse renégocier les conditions convenues entre le cédant et le cessionnaire envisagé. Par exemple l'article L. 143-1 du Code rural octroie aux Sociétés d'aménagement foncier et d'établissement rural (SAFER) un droit de préemption sur l'acquisition de biens ruraux (biens immobiliers à usage agricole et terrains nus à vocation agricole). Par ailleurs, il convient de noter que ne peut faire obstacle à l'exercice par une SAFER de son

1. Cass. 3e., 15 janv. 2003, n° 01-03.700.
2. Cass. 1re civ., 6 juin 2001, n° 98-20.673.
3. Cass. com., 6 nov. 2012, n° 11-24.730.
4. Cass. com., 5 janv. 2016, n° 14-19.584.

droit de préemption institué par la loi un simple pacte de préférence[1]. La distinction renverrait également à la hiérarchie des normes juridiques entre une norme légale est un aménagement conventionnel.

4. Violation du pacte de préférence. La violation du pacte de préférence par le promettant peut donner lieu à sanction dès lors que la vente a eu lieu avec un tiers. Traditionnellement, le comportement fautif du promettant entraîne sa responsabilité contractuelle. Plusieurs exemples en jurisprudence permettent d'illustrer les diverses sanctions possibles :

- Le promettant peut être condamné à verser des dommages-intérêts au bénéficiaire.
- Le bénéficiaire peut également agit en responsabilité contre le tiers en cas de complicité de ce dernier dans la violation du pacte[2].
- Le bénéficiaire d'un pacte de préférence peut d'exiger l'annulation du contrat passé avec un tiers en méconnaissance de ses droits et d'obtenir sa substitution à l'acquéreur, à la condition que ce tiers ait eu connaissance, lorsqu'il a contracté, de l'existence du pacte de préférence et de l'intention du bénéficiaire de s'en prévaloir[3].
- Le bénéficiaire peut exiger l'exécution forcée en nature du pacte sous réserve de la connaissance de l'existence du pacte par les tiers lorsque le pacte a fait l'objet d'une publicité[4].

5. L'action interrogatoire. Ce régime du pacte de préférence a connu un développement considérable depuis la réforme de l'ordonnance du 10 février 2016. Il est d'autant plus remarquable qu'elle pose également une nouvelle règle au sein de l'article 1123 du Code civil, celle de l'action interrogatoire. Elle reconnaît en effet la possibilité au tiers de demander par écrit au bénéficiaire du pacte de confirmer dans un délai qu'il fixe et qui doit être raisonnable, l'existence d'un pacte de préférence et s'il entend s'en prévaloir. Cet écrit mentionne qu'à défaut de réponse dans ce délai, le bénéficiaire du pacte ne pourra plus solliciter sa substitution au contrat conclu avec le tiers ou la nullité du contrat. Ce nouveau dispositif remet en cause la jurisprudence de la Cour de cassation qui avait pu juger que « qu'il ne pouvait être reproché à l'acquéreur du fonds de commerce, étranger au pacte de préférence, de ne pas avoir pris l'initiative de vérifier les intentions des bénéficiaires ».[5]

---

1. Cass. civ. 3, 15-04-1992, n° 90-17.704, Époux Fatras c/ société d'aménagement foncier Aveyron-Lot-Tarn.
2. Cass. 1re civ., 11 juill. 2006, n° 03-18.528.
3. Cass. ch. mixte, 26 mai 2006, n° 03-19.376.
4. Cass. 1re civ., 11 juill. 2006, n° 03-18.528.
5. Cass. 3e civ., 29 juin. 2010, n° 09-68.110.

Débat doctrinal sur l'obligation d'exercice de l'action interrogatoire

L'action interrogatoire introduit par le législateur doit-elle être envisagée comme une contrainte, une obligation (incombance) à la charge du tiers souhaitant se prévaloir du pacte de préférence ? En effet, le tiers qui aurait connaissance de l'existence du pacte et qui déciderait de s'en prévaloir malgré tout serait considéré de mauvaise foi. Par conséquent, il s'agirait d'une violation du pacte de préférence. Ainsi, la connaissance de l'existence du pacte par le tiers pourrait obliger ce dernier à exercer l'action interrogatoire. Si le tiers ignore véritablement l'existence du pacte, la question ne se pose même pas ; s'il en soupçonne l'existence, mais ignore l'intention du bénéficiaire, quel intérêt aurait-il à démontrer par son initiative qu'il avait connaissance du pacte et entrevoyait son intention de s'en prévaloir ? Pour se prémunir, il lui suffit de ne pas être curieux et de compter sur l'impossibilité pour le bénéficiaire d'en rapporter la preuve. On parle de « *probatio diabolica* » du fait de la difficulté pour le bénéficiaire de rapporter cette preuve.

B La promesse unilatérale de vente

6. Définition. Parmi les consécrations de la réforme au sein du Code civil, figure également la promesse unilatérale de vente qui n'était pas définie dans le corpus de 1804. En effet, l'article 1124 du Code civil définit dorénavant la promesse unilatérale comme « le contrat par lequel une partie, le promettant, accorde à l'autre, le bénéficiaire, le droit d'opter pour la conclusion d'un contrat dont les éléments essentiels sont déterminés, et pour la formation duquel ne manque que le consentement du bénéficiaire ». Cette définition traduit bien la pratique juridique de la promesse unilatérale, même si la doctrine regrette que cette définition ne fasse pas apparaître plus expressément la notion d'option qui est le cœur même de la promesse au point que certains auteurs parlent de « pacte d'option ». En effet, si seul le promettant s'engage définitivement, le bénéficiaire de la promesse quant à lui demeure libre d'acheter ou de ne pas acheter.

7. La force obligatoire de la promesse unilatérale. La jurisprudence classique a longtemps désavoué la force obligatoire de la promesse unilatérale. L'illustration la plus marquante de cette tendance a été l'arrêt des consorts Cruz de 1993[1]. Dans cette affaire un promettant avait décidé de revenir sur sa promesse unilatérale de vente d'un immeuble en notifiant sa décision de ne plus vendre aux bénéficiaires quatre jours après avoir consenti la promesse. Les bénéficiaires jugeant inefficace cette rétractation levèrent l'option et assignèrent le promettant en réalisation forcée de la vente. La Cour de cassation avait donné raison au promettant en énonçant que l'obligation de celui-ci n'était qu'une obligation de faire jusqu'à la levée de l'option. Ainsi, parce qu'elle était postérieure à la rétractation du promettant, la levée de l'option ne permettait pas la rencontre des consentements qui aurait formé la vente.

Aujourd'hui, dans le cadre d'une promesse unilatérale, la rétractation du promettant pendant le délai d'option laissé au bénéficiaire est inefficace aux termes de l'article 1124 alinéa 2 du Code civil. En effet, sous l'empire du droit issu de l'ordonnance du 10 février 2016, l'exécution forcée de la promesse unilatérale ne porte pas atteinte à la liberté contractuelle et ne constitue pas une privation du droit de propriété. Désormais, lorsque les parties entendent conclure une promesse unilatérale, cela implique que le promettant donne son consentement

1. Cass. 3e civ., 15 déc. 1993, n° 91-14.999.

à l'acte définitif et ne peut, par conséquent, le rétracter. C'est d'ailleurs, ce que semble retenir la chambre sociale de la Cour de cassation dans un arrêt rendu le 21 septembre 2017 en retenant que « Attendu que l'évolution du droit des obligations, résultant de l'ordonnance n° 2016-131 du 10 février 2016, conduit à apprécier différemment, dans les relations de travail, la portée des offres et promesses de contrat de travail (...) la révocation de la promesse pendant le temps laissé au bénéficiaire pour opter n'empêche pas la formation du contrat de travail promis »[1]. En ce sens, la Chambre sociale s'inscrit en rupture avec la jurisprudence consorts Cruz qui excluait l'exécution forcée de la promesse rétractée. Cette présentation moderne reflète mieux le droit positif et s'impose à la faveur d'une évolution de l'appréciation de la potestativité emblématique de la tendance contemporaine à la dilution des frontières entre avant-contrat et contrat. Il convient de signaler que la Cour de cassation a eu l'occasion récemment de préciser qu'une promesse unilatérale de vente consentie pour une durée indéterminée est caduque au moment où le bénéficiaire lève l'option, onze ans plus tard, dès lors que les parties ont eu la commune intention de fixer un délai raisonnable pour cette levée de l'option[2].

8. Sanction en cas de violation. L'alinéa 3 de l'article 1124 du Code civil dispose que « le contrat conclu en violation de la promesse unilatérale avec un tiers qui en connaissait l'existence est nul ». Cela dit il faut signifier quelques tempéraments à ce principe plus particulièrement lorsqu'une promesse unilatérale est en contrariété avec un pacte de préférence antérieur. À cet égard, la Cour de cassation a eu l'occasion de préciser que le pacte de préférence implique l'obligation pour le promettant de donner préférence au bénéficiaire lorsqu'il décide de vendre le bien. Par conséquent, la promesse unilatérale de vente consentie par le promettant à un tiers avant l'échéance du terme du pacte en caractérise la violation[3].

C La promesse synallagmatique de vente

9. Notions. L'article 1589 du Code civil resté inchangé dispose que « la promesse de vente vaut vente, lorsqu'il y a consentement réciproque des deux parties sur la chose et sur le prix ». Si la promesse synallagmatique est un avant-contrat, elle a pour mérite de mettre en lumière le double engagement réciproque des parties qui consentent au contrat définitif. Il se peut que les parties soient d'accord sur la chose et sur le prix, mais qu'elles soumettent l'efficacité de la vente à un événement extérieur, sans pour autant faire de cet événement un élément constitutif de leur consentement. Dans ces hypothèses, la promesse de vente vaudra vente, mais elle sera assortie d'une modalité qui en retardera les effets. La vente sera alors formée au jour de la conclusion de la promesse, mais elle ne produira ses effets (transfert de propriété et paiement du prix) qu'au jour de la réitération de l'acte. Il convient donc de distinguer les promesses synallagmatiques assorties d'un terme et celles assorties d'une condition.

- Le terme est défini comme l'événement futur et certain à la survenance duquel est subordonnée l'exigibilité ou l'extinction de l'obligation. Par exemple il n'est pas rare en matière immobilière que les parties entendent faire de la réitération de la promesse par acte authentique. Il s'agira d'un acte de vente notarié. La réitération est-elle un élément essentiel à la formation de la vente ou au contraire elle ne constitue qu'une modalité d'exécution ? En réalité, c'est au juge de rechercher la volonté des parties en

1. Cass. soc., 21 sept. 2017, n° 16-20.103.
2. Cass. com. 27-1-2021 n° 18-22.492.
3. Cass. 3e civ., 6 déc.2018, n° n° 17-23.321.

s'attachant aux termes de la convention et aux contextes. Les juges doivent déterminer « si la solennité d'un acte notarié était nécessaire pour engager vendeur et acquéreur dans les liens du contrat définitif »[1] ou s'il s'agit d'un élément dispensable à la conclusion définitive de la vente. S'il s'agit d'un élément indispensable alors la non-réitération dans le délai convenu entraîne la caducité de la promesse. Cette non-réitération peut également donner lieu à une condamnation à des dommages-intérêts réparant la perte des gains dont l'autre partie a été privée du fait de la non-réalisation de la vente[2]. De toutes les manières cette réitération ne peut jamais être forcée.

– Comme la condition, le terme désigne un événement futur ; mais il s'en distingue parce qu'il désigne un événement dont la réalisation future est incertaine lors de la création de l'obligation. L'exemple typique de promesse synallagmatique à condition est le cas de la nécessité de l'obtention d'une autorisation administrative ou de l'obtention d'un crédit. Dans ce cas, les parties s'engagent à parfaire la vente, dans l'hypothèse où les événements incertains pris en référence viendraient à se réaliser. On précisera également, que l'article 1304-4 du Code civil prévoit que la partie dans l'intérêt exclusif de laquelle la condition a été stipulée, peut y renoncer tant que celle-ci n'est pas accomplie.

II Les ventes à l'agréage

10. Principes. Les ventes à l'agréage sont des ventes mobilières dans lesquelles l'acquéreur a la faculté d'accepter ou de refuser la marchandise après l'avoir essayée. Ainsi, lorsque les produits sont soumis à l'agréage, le transfert de propriété n'intervient qu'après l'exécution de cette formalité (l'agréage est un terme de la pratique commerciale qui désigne le fait par l'acheteur d'examiner la marchandise pour l'achat de laquelle il a passé commande afin de reconnaître si elle y est ou non conforme). Il existe deux types de ventes à l'agréage. Il s'agit d'une part de la vente à la dégustation et d'autre part de la vente à l'essai.

11. La vente à la dégustation. L'article 1587 du Code civil, dispose que « à l'égard du vin, de l'huile et des autres choses que l'on est dans l'usage de goûter avant d'en faire l'achat, il n'y a point de vente tant que l'acheteur ne les a pas goûtés et agréés ». Il s'agit avant tout d'une affaire goût propre à chacun. En effet, les saveurs et les arômes sont des sensations personnelles. La vente à la dégustation est laissée au libre arbitre pour la raison que rien n'est aussi personnel que le goût. C'est pour cette raison, que les parties peuvent y renoncer expressément ou tacitement. La renonciation ne pouvant toutefois résulter du seul silence des parties[3].

12. La vente à l'essai. L'article 1588 du Code civil prévoit quant à lui prévoit d'essayer le bien pendant une durée déterminée par le contrat, avant de décider de l'acquérir ou non. Ce type de vente est assez courant pour l'achat d'une voiture ou d'un matériel informatique[4]. La vente n'est définitive que pour autant que l'essai a été jugé satisfaisant. Avant l'expiration de la période d'essai, le vendeur reste propriétaire du bien. En cas de perte ou de détérioration de la chose sans faute de l'acquéreur, celui-ci n'aura pas à indemniser le vendeur. À l'expiration de la période d'essai, l'acquéreur doit, s'il ne juge pas l'essai satisfaisant, rendre la chose.

---

1. Cass. 3e civ., 5 janv. 1983, n° 81-14.890.
2. Cass. 1re civ, 15 nov. 1994, n° 92-11.265.
3. Cass. 1re civ., 24 mars 1998, n° 96-12.645.
4. CA Paris, 4e ch., sect. À, 5 juill. 1994, Cogeith Informatique c/ Cegema Informatique.

Pour aller plus loin

1. Ouvrages

- M. Fabre-Magnan, *Droit des obligations*, t. 1, Contrat et engagement unilatéral, 4e éd., 2016, PUF.

2. Articles

- Mangematin C., *L'action interrogatoire en matière de pacte de préférence: une incombance?* rev. Lamyline Droit et Patrimoine, N° 261, 2016.
- N. Molfessis, *La formation du contrat*, JCP G 2015, suppl. au n° 21, p. 6 et s., spéc. N° 18
- O. Barret, *Promesse de vente – Promesse unilatérale de vente ou « pacte d'option »*, civ. Dalloz, 2011, n° 1.

Exercice QCM

→ Répondre aux questions suivantes. Une seule bonne réponse est possible.

1 Le prix est-il un élément essentiel du pacte de préférence ?

a. Oui, le prix est un élément essentiel du pacte de préférence.
b. Non, le prix n'est pas un élément essentiel du pacte de préférence.
c. Le prix symbolique est un élément essentiel du pacte de préférence.

2 L'action interrogatoire est-elle obligatoire ?

a. Oui, elle est obligatoire.
b. Cela dépend des circonstances.
c. Non, elle n'est pas obligatoire.
d. Uniquement s'il s'agit d'une promesse unilatérale de vente.

3 Au sein d'une promesse unilatérale, la rétractation du promettant pendant le délai d'option laissé au bénéficiaire est :

a. Efficace.
b. Entraîne la nullité de la vente.
c. Inefficace.
d. Entraîne la résiliation de la vente.

4 Cédric est intéressé par la voiture de Pierre. Ce dernier s'engage à vendre sa voiture à Cédric le jour où il décidera d'acheter une automobile flambant neuve. De quel type d'engagement s'agit-il ?

a. Un pacte de préférence.
b. Une promesse unilatérale de vente.
c. Une promesse synallagmatique de vente.

5 Qu'est-ce que la vente à la dégustation ?

a. Elle permet à l'éventuelle l'acheteur d'essayer le bien pendant une durée déterminée par le contrat, avant de décider de l'acquérir ou non.
b. La vente à la dégustation est laissée au libre arbitre pour la raison que rien n'est aussi personnel que le goût.
c. Elle permet au vendeur d'imposer la vente à l'acquéreur après la dégustation.
d. Elle permet au vendeur d'imposer la vente à l'acquéreur après l'essai de la chose.

Correction

1 **Réponse b**. *Non le prix n'est pas un élément essentiel du pacte de préférence.*

2 **Réponse c**. *L'action interrogatoire n'est pas obligatoire.*

3 **Réponse c**. *La rétractation du promettant durant le délai d'option est inefficace.*

4 **Réponse a**. Il s'agit d'un pacte de préférence.

5 **Réponse b**. La vente à la dégustation est laissée au libre arbitre pour la raison que rien n'est aussi personnel que le goût.

Exercice

Cas pratique : « Ma préférence à moi »

Énoncé

Luc Bonenfant est Jean Pierre-Vert sont des amis de longue date. C'est par un frais lundi matin de mars que Luc Bonenfant est heureux de présenter à son ami Jean Pierre-Vert sa nouvelle acquisition : une superbe voiture de collection Alfa Romeo flambant neuve fabriquer en éditions limitées. Jean Pierre-Vert est immédiatement séduit par l'automobile ce que ne manque pas de remarquer Luc Bonenfant. Ce dernier propose alors à Jean Pierre-Vert de conclure une convention selon laquelle s'il décide de vendre son Alfa Romeo il lui proposera à la vente en premier. Jean Pierre Vert est ravi, il voit la une opportunité formidable de se procurer un modèle aussi rare. Afin de ne pas faire payer le prix fort à son ami, Luc Bonenfant précise au sein de la convention que le prix sera déterminé à l'amiable. Un an plus tard, des rumeurs circulent comme quoi Luc Bonenfant serait en pourparlers avec un certain Pascal-Jean Lebask au sujet de la vente de la fameuse Alfa Romeo. Jean Pierre-Vert profondément choqué par la trahison de son ami d'enfance décide de lui demander des explications. Après une altercation sans gravité avec Luc Bonenfant, Jean Pierre-Vert est décidé à faire prévaloir son droit sur l'Alfa Roméo.

Qu'en pensez-vous ?

Correction

Rappel des faits et problème juridique

Deux amis Luc Bonenfant et Jean Pierre-Vert ont conclu une convention au sein de laquelle le premier promet au second de lui proposer à la vente en premier sa voiture de collection ou le jour où il se décidera à s'en séparer. Toutefois, quelque temps plus tard Jean Pierre-Vert apprend que Luc Bonenfant est en pourparler concernant la vente de la voiture de collection avec un certain Pascal-Jean Lebask. Jean Pierre-Vert veut revendiquer sa priorité d'achat sur la voiture.

Qualification juridique

En premier lieu, il s'agit d'identifier la convention conclue entre Luc Bonenfant et Jean Pierre-Vert. On peut écarter la qualification de promesse synallagmatique qui se définit comme la convention par laquelle les parties donnent leur consentement au contrat définitif de vente. On ne peut également qualifier la convention entre les deux amis de promesse unilatérale de vente dont les éléments essentiels sont déterminés et auquel il ne manque plus que le consentement de l'hypothétique acquéreur. En effet, le prix de la voiture n'a pas été défini dans la convention unissant Luc Bonenfant et Jean Pierre-Vert. Par ailleurs, la convention précise que la voiture sera proposée à la vente à Jean Pierre Vert le jour ou Luc Bonenfant décidera de la vendre. On peut donc en déduire qu'il s'agit d'un pacte de préférence comme désigner par le nouvel article 1123 du Code civil d'autant plus que ce type de convention échappe à l'exigence de la détermination du prix.

Règles de Droit

Luc Bonenfant est donc le promettant et Jean Pierre-Vert le bénéficiaire du pacte de préférence. Luc Bonenfant a donc l'obligation de donner priorité à Jean Pierre-vert en ce qui concerne l'acquisition de la voiture. Il s'agit d'une volition de la part du promettant. Jean Pierre-vert dispose d'un droit d'option lui permettant d'accepter ou non les termes du pacte. En cas de défaillance de cette obligation il y a violation du pacte.

Application

En cas de violation du pacte de préférence par Luc Bonenfant, Jean Pierre-Vert pourra le condamner à verser des dommages-intérêts, annuler le contrat passé avec le tiers, mais peut également se substituer à ce dernier. En l'espèce, Jean Pierre-Vert peut se substituer à Pascal-Jean Lebask. Il peut également agir en responsabilité à l'encontre de Pascal-Jean Lebask s'il prouve que ce dernier a été complice de Luc Bonenfant dans la violation du pacte.

Fiche

4 Les critères de qualification du contrat de vente

L'essentiel

L'article 1583 du Code civil dispose que le contrat de vente, en principe consensuel, se forme dès la rencontre des volontés des parties sur la chose et le prix. Néanmoins, ce consensualisme connaît certaines exceptions. En effet, s'agissant de l'admissibilité de la preuve en matière de contrat de vente portant sur une valeur excédant 1 500 euros le Code civil exige une preuve écrite préconstituée. Celle-ci peut résulter d'un écrit sous forme traditionnelle ou électronique. Le contrat de vente doit-être exempt de vices. Autrement dit, il ne doit pas être conclu par erreur, par un dol ou par violence.

Enfin, les parties peuvent revenir sur leurs consentements sous certaines conditions : dès lors qu'est précisé un délai de rétraction conventionnelle ou légale au profit de l'acquéreur. Il peut également s'agir d'une faculté de rachat permettant au vendeur de récupérer le bien vendu. Enfin, la clause de dédit permet aux parties de se libérer des liens contractuels, pour des causes qu'elles définissent librement.

I Le formalisme du contrat de vente

1. Principes. L'article 1583 du Code civil dispose que le contrat de vente, en principe consensuel, se forme dès la rencontre des volontés des parties sur la chose et le prix. Par conséquent, le contrat de vente se forme par une déclaration de volonté de la part de chacun des contractants sauf les hypothèses, demeurant exceptionnelles, de contrats tacites. La règle a-t-elle une valeur constitutionnelle ? Si certains ont pu le penser, le Conseil constitutionnel a précisé dans une décision que le consensualisme dans les contrats n'a pas valeur constitutionnelle[1]. Le consensualisme est néanmoins protégé par la liberté contractuelle, qui découle des articles 4 et 16 de la Déclaration des droits de l'homme et du citoyen de 1789 (DDHC).

2. La preuve. Le principe étant le consensualisme en matière de formation du contrat de vente, les règles générales du Code civil (art. 1353., C. civ.) relatives à la preuve relèvent d'un formalisme probatoire (*ad probationem* et non *ad validitatem*) dont le non-respect est sans effets sur la validité de ces contrats. Mais d'un point de vue pratique, pour le plaideur qui sollicite l'exécution d'une obligation contractuelle, la fonction uniquement probatoire du formalisme imposé ne change rien : s'il n'a pas été respecté, la preuve ne pourra être fondée, de sorte que l'exécution en justice ne pourra être obtenue. On rappellera simplement que le consommateur demandeur doit en vertu de l'article 1359 du Code civil, rapporter la preuve par écrit du contrat de vente dont le montant fixé par décret est supérieur à 1 500 euros, sauf si le défendeur est un commerçant contre lequel la preuve peut être rapportée par tous moyens en

1. Cons. const., 10 juin 1998, n° 98-401 DC, D.2000.

vertu de l'article L. 110-3 du Code de commerce. Cependant, le commerçant demandeur doit, contre le consommateur défendeur à l'instance, rapporter la preuve par écrit si sa créance est supérieure à 1 500 euros.

3. Écrit sous forme électronique. La loi du 13 mars 2000 « portant du droit de la preuve aux technologies de l'information et relative à la signature électronique » a introduit dans le Code civil une définition de l'écrit assez large pour inclure l'écrit électronique (art. 1366., C. civ.). Les dispositions du Code civil considèrent l'acte sous seing privé électronique puisqu'il caractérise également la signature électronique à l'article 1367 du Code. Le principe d'équivalence est affirmé du point de vue de l'admissibilité des modes de preuve et de la force probante. Il n'y a donc pas de hiérarchie entre l'écrit électronique et l'écrit traditionnel. En cas de conflit le juge déterminera par tous moyens le titre le plus probant. Néanmoins, on insistera sur le fait que pour être admissible les dispositions du Code civil précisent que l'écrit électronique doit « dûment identifier la personne dont il émane » et, d'autre part, qu'il soit « établi et conservé dans des conditions de nature à en garantir l'intégrité. S'agissant de la signature électronique, sa fiabilité est présumée jusqu'à preuve du contraire lorsqu'elle est « sécurisée ». Quant à l'acte authentique électronique il convient de noter que la signature du notaire doit résulter d'un procédé de signature électronique sécurisée, et les parties et témoins doivent utiliser un procédé permettant l'apposition sur l'acte, visible à l'écran, de l'image de leur signature manuscrite (art. 1369., C. civ.).

4. Les exceptions au consensualisme. Ainsi, le droit français se caractérise par l'affirmation du consensualisme de principe et admet le formalisme à titre d'exception. Cela dit, certains textes prévoient des hypothèses imposant un formalisme. Un acte authentique est ainsi requis comme condition de validité, pour tout contrat de vente en l'état futur d'achèvement. Il ira de même en ce qui concerne la vente d'un bateau (C. transports, art. L. 4121-1), d'un navire (C. transports, art. L. 5114-1) ou d'un aéronef (C. transports, art. L. 6121-2). Dans le même sens, le transfert de la titularité de droits portant sur des biens incorporels est souvent subordonné à la rédaction d'un écrit requis à peine de nullité. Il s'agira de la transmission des droits constatés par un brevet d'invention (CPI, art. L. 613-8) ou des droits sur une marque (CPI, art. L. 714-1). Par ailleurs, il arrive que certaines formalités soient exigées sans pour autant entacher la validité du contrat de vente. Il s'agit de formalités d'opposabilité dont le non-respect n'est pas sanctionné par la nullité du contrat, mais simplement par son inopposabilité aux tiers. À titre d'exemple, nous pouvons citer les ventes d'immeubles qui sont subordonnées à des formalités de publicité foncière, ou encore la vente de fonds de commerce (C. com., art. L. 141-1). Enfin, les parties peuvent soumettre le contrat à des formes particulières de validité de la vente telle que la réitération par acte notarié.

II Les conditions de validité du contrat

A La capacité à contracter

5. La détermination de la capacité à contracter. La capacité du contractant relève, par principe, de son statut personnel. L'ordonnance n° 2016-131 du 10 février 2016 a apporté une clarification essentielle en intégrant un nouvel article 1148 qui vise à la fois les actes accomplis par un incapable mineur et par un incapable majeur, et qui dispose que « toute personne incapable de contracter peut néanmoins accomplir seule les actes courants autorisés par la loi ou l'usage, pourvu qu'ils soient conclus à des conditions normales ». Notons que les textes restent silencieux sur la liste des actes courants autorisés par « l'usage ». En réalité, c'est aux juges du fond que revient la tâche d'apprécier si l'acte est autorisé par l'usage ou non. Ainsi, l'appréciation se fera en tenant compte de divers éléments concrets : l'âge du mineur, le patrimoine de l'incapable, la nature de l'acte, son importance économique, les risques qu'il comporte, etc. Il a ainsi, pu être jugé que de petits achats soient autorisés par l'usage[1]. *A contrario*, l'achat d'un bien important comme un cyclomoteur ne sera pas considéré comme un acte de la vie courante[2].

6. Les incapacités de jouissance. Nonobstant, la loi édicte certaines incapacités spéciales de jouissance qui proscrivent à certaines personnes de se porter acquéreurs d'un bien dans certaines situations. Il s'agira notamment personnes chargées d'administrer les biens d'autrui (tuteur, mandataire, administrateur, officier public, fiduciaire...) de s'en porter adjudicataires, par eux-mêmes ou par personnes interposées (art. 1596 C. civ.). Pareillement, les magistrats, les greffiers, les huissiers, les avocats, les défenseurs officieux et les notaires sont interdits de se rendre cessionnaires des droits litigieux qui relèvent de la compétence du tribunal dans le ressort duquel ils exercent leurs fonctions (art.1597 C. civ.).

B Un consentement libre et éclairé

7. Les vices de consentement. S'agissant des vices de consentements, la réforme du droit des contrats reprend les trois causes propres à entraîner la nullité du contrat. Si l'on devait décrire le plus simplement possible les vices de consentement, il s'agirait d'énoncer la formule suivante : je me suis trompé, on m'a trompé, on m'a forcé. Ils sont définis (dans la hiérarchie établie par la doctrine : erreur, dol, violence) aux articles 1132, 1137 et 1140 du Code civil.

8. L'erreur. L'article 1132 du Code civil dispose que « l'erreur de droit ou de fait, à moins qu'elle ne soit inexcusable, est une cause de nullité du contrat lorsqu'elle porte sur les qualités essentielles de la prestation due ou sur celle des cocontractants ». L'erreur sur les qualités substantielles de la chose vendue est généralement caractérisée comme portant tant sur la composition du bien que sur l'usage qui peut en être attendu par l'acheteur. En ce sens, l'acheteur n'aura pas trouvé dans le bien acquis les avantages ou les caractéristiques qui avaient expliqué son choix, en plus de la découverte de désagréments dont il ne présumait pas. Résumons l'évolution en quelques dates : à l'origine la substance était comprise comme la matière de la chose acquise. Nous reprendrons ici le célèbre exemple du chandelier en argent qui après examen s'avère être en cuivre argenté. L'acheteur pouvait dès lors arguer une erreur sur la substance (et non sur la valeur) de la chose. Néanmoins, le contentieux sur les œuvres d'art s'est multiplié amenant à développer la conception de l'erreur sur les qualités substantielles (ou qualités essentielles depuis l'ordonnance n° 2016-131 du 10 février 2016). Ainsi, dans la célèbre affaire Poussin de 1978, les vendeurs avaient commis une erreur sur les qualités substantielles de l'œuvre du fait d'une distorsion entre la croyance que l'œuvre acquise n'était pas du peintre Nicolas Poussin et la réalité qui présume que l'œuvre puisse être le fait de ce peintre. Cette erreur entraînant de facto la nullité de la vente pour erreur sur les qualités substantielles[3]. On citera également le célèbre arrêt Fragonard du 24 mars 1987 précisant que la mention « attribuée à » introduit

1. TI Nîmes, 29 juin 1982.
2. CA Nancy, 1re ch. civ., 4 juin 2009.
3. Cass. 1re civ., 22 févr. 1978, n° 76-11.551.

donc un doute dans la transaction, un aléa qui ne permettra ni au vendeur de se prévaloir d'une erreur si par la suite venait à l'incertitude passée se substituer une authenticité affirmée, ni à l'acquéreur de se plaindre si la paternité de l'œuvre se révélait encore moins prestigieuse[1]. Enfin en 2007, concernant l'acquisition d'une statuette remontant au règne du roi Sésostris III, la Cour de cassation va encore plus loin et retient que dès lors que « la référence » à la période historique portée, sans réserve expresse, au catalogue n'est pas exacte, cela suffit à provoquer une erreur sur les qualités substantielles[2]. Enfin on mentionnera un arrêt du 17 mars 2016, la première chambre civile de la Cour de cassation qui affirme que La réduction du prix de vente d'un tableau en raison d'un doute sur l'identité du peintre n'exclut pas que cette œuvre soit attribuée à un artiste plus connu. Cette erreur n'est alors pas aléatoire et justifie l'annulation de la vente.

Enfin, l'article 1136 du Code civil prévoit que « *l'erreur sur la valeur par laquelle, sans se tromper sur les qualités essentielles de la prestation, un contractant fait seulement de celle-ci une appréciation économique inexacte, n'est pas une cause de nullité* ».

9. Le dol. Le dol est une erreur provoquée, par opposition à l'erreur spontanée de l'article 1132 du Code civil. Il s'agit de « toutes les machinations, toutes les mises en scène, tous les artifices » qu'une partie peut mettre en œuvre pour amener l'autre à contracter. Il s'agit de manœuvre ayant pour but d'induire en erreur le cocontractant. C'est la question du comportement du vendeur et son incidence sur la volonté de l'acheteur de contracter qu'il convient d'apprécier pour déterminer si le contrat doit être frappé de nullité sur le terrain du dol. À titre d'exemple, il s'agira de la communication d'une fausse comptabilité ou d'un bilan inexact ou bien encore la falsification du compteur kilométrique d'une voiture. Ainsi, pour exercer un recours pour dol l'acheteur devra prouver une manœuvre ou une réticence dolosive (dénommée désormais dissimulation intentionnelle) de la part du vendeur. Il s'agit de l'intention du vendeur de tromper l'acquéreur soit en omettant de lui révéler une information au caractère déterminant soit en manquant à son obligation précontractuelle d'information[3]. En revanche, dans le célèbre arrêt Baldus, la Cour de cassation a affirmé solennellement en 2000 que l'acheteur n'est tenu d'aucune obligation d'information portant sur la valeur de la prestation fournie[4]. Par ailleurs, il faut souligner que cette jurisprudence très rigoureuse à l'égard du vendeur l'est d'autant plus que la solution a été réaffirmée par la troisième chambre civile de la Cour de cassation en 2007 : « l'acquéreur, même professionnel, n'est pas tenu d'une obligation d'information au profit du vendeur sur la valeur du bien acquis »[5]. L'alinéa 3 de l'article 1137 ajouté par la loi n° 2018-287 du 20 avril 2018 est venu entériner ces jurisprudences en énonçant que « Néanmoins, ne constitue pas un dol le fait pour une partie de ne pas révéler à son cocontractant son estimation de la valeur de la prestation ».

10. La violence. La violence est caractérisée, aux termes de l'article 1140 du Code civil, lorsque les pressions exercées sont de nature à créer chez une personne raisonnable la crainte d'exposer sa personne ou sa fortune à un mal considérable et présent. La violence a toujours été envisagée comme une crainte qu'inspire une contrainte physique ou morale, exercée sur la volonté d'une des parties pour l'amener à s'engager. Toutefois, la contrainte peut être également économique. En effet, la Cour de cassation a consacré cette contrainte économique en énonçant

1. Cass. civ. 1re, 24 mars 1987, n° 85-15736.
2. Cass. 1re civ., 27 févr. 2007, n° 02-13.420.
3. Cass. com., 28 juin 2005, n° 03-16.794.
4. Cass. 1re civ., 3 mai 2000, n° 98-11.381.
5. Cass. 3e civ., 17 janv. 2007, n° 06-10442.

que « seule l'exploitation abusive d'une situation de dépendance économique, faite pour tirer profit de la crainte d'un mal menaçant directement les intérêts légitimes de la personne, peut vicier de violence son consentement »[1].

III Délai de réflexion et rétractation

A Délai de réflexion

11. Tempéraments. La vente est un contrat instantané qui se forme en principe en un trait de temps, au moment de la rencontre des volontés. Néanmoins, deux modalités peuvent venir temporiser la formation du contrat. Il s'agit d'une part du délai de réflexion et d'autre part du droit de rétractation.

12. Délai de réflexion. Le législateur est venu accorder au consommateur un délai de réflexion dans certaines circonstances. En effet, lorsque la loi ou le contrat le prévoit il pourra être accordé un délai retardant l'échange de consentements (art. 1122 C. civ.). Parmi les délais autorisés par la loi, on retiendra : le délai de réflexion interdisant au consommateur souscrivant un prêt immobilier d'accepter l'offre du prêteur avant l'expiration d'un délai de dix jours à compter de sa réception (art. L. 313-34 C. consom.,) ou lorsque le contrat constatant ou réalisant la convention est dressé en la forme authentique et n'est pas précédé d'un contrat préliminaire ou d'une promesse synallagmatique ou unilatérale, reconnaît à l'acquéreur non professionnel « un délai de réflexion de dix jours à compter de la notification ou de la remise du projet d'acte » (art. L. 271-1 CCH). Il convient de remarque que dans une volonté d'élargissement de la liberté contractuelle, la Cour de cassation a affirmé que les parties peuvent conférer contractuellement à un acquéreur professionnel la faculté de rétractation prévue par l'article L. 271-1 du Code de la construction et de l'habitation et réservée en principe au non-professionnel[2].

B Faculté de rétractation

13. Les facultés conventionnelles de rétractation. L'article 1122 du Code civil précise que le délai de rétractation est « le délai avant l'expiration duquel son bénéficiaire peut rétracter son consentement ». Dans un cas, la conclusion du contrat est impossible avant l'expiration du délai ; dans l'autre, elle est possible, mais le consentement donné peut être rétracté sans aucune sanction avant l'expiration du délai. Néanmoins, le contrat peut ménager contractuellement la possibilité, pour l'une ou l'autre des parties, de sortir du contrat.

14. Les facultés légales de rétractation. La loi organise diverses facultés de rétractation au profit de l'acquéreur consommateur afin de le prémunir contre les achats d'impulsion. En ce sens, la loi du 17 mars 2014, dite loi « Hamon » permet au consommateur lors d'une vente à distance de bénéficier d'un délai de rétractation de quatorze jours à compter de la remise du contrat ou du formulaire de rétractation ; il peut l'exercer sans avoir à fournir une quelconque raison de son choix et sans coûts particuliers, et si un versement est intervenu. Pour conclure nous citerons également l'article L 271-1 du Code de la construction et de l'habitation qui

1. Cass. 1re civ., 3 avr. 2002, n° 00-12.932.
2. Cass. 3e civ., 5 déc. 2019, n° 18-24.152.

dispose que tout acte ayant pour objet la construction d'un immeuble neuf d'habitation « ne devient définitif qu'au terme d'un délai de dix jours pendant lequel l'acquéreur non professionnel a la faculté de se rétracter, chaque fois que la loi ne lui donne pas un délai plus long pour exercer cette faculté ».

15. La faculté de rachat. La faculté de rachat dénommée anciennement vente à réméré est un mécanisme permettant au vendeur de récupérer son bien, s'il le souhaite, dans des conditions et délais fixés par les parties, mais aussi par des dispositions légales d'ordre public. Il ne s'agit pas à proprement parler d'une seconde vente, mais bien d'une clause permettant au vendeur de récupérer son bien dans un délai n'excédant pas cinq ans. Par ailleurs, l'acquéreur peut conserver le bien si le vendeur, lorsqu'il exerce sa faculté, ne satisfait pas à ses obligations, de remboursement du prix.

16. La clause de dédit. Les parties sont libres d'inclure dans leur contrat à durée déterminée une clause de dédit leur permettant de se dégager à tout moment des liens contractuels, pour des causes qu'elles définissent librement. La clause de dédit trouve son fondement dans l'article 1590 du Code civil qui prévoit la faculté de se départir du contrat moyennant abandon des arrhes pour celui qui les a versés ou versement du double pour celui qui les a reçus. La notion d'arrhes s'entend comme le prix à payer par le cocontractant pour exercer son droit de se dédire. Il convient cependant de noter que la Cour de cassation a déjà pu admettre que la faculté de dédit puisse être gratuite[1].

1. Cass. com., 30 oct. 2000, n° 98-11.224.

Pour aller plus loin

1. Ouvrages

- C. OUERDANE-AUBERT de VINCELLES, *Altération du consentement et efficacité des sanctions contractuelles*, thèse, Paris II, 2002, Dalloz.
- HOUTCIEFF, *Droit des contrats*, 2e éd., 2016, coll. Paradigmes, Larcier.
- GHESTIN, *L'authenticité, l'erreur et le doute*, in Mélanges P. Catala, 2001, Litec, p. 457.
- FORRAY, *Le consensualisme dans la théorie générale du contrat*, 2007, LGDJ.

2. Articles

- BAKOUCHE, *La prétendue inconsistance de la distinction entre dol principal et dol incident*, JCP, 2012.
- VIVIEN, *De l'erreur déterminante et substantielle*, RTD civ., 1992.

Exercice **QCM**

→ Répondre aux questions suivantes. Une seule bonne réponse est possible.

1 Le contrat de vente est :

a. Réel.
b. Consensuel.
c. Solennel.

2 En matière de vente immobilière la lésion est admise :

a. Lorsque le prix excède les 7/12e de la valeur du bien.
b. Dès qu'il y a disproportion entre le prix et la valeur du bien.
c. La lésion n'est jamais admise en matière de vente immobilière.

3 Les vices de consentements sont :

a. L'erreur, le dol et la lésion.
b. L'erreur, le dol et la récision.
c. L'erreur, le dol et la violence.

4 Les contrats de vente portant sur des choses dont la valeur est égale ou excède 1 500 euros :

a. Doivent être prouvées par écrit.
b. Doivent être prouvée par tous les moyens.
c. Doivent être prouvée sur serment.

5 L'écrit électronique est :

a. Équivalent à l'écrit traditionnel.
b. N'est pas équivalent à l'écrit traditionnel.
c. Est supérieur à l'écrit traditionnel.

Correction

1 **Réponse b**. La vente est un contrat consensuel.

2 **Réponse a**. *Il y a lésion* lorsque le prix excède les 7/12e de la valeur du bien.

3 **Réponse c**. Les vices de consentement sont : l'erreur, le dol et la violence.

4 **Réponse c**. Les contrats de vente portant sur des choses dont la valeur est égale ou excède 1 500 euros doivent être prouvés par écrit.

5 **Réponse a**. L'écrit électronique est équivalent à l'écrit traditionnel.

Exercice Cas pratique : « Peinture à l'eau »

Énoncé

Les époux Toscan Seplanté ont tout réussi. Riches et prospères entrepreneurs, les époux Toscan Seplanté ne vivent que pour leur passion du monde de l'art. Ils apprennent ainsi que mi-septembre le célèbre musée du Loube organisera sa fameuse vente aux enchères annuelle à laquelle ils sont naturellement conviés. Le jour tant attendu arrive et les époux Toscan Seplanté tombe sous le charme d'un tableau intitulé le bateau sur l'eau de Thierry Golo un célèbre peintre français. Malgré son succès, personne à l'exception de ses proches ne connaît son visage. Son identité mystérieuse contribue à sa notoriété. Le tableau est vendu aux époux Toscan Seplanté par un commissaire-priseur lors de la vente aux enchères comme une œuvre authentique de l'artiste et présenté comme tel dans le catalogue de vente. Toutefois, tout bascule pour les heureux propriétaires lorsqu'ils apprennent que le tableau le bateau sur l'eau a été réalisé par un enfant de dix ans, Thierry Golo ayant juste signé le tableau. Considérant comme intolérable le fait de disposer d'un tableau qui n'est pas de la main de Thierry Golo, les époux Toscan Seplanté demandent la nullité de la vente.

Qu'en pensez-vous ?

Correction

Rappel des faits et problème juridique

Lors d'une enchère un couple fait l'acquisition d'un tableau mentionné par le catalogue de vente comme l'œuvre de Thierry Golo célèbre peintre français. Après la vente, les époux apprennent que la peinture a été réalisée par un enfant et que Thierry Golo n'a fait qu'apposer sa signature. Les époux demandent la nullité de la vente.

Qualification juridique

La question de l'authenticité des œuvres d'art croise souvent la route des décisions de droit des contrats relatifs à l'erreur. La question qui se pose au sein du cas étudié porte sur l'authenticité d'une œuvre et pour être plus précis : une œuvre d'art qui porte la signature ou l'estampille d'un artiste entraînent-elles la garantie que l'artiste mentionné en est effectivement l'auteur ? En présence de cette signature, l'acheteur est donc bien en droit de croire cette œuvre authentique et, à défaut de cette authenticité, d'invoquer la nullité pour erreur sur les qualités substantielles.

Règles de droit

La nullité du contrat procède de l'idée fort classique selon laquelle l'authenticité d'une œuvre est considérée comme une qualité substantielle. Autrement dit, l'acheteur d'une œuvre d'art, présentée sur un catalogue comme étant l'œuvre de l'artiste, est bien en droit de croire que l'œuvre réalisée est bien de la main de ce dernier. Si ce n'est pas le cas, l'annulation, sur le fondement de l'erreur sur les qualités substantielles et de l'article 1132 du Code civil, est envisageable. En ce sens, c'est l'authenticité du bien acheté qui doit être prise en compte et non sa qualité. La jurisprudence est abondante en la matière depuis la célèbre affaire du Poussin du 22 février 1978. La part de subjectivité de l'acquéreur est souvent âprement débattue en jurisprudence. Ainsi, la Cour de cassation a déjà refusé l'annulation de la vente d'un meuble Louis XVI attribué à l'ébéniste Boule sous prétexte que ledit meuble avait été transformé au XIXe siècle alors même que les acquéreurs avaient acheté ce meuble pour son authenticité[1].

Dans le même sens, les juges du 5 quai de l'horloge ont dû se prononcer sur un litige portant sur un meuble signé Jean Prouvé, mais dont le bois n'était pas en chêne, mais en bois plaqué chêne. L'acquéreur voulant faire annuler la vente pour erreur sur la qualité du bois. La question était donc de savoir si c'était la réputation de l'architecte ou la matière du meuble qui avait motivé l'achat. Dans cette affaire, la Cour de cassation avait rejeté la demande d'annulation de la vente aux motifs que la matière à elle seule du meuble n'avait pas pu motiver la vente. L'authenticité du bien avait bien été prise en compte par l'acquéreur qui doit prouver l'inexactitude du catalogue de vente s'il veut obtenir des dommages-intérêts.[2]

Application

Au sein de ce cas pratique totalement inspiré de l'affaire des « tableaux-pièges de Spoerri »[3]. C'est l'authenticité de l'œuvre qui doit être prise en compte. Ainsi, l'exécution personnelle de l'artiste comme qualité substantielle de l'authenticité de l'œuvre est la condition déterminante de la qualité d'auteur. En l'espèce l'œuvre n'était pas de la main de l'artiste, mais avait été exécutée par un tiers. Il incombe dès lors au commissaire-priseur de mentionner l'auteur effectif de l'œuvre. Les époux Toscan Seplanté peuvent donc demander l'annulation de la vente du tableau.

---

1. Cass. 1re civ., 20 oct. 2011, n° 10-25.980.
2. Cass. 1re civ, 21 oct. 2020, n° 19-15.415.
3. Cass. 1re civ., 15 nov. 2005, n° 03-20.597.

Fiche

5 L'objet du contrat de vente

L'essentiel

Le contrat de vente obéit aux règles de droit commun. En effet, la chose objet du contrat doit exister, être appropriée, déterminée ou déterminable et enfin être dans le commerce. Par ailleurs, la vente doit contenir un prix. L'absence de prix entraîne la nullité du contrat de vente ou une requalification en donation. Ainsi le prix doit être déterminé ou déterminable. Certes depuis la jurisprudence posée par l'assemblée plénière, le 1er décembre 1995, l'exigence d'un prix déterminer est exclue au contrat-cadre. La même jurisprudence pose la limite de l'abus dans la fixation du prix. Ainsi dans le contrat de vente, le prix doit résulter d'élément objectif fixer à l'avance par les parties. La lésion n'est qu'exceptionnellement un cas de rescision dans certaines ventes (cession de droit d'auteur, vente d'engrais, vente d'immeuble). Enfin le juge ne peut intervenir pour fixer le prix de vente.

1. Fondements. Les parties s'entendent dès la conclusion du contrat sur une chose future déterminable et sur un prix déterminé ou déterminable.

I La chose

A La détermination de la chose

2. L'existence de la chose. Le droit de la vente n'organisant aucune spécificité sur ce point, ce sont les règles posées par le droit commun des contrats qui s'appliquent, en ce qu'elles exigent que l'obligation ait pour objet une prestation qui doit être « déterminée ou déterminable » (art. 1163 C. civ.). L'article 1166 du Code civil prévoit que « lorsque la qualité de la prestation n'est pas déterminée ou déterminable en vertu du contrat, le débiteur doit offrir une prestation de qualité conforme aux attentes légitimes des parties en considération de sa nature, des usages et du montant de la contrepartie ». La règle ne s'applique pas aux corps certains qui sont par nature déterminés ou déterminables. En revanche, s'applique aux choses de genre (du vin, de la farine, des marchandises) qui sont fongibles, c'est-à-dire substituables les unes aux autres. Par ailleurs, il est exigé pour les choses de genre que soit indiquée leur espèce et que leur quotité puisse être chiffrée. L'article 1601 du Code civil prévoit l'éventualité dans laquelle la chose était déjà détruite lors de la conclusion de la vente, totalement ou partiellement. En cas de destruction totale de la chose avant la vente, le contrat sera nul, l'obligation du vendeur étant dépourvue d'objet. En cas de destruction partielle de la chose au moment de la vente, l'acquéreur se voit ouvrir une option par l'article 1601, al. 2, du Code civil : il peut décider « d'abandonner la vente », ou d'accepter la chose moyennant une réduction proportionnelle du prix. Dans le premier cas, la vente est totalement nulle et, dans le second, elle est partiellement nulle.

3. La validité des ventes portant sur les choses futures. L'article 1163, alinéa 1er, du Code civil, précise que « L'obligation a pour objet une prestation présente ou future ». Selon ces dispositions, la vente d'une chose future est permise. La pratique envisage donc comme choses futures les ventes de récoltes (fruits et légumes) ou de productions agricoles futures (vins, animaux à naître), de choses à fabriquer (machines, automobiles) ou encore d'immeubles à construire. Toutefois, les conventions portant sur des choses futures connaissent des limites. Il s'agira par exemple des pactes sur successions futures c'est-à-dire une succession non ouverte (art. 1130 alinéa 2 du Code civil). Par ailleurs, la chose doit être certaine et doit pouvoir exister au moment de la vente sous peine de nullité. En revanche, si la vente contenait un aléa représentait seulement une éventualité intégrée dans le champ contractuel (par exemple : l'aléa d'une bonne ou mauvaise récolte), alors l'acheteur qui aura accepté ce risque sera tenu de payer le prix.

B L'aliénation de la chose

4. L'exclusion des choses hors commerce. Sous l'empire de la loi ancienne, il était fait référence aux choses hors commerce. Avec la loi nouvelle cette référence a disparu du droit commun des obligations et il est désormais énoncé que « tout ce qui est dans le commerce, peut être vendu lorsque des lois particulières n'en ont pas prohibé l'aliénation » (art 1598 du Code civil). On parle ainsi de l'aliénabilité de la chose. Précisons simplement que certaines choses sont inaliénables. Il s'agira notamment du corps humain (par exemple les organes humains). D'autres sont considérés comme illicites. Il s'agit des substances illicites ou dangereuses[1], les sépultures[2] ou bien encore les espèces protégées ne peuvent faire l'objet d'une convention. À cet égard, la notion d'objet hors commerce est en réalité bien plus large : elle permet de retenir plus facilement : le slogan publicitaire déjà déposé par un tiers à titre de marque[3], les marchandises contrefaites, la vente d'un fichier de clientèle non déclaré à la CNIL[4]. Le Code civil s'oppose également à la commercialisation de chose qui par leur nature sont inaliénables puisqu'appartenant à tous : l'eau de la mer, l'air etc.

---

1. Cass. com., 16 mai 2006, n° 04-19.785.
2. Cass. 1re civ., 13 mai 1980, n° 78-15.405.
3. Cass. com., 9 mars 1999, n° 97-13.452.
4. Cass. com., 25 juin 2013, n° 12-17.037.

Illustrations jurisprudentielles sur les cessions de clientèles civiles

La jurisprudence classique avait opéré une distinction entre la clientèle commerciale et civile. En effet, la clientèle civile ne pouvait faire l'objet d'un droit de propriété de la part de son titulaire et sa cession était par conséquent nulle alors que pour les professions commerciales la clientèle est considérée comme un bien patrimonial (la clientèle commerciale étant appropriée au fonds de commerce). La clientèle civile était donc quant à elle incessible et hors du commerce du fait qu'elle est attachée à la personne du praticien. Il s'agit notamment de la clientèle des professions libérales : avocats, médecins, chirurgiens-dentistes, architectes, vétérinaires, courtiers, mandataires etc. Par conséquent, il était malaisé de considérer des clients c'est-à-dire des personnes comme des choses alors même qu'une personne est hors commerce. Pour reprendre la formule du Doyen Savatier définissant la clientèle civile ou commerciale il s'agit d'« un peuple d'hommes et de femmes ». La distinction des clientèles commerciales et civiles a été remise en cause par la Cour de cassation qui a jugé dans un arrêt du 7 novembre 2000 que « la cession de la clientèle médicale, à l'occasion de la constitution ou de la cession d'un fonds libéral d'exercice de la profession, n'est pas illicite » (...) la condition que soit sauvegardée la liberté de choix du patient »[1]. Par cet arrêt, la haute juridiction critique cette distinction artificielle en assimilant la clientèle civile et commerciale. La jurisprudence contemporaine qualifie d'ailleurs la clientèle civile comme « valeur patrimoniale »[2].

5. Le respect de l'ordre public. L'objet du contrat doit être conforme à l'ordre public et aux bonnes mœurs. Un arrêt assez récent du tribunal judiciaire[3] rend un jugement assez intéressant sur la notion même d'ordre public. En effet, une des scènes les plus marquantes du mouvement des gilets jaunes qu'a connu la France entre 2018 et 2019 est certainement celle d'un homme frappant plusieurs gendarmes à la manière d'un boxeur (l'homme étant d'ailleurs boxeur professionnel). À la suite de cet événement, une personne avait créé une cagnotte en ligne afin de soutenir l'assaillant. Rapidement, la plateforme de financement participatif avait suspendu cette cagnotte. La personne à l'origine de la cagnotte demande alors le versement de cette dernière en faveur du boxeur. Le tribunal judiciaire de Paris à juger sur le fondement de l'article 1162 du Code civil qui dispose que « *le contrat ne peut déroger à l'ordre public ni par ses stipulations ni par son but, que ce dernier ait été connu ou non par toutes les parties* » que le but de la cagnotte ainsi que la description du message qui l'accompagne sont indissociable des violences sur les forces de l'ordre.

6. La propriété de la chose. Précisions simplement qu'il n'est pas permis de vendre la chose appartenant à autrui. C'est au jour où le transfert de propriété est censé s'opérer que le vendeur doit être propriétaire de la chose vendue. Cette condition s'apprécie au jour de l'effet translatif du contrat : c'est au jour où le transfert de propriété est censé s'opérer que le vendeur doit être propriétaire de la chose vendue. La défaillance de cette condition entraîne par conséquent la nullité de la vente. En effet, l'article 1599 du Code civil sanctionne l'absence de droit du vendeur et n'a pas à s'appliquer quand celui-ci a un « germe de pouvoirs » sur la chose d'autrui. Confirmant la conception selon laquelle seul l'acquéreur peut invoquer la nullité. La Cour de cassation reprend la règle en énonçant que le véritable propriétaire ne dispose que

1. Cass. 1re civ., 7 nov. 2000, n° 98-17.731.
2. Cass. 1re civ., 2 mai 2001, n° 99-11.336.
3. TJ Paris, 6 janv. 2021, n° 19/03587.

d'une action en revendication[1]. Ainsi, le véritable propriétaire ne peut agir en nullité de la vente. En revanche il peut faire reconnaître en justice sont de droit de propriété et par conséquent la remise de la chose en sa possession. Cela dit, le succès de cette revendication n'est nullement soumis à l'annulation de la vente de son bien puisqu'il n'a ni qualité, ni intérêt à agir en annulation[2]. L'action en nullité se prescrit par cinq ans à compter du jour où l'acquéreur a su que son vendeur n'était pas propriétaire. Quand l'acheteur a ignoré que le bien vendu n'appartenait pas à son vendeur, la vente « peut donner lieu à des dommages-intérêts », en réparation des divers dommages résultant pour l'acquéreur de la remise en cause de la vente. L'acheteur de mauvaise foi n'a droit, au contraire, qu'à la restitution du prix de la vente annulée et ne saurait prétendre à aucun dommages-intérêts.

II Le prix

A La détermination du prix

1 L'existence d'un prix

7. Principes. La réforme issue de l'ordonnance n° 2016-131 du 10 février 2016 n'a pas affecté le droit de la vente. Ainsi, l'article 1591 du Code civil continue à disposer que « le prix de la vente doit être déterminé et désigné par les parties ». Sa méconnaissance entraîne la nullité du contrat de vente. Le prix est une somme d'argent que l'acheteur s'oblige à payer au vendeur comme équivalent de la chose qu'il reçoit. Il constitue donc l'objet de l'obligation de l'acheteur et la contrepartie de l'obligation du vendeur. C'est un élément nécessaire à la formation de la vente qui est soumis à plusieurs conditions : le prix doit être déterminé ou, du moins, déterminable ; réel et sérieux ; juste, dans une certaine mesure.

8. Prix déterminé ou déterminable. L'article 1591 du Code civil prévoit que le prix soit déterminé par les parties au moment de la vente. Une vente qui ne comporterait aucune indication de prix, serait donc inévitablement nulle[3]. Néanmoins, la jurisprudence admet que le prix puisse n'être pas déterminé au jour de la conclusion du contrat, pourvu qu'il soit déterminable[4]. Cette exigence de détermination s'applique aux promesses de vente, qu'elles soient synallagmatiques ou unilatérales[5]. Toutefois, cette règle ne s'applique pas au pacte de préférence, dont la nature n'est pas de prédéterminer le prix du contrat de vente, laquelle ne sera conclue, ultérieurement, que s'il advient que le promettant en décide ainsi[6].

9. Le prix dans les contrats cadre. Certaines conventions revêtent souvent la forme d'un contrat-cadre qui organise les rapports entre fournisseur et distributeur. Le fournisseur promet au distributeur diverses prestations aide à l'installation, assistance, publicité et le distributeur s'engage en contrepartie à se fournir exclusivement auprès du fournisseur. Il y aura donc une succession de commande, de contrats de vente. En ce sens, l'accord-cadre ne peut cependant

1. Cass. 3e civ., 9 mars 2005, n° 03-14.916.
2. Cass. 3e civ., 22 mai 1997, n° 95-17.480.
3. Cass. 1re civ., 24 oct. 1978, n° 76-14.798.
4. Cass. 3e civ., 26 sept. 2007, n° 06-14.357.
5. CA Versailles, 23 nov. 1990.
6. Cass. 3e civ., 15 janv. 2003, n° 01-03.700.

fixer avec précision à l'avance le prix des produits qui en application du contrat-cadre seront commandés livrés que plusieurs années après. La jurisprudence avait fait preuve de souplesse quant à l'exigence du prix déterminable au sein de ces contrats-cadre. Ainsi, la référence au tarif en vigueur au jour de la livraison était suffisante pour que le prix soit considéré comme déterminable. Néanmoins, dans des arrêts du 27 avril 1971[1], la Cour de cassation a soumis les conventions-cadre au droit de la vente en exigeant un prix déterminé ou tout du moins déterminable au point que l'on put évoquer une « *chasse à la nullité pour indétermination du prix* ».

Prenant en compte les besoins de la pratique commerciale, la Cour de cassation opère un revirement de jurisprudence à l'occasion de deux arrêts « Alcatel » en date du 29 novembre 1994[2] en décidant que l'exigence de détermination du prix était satisfaite dès lors que la convention faisait référence à un tarif. Tout en considérant que la condition de prix reste une condition de validité du contrat, elle assouplit considérablement cette exigence puisqu'elle décide qu'une partie peut valablement se voir reconnaître par contrat le droit de fixer unilatéralement le prix. Afin d'éviter que l'exercice d'une telle prérogative ne soit l'occasion d'excès, elle reconnaît au juge le pourvoir de sanctionner le fournisseur qui abuserait de son exclusivité pour majorer ses tarifs dans le but d'en tirer un profit illégitime, car en agissant ainsi il méconnaîtrait son obligation d'exécuter la convention de bonne foi.

L'Assemblée plénière de la Cour de cassation dans quatre arrêts de 1995[3] a réaffirmé la solution dégagée par les arrêts Alcatel en énonçant que « lorsqu'une convention prévoit la conclusion de contrats ultérieurs, l'indétermination du prix de ces contrats dans la convention initiale n'affecte pas, sauf dispositions légales particulières, la validité de celle-ci ». Autrement dit la détermination du prix des contrats d'application n'est pas une condition de validité du contrat-cadre d'approvisionnement ou de fourniture. Par ailleurs, la haute juridiction précise que « la clause [...] faisant référence au tarif en vigueur au jour des commandes d'approvisionnement à intervenir n'affecte pas la validité du contrat [...] », Ainsi, la clause « tarif fournisseur » est validée. De plus, « l'article 1129 du Code civil n'est pas applicable à la détermination du prix », excluant de fait, la nullité d'un contrat-cadre pour indétermination du prix. L'abus dans la fixation du prix ne donnant lieu qu'à résiliation ou indemnisation.

1. Cass. com., 27 avr. 1971, n° 70-10.752 et n° 70-10.753.
2. Cass. civ. 1re, 29 nov. 1994, n° 91-21009 et n° 92-16267.
3. Cass., ass. plén., 1er déc. 1995, n° 91-15.999.

Le prix dans les contrats cadre à la lumière de l'article 1164 du Code civil

En ce qui concerne la fixation unilatérale du prix dans les contrats cadre, la nouvelle règle issue de l'ordonnance du 10 février 2016 (Ces dispositions sont confinées aux seuls contrats cadre et elles ne s'étendent pas à l'ensemble des contrats à exécution successive comme cela avait été envisagé initialement dans le projet d'ordonnance.) énonce aux termes de l'article 1164 du Code civil que « dans les contrats cadre, il peut être convenu que le prix sera fixé unilatéralement par l'une des parties, à charge pour elle d'en motiver le montant en cas de contestation. En cas d'abus dans la fixation du prix, le juge peut être saisi d'une demande tendant à obtenir des dommages et intérêts et le cas échéant la résolution du contrat ». Cette disposition consacre le revirement de jurisprudence opérer par l'Assemblée plénière de la Cour de cassation en 1995.

Néanmoins, l'article 1164 consacre deux dispositions nouvelles :

– La nécessité d'un accord préalable des parties sur la possibilité que l'une d'elles fixe seule le prix une fois passée la date de conclusion du contrat.

– L'obligation pour la partie qui fixe le prix « d'en motiver le montant en cas de contestation ».

2 L'absence de prix dérisoire

10. Un prix réel et sérieux. L'exigence de réalité du prix vise à sanctionner les hypothèses de fictivité, de dissimulation ou encore de vileté du prix :

- Le prix fictif est celui dont l'existence, apparente, est contredite par un acte secret (une contre-lettre) dans laquelle les parties conviennent que le prix ne sera, en réalité, jamais payé. Il s'agit d'un éventuel cas de simulation. L'article 1201 du Code civil prévoit alors que l'acte secret produit effet entre les parties, mais qu'il n'est pas opposable aux tiers, qui peuvent néanmoins s'en prévaloir. Autrement dit, les parties seront liées par l'acte secret, et ne pourront se prévaloir, l'une à l'encontre de l'autre, des dispositions de l'acte apparent. Les tiers, quant à eux, auront le choix d'invoquer l'acte secret ou l'acte apparent.
- Le prix dissimulé repose pareillement sur une simulation. Cela dit, dans la contre-lettre, les parties prévoient un prix supérieur à celui qui est indiqué dans l'acte apparent. Il s'agit donc d'une hypothèse de dissimulation partielle du prix qui vise, en pratique, à diminuer les droits de mutation applicables à l'opération en cause. Les mêmes règles posées par l'article 1201 du Code civil s'appliquent dans cette éventualité. Néanmoins, au lieu de donner effet à la contre-lettre entre les parties, l'article 1202 du Code civil frappe de nullité toute contre-lettre ayant pour objet une augmentation du prix stipulé dans un contrat de cession d'un office ministériel, de vente d'immeubles, de cession de fonds de commerce ou de clientèle, ou de cession d'un droit au bail. Cette nullité de la contre-lettre est une nullité absolue qui laisse en principe valable l'acte ostensible. Dans cette hypothèse, le vendeur se voit interdit de poursuivre l'acquéreur en paiement du complément du prix.
- Dans la vente à vil prix ou dérisoire, il n'y a pas de contrepartie à la chose vendue. La vente à prix vil se distingue du prix lésionnaire, qui est simplement insuffisant au regard de la valeur du même bien. Ainsi, la Cour de cassation a déjà pu préciser que la vente peut être annulée pour vileté du prix indépendamment de l'action en rescision pour

lésion[1]. Le contrat de vente conclu pour un prix dérisoire ou vil est frappé d'une nullité relative en application de la réforme du droit des contrats consacrée par l'article 1179 du Code civil. En effet, c'est le régime de la nullité relative qu'il convient d'appliquer à la vileté du prix car l'exigence d'un prix sérieux protège l'intérêt privé, et non pas l'intérêt général.

11. Un prix juste. En principe, la fixation du prix est soumise à la liberté contractuelle des parties, qui sont libres de fixer le prix qui leur paraît convenable. L'exigence d'un juste prix dans le contrat de vente n'est pas donc absolue, car elle n'implique pas une équivalence parfaite entre les prestations réciproques des parties. L'article 1168 du Code civil le rappelle d'ailleurs en indiquant que « dans les contrats synallagmatiques, le défaut d'équivalence des prestations n'est pas une cause de nullité du contrat, à moins que la loi n'en dispose autrement. ».

12. La lésion. La lésion se caractérise lorsqu'il existe un déséquilibre trop grave entre le prix et la valeur du bien vendu, sans que le prix puisse être, pour autant, qualifié de dérisoire. Les articles 1674 et suivants du Code civil ne sont applicables qu'à la rescision des ventes immobilières. Ainsi, l'article 1674 du Code civil prévoit dans la vente d'immeuble que : « Si le vendeur a été lésé de plus des sept douzièmes dans le prix d'un immeuble, il a le droit de demander la rescision de la vente (...) ». Néanmoins, d'autres contrats lésionnaires que la vente d'un immeuble peuvent faire l'objet de sanction. C'est notamment le cas en matière de vente d'engrais ou les contrats relatifs à la cession de droits d'auteur. Cela dit, ces contrats autre que la vente immobilière, ce sont des règles spécifiques qui s'appliquent et non pas les articles 1674 et suivants du Code civil.

B La fixation du prix

13. Fixation du prix par un tiers. L'article 1592 du Code civil prévoit que le prix « peut cependant être laissé à l'estimation d'un tiers ; si le tiers ne veut ou ne peut faire l'estimation, il n'y a point de vente, sauf estimation par un autre tiers ». Il fait office de mandataire commun aux deux parties, chargé par celles-ci de fixer définitivement le prix de la chose vendue, et donc de parfaire le contrat. Sa désignation doit être convenue entre les parties lors de la conclusion de la vente, et doit aboutir à la désignation d'un tiers indépendant des parties et impartial. Cette défaillance, pourrait entraîner la nullité de la vente pour indétermination du prix. Enfin, à l'achèvement de sa mission l'évaluation du tiers ne peut pas, en principe, être contestée, puisque les parties s'en sont, d'un commun accord, remises à lui pour déterminer le prix sauf en cas d'erreur grossière[2]. L'erreur grossière sera caractérisée lorsque le tiers n'aura pas respecté la méthode d'évaluation définie par les parties[3] ou lorsqu'il aura commis une mauvaise évaluation causant un préjudice à l'une des parties : au vendeur en cas de sous-évaluation, à l'acheteur en cas de surévaluation[4]. En tout état de cause, le tiers peut engager sa responsabilité civile contractuelle en cas d'erreur grossière. Par ailleurs, l'article 1592 du Code civil précise que « si le tiers ne veut ou ne peut faire l'estimation, il n'y a point de vente ».

1. Cass. 3e civ., 18 juillet 2001, n° 99-17.496.
2. Cass. com., 9 avr. 1991, n° 89-21.611.
3. Cass. com., 6 juin 2001.
4. Cass. com., 4 févr. 2004, n° 01-13.516.

14. Fixation du prix par le juge. Le juge ne peut fixer lui-même le prix. Il ne peut pas non plus désigner un tiers chargé de le faire si les parties ne lui ont pas donné ce pouvoir. Toutefois, abandonnant la solution de sa jurisprudence Canal de Craponne[1] qui refusait de reconnaître la théorie de l'imprévision la réforme du droit des contrats a introduit l'article 1195 du Code civil qui admet la possibilité de résiliation judiciaire en cas de changement de circonstances imprévisible lors de la conclusion du contrat. Ainsi, pour les contrats conclus depuis le 1er octobre 2016, il est possible de demander au juge, de résilier ou de réviser le contrat en cas de refus ou d'échec d'une renégociation amiable entre les parties, à la demande d'une seule partie. En revanche, pour les contrats conclus avant cette date, c'est le principe de force obligatoire qui demeure en principe seul applicable et fait obstacle à toute révision judiciaire du contrat pour imprévision.

1. Cass. civ., 6 mars 1876.

Pour aller plus loin

1. Ouvrages

- R. Savatier, *L'introduction et l'évolution du bien clientèle dans la construction du droit positif français*, Mélanges Maury, t.2, p. 559.
- M. BEHAR-TOUCHAIS, *La structure du contrat cadre de distribution et la détermination du prix des contrats d'application*, JCP, 1994.
- F. LEDUC, *La détermination du prix : une exigence exceptionnelle ?*, JCP, 1992.

2. Articles

- L. AYNÈS, *Indétermination du prix dans les contrats de distribution : comment sortir de l'impasse ?*, D. 1993. Chron. 25.
- M.-A. FRISON-ROCHE, *L'indétermination du prix*, RTD civ., 1992.

Exercice QCM

→ **Répondre aux questions suivantes. Une seule bonne réponse est possible.**

1 Dans un contrat de vente le prix peut-il être symbolique ?

a. Vrai.
b. Faux.

2 La vente de la chose d'autrui ouvre pour le véritable propriétaire :

a. Un droit à l'annulation de la vente.
b. Un droit en revendication de la chose.
c. Un droit d'annulation et de revendication.

3 La clientèle civile peut être cédée :

a. Sans aucune condition.
b. La clientèle civile est soumise à la règle de la liberté de choix.
c. De manière exceptionnelle.

4 Le prix dans les contrats-cadres :

a. Doit être déterminé.
b. N'a pas besoin d'être déterminé.
c. Il n'y a pas de prix dans les contrats cadre.

5 Le juge peut fixer lui-même le prix du contrat ?

a. Vrai.
b. Faux.

Correction

1 **Réponse b**. Non le prix ne peut être symbolique, il doit être déterminé ou déterminable et sérieux.

2 **Réponse b**. Ouvre uniquement un droit de revendication au propriétaire.

3 **Réponse b**. Oui sous réserve de la liberté de choix du patient.

4 **Réponse b**. Dans les contrats-cadres le prix n'a pas besoin d'être déterminé.

5 **Réponse b**. Faux.

Exercice Cas pratique : « Luxe à tout prix »

Énoncé

Camille Onette est brillante… Après une scolarité sans accroc elle décide de monter son entreprise spécialisée dans la vente la vente de sac à main de luxe. Pour ce faire, elle conclut un contrat d'approvisionnement exclusif de cuir avec la société L.Voithon un maroquinier de luxe dont le slogan est « nouveaux riches » et « tape à l'œil ». La convention conclut entre Camille Onette et la société L.Voitho stipulait que le prix serait fixé par le tarif en vigueur au jour de l'enregistrement de la commande. Alors que l'entreprise fondée par Camille Onette prospère, cette dernière s'aperçoit l'année suivante que la société L.Voithon a augmenté ses prix de 15 % lors de la dernière commande. Camille Onette se demande si elle peut contester cette augmentation.

Qu'en pensez-vous ?

Correction

Rappel des faits et problème juridique

Une jeune femme Camille Onette décide créer son entreprise de sac à main de luxe. Elle a conclu un contrat d'approvisionnement exclusif avec une société spécialisée en maroquinerie de luxe. Cette convention prévoit que le prix de vente du cuir sera fixé par le tarif en vigueur au jour de l'enregistrement de la commande. Néanmoins, la maroquinerie augmente de 15 % ses prix lors de la dernière commande de Camille Onette.

Qualification juridique

Ce type de contrat d'approvisionnement est qualifié de contrat-cadre. En effet, un contrat-cadre est une convention par laquelle les parties prévoient la conclusion de contrats ultérieurs selon certaines modalités.

Règles de Droit

L'article 1591 du Code civil précise que le prix doit être déterminé par les parties au moment de la vente. En réalité, le prix est soit déterminé ou déterminable. En ce qui concerne les contrats-cadres, la Cour de cassation a admis en 1995 que l'indétermination du prix n'affectait pas la validité de la convention.

Ainsi, la détermination du prix des contrats dans les contrats-cadres n'est pas une condition de validité de ce dernier. Par ailleurs, l'article 1164 du Code précise que « *dans les contrats-cadres, il peut être convenu que le prix sera fixé unilatéralement par l'une des parties* ». Cela dit, le même article précise qu'en cas de contestation, il faut que la partie autorisée à fixer ce prix soit en mesure d'en motiver le montant. La charge de la preuve pèse donc sur la partie qui à fixer unilatéralement le prix. Enfin, « *en cas d'abus dans la fixation du prix, le juge peut être saisi d'une demande tendant à obtenir des dommages et intérêts et le cas échéant la résolution du contrat* ».

Application

En l'espèce, l'augmentation du prix de 15 % sur la dernière commande a été fixée unilatéralement par la société L.Voithon. En cas de contestation par Camille Onette, c'est au maroquinier de motiver cette augmentation. On peut déceler un abus dans la fixation du prix du fait de l'absence de justification du montant et de l'augmentation brutale. Camille Onette peut donc en l'absence de justification de l'augmentation demander au juge une indemnisation pour cette augmentation injustifiée voir la résolution de la vente.

Section

II Les effets du contrat de vente

Du contrat de vente découlent de nombreuses obligations à la charge du vendeur. Il s'agira notamment d'un devoir général d'information (chapitre 6), d'une obligation de garantie de la chose vendue (chapitre7) et des risques qui découlent de ce transfert de propriété (chapitre 5) d'assure différentes garanties à l'acquéreur (chapitre 8).

L'acquéreur quant à lui devra payer la chose et la retirer selon certaines modalités fixées par le Code civil (chapitre 9).

Les effets réels du contrat de vente

L'essentiel

Le contrat de vente entraîne des effets réels. Le principal effet réside dans le transfert de propriété et le transfert des risques. Le transfert de propriété et le transfert des risques ont lieu en principe au moment du consentement des parties, mais ils peuvent être différés par la simple volonté des parties. En effet, le transfert de propriété n'est pas d'ordre public et les parties peuvent y déroger. Le transfert de propriété a pour effet de transférer le bien vendu du patrimoine du vendeur et le faire entrer au sein du patrimoine de l'acheteur. Le transfert des risques qui concerne la vente se distingue du transfert de propriété qui concerne le transport de la chose vendue. Il s'agit du principe « *res perit domino* » qui prévoit que si la chose périt, c'est le propriétaire qui en doit supporter le risque. Par conséquent, la charge des risques et la propriété ne peuvent être dissociées. Ainsi, le vendeur est libéré de l'obligation de prémunir la chose contre les risques dès lors que l'acquéreur reçoit la chose. Cependant, avant la livraison de la chose à l'acquéreur, ce dernier est tenu d'en payer le prix sauf si le vendeur a été mis en demeure de livrer la chose, si le vendeur accepte de reprendre la marchandise, dans les ventes d'immeubles à construire et à rénover.

I Le transfert de propriété

1. Principes. Le transfert de propriété est un effet réel qui se produit automatiquement du fait de l'échange des consentements. La règle s'applique tant en matière mobilière qu'en matière immobilière. En pratique cependant, la vente d'un immeuble suppose la conclusion d'une promesse qui retarde les effets principaux de la vente au jour de la conclusion de l'acte authentique[1]. Ce transfert de propriété est particulièrement important parce que c'est l'effet principal recherché par les parties. Par ailleurs, le transfert de propriété est consacré comme un effet légal des contrats translatifs par l'ordonnance du 10 février 2016.

2. Le moment du transfert. La question qui se pose est de savoir quand et comment s'opère le transfert de propriété. Selon Loysel, « on n'a pas plus tôt vendu la chose qu'on n'y a plus rien ». Cette maxime témoigne que le contrat de vente opère, à lui seul, le transfert de la propriété du vendeur à l'acquéreur, sans qu'il soit besoin de recourir à quelque formalité que ce soit, car il procède de la seule volonté des parties[2]. Les modalités du transfert de propriété est organisé par l'article 1196, du Code civil qui prévoit expressément que le transfert de propriété

1. Cass. 3e civ., 11 déc. 1984, n° 83-14.829.

2. Loysel, 407 ; H. Roland et L. Boyer, Adages du droit français, Litec, 4e éd., n° 299.

peut être : soit s'opérer lors de la conclusion du contrat soit peut-être « différé par la volonté des parties, la nature des choses ou par effet de la loi » (art. 1196 alinéa 2).

En cas de vente de corps certain, le transfert a lieu immédiatement dès lors que la chose est déterminée (C. civ., art. 1583). En cas de vente de chose de genre, la propriété n'est transférée à l'acheteur qu'à compter de son individualisation (C. civ., art. 1585). L'individualisation est immédiate et le transfert de propriété se produit dès la conclusion du contrat lorsqu'il s'agit d'une vente en bloc (C. civ., art. 1586). L'individualisation des choses de genre résulte soit de leur livraison, soit d'une opération de pesage, comptage ou mesurage opposable à l'acheteur (C. civ., art. 1585). Cela dit, les dispositions de l'article 1583 du Code civil relatives au moment du transfert de propriété de la chose vendue n'étant pas d'ordre public, les parties peuvent y déroger librement. Par conséquent, la vente peut contenir une clause de réserve de propriété (clause pouvant figurer dans tout contrat translatif de propriété), qui suspend l'effet translatif de la vente. La clause de réserve de propriété est une sûreté suspendant l'effet translatif de propriété du contrat de vente jusqu'à complet paiement du prix. Cela dit, elle ne remet pas en cause le caractère ferme et définitif de la vente intervenue dès l'accord des parties sur la chose et sur le prix[1].

Le transfert de propriété d'un bien actuel en permet la maîtrise concrète, tandis que celui d'une chose future reste virtuel tant qu'il n'est pas réalisé. En effet, le transfert de propriété peut s'opérer sur une chose future. En cas de chose future, le transfert de propriété ne peut s'opérer qu'après l'achèvement de la fabrication qui a pour effet de créer un corps certain. Ce sera le cas par exemple d'une vente portant sur un appartement en construction[2].

3. Effets du transfert de propriété. Le transfert de propriété a pour effet essentiel de faire sortir le bien vendu du patrimoine du vendeur pour le faire entrer dans celui de l'acquéreur. Tant qu'il n'a pas eu lieu, l'acquéreur n'a aucun droit réel sur l'immeuble et n'a contre son vendeur qu'un droit personnel d'en exiger le transfert. Une fois le transfert réalisé, le vendeur perd alors son droit de propriété sur la chose et ne peut donc plus valablement transférer la propriété du même bien, ni constituer un autre droit réel sur ce bien. Ces prérogatives appartiennent désormais à l'acquéreur, à compter du transfert.

II Le transfert des risques

4. Dissociation du transfert de la propriété et de celui des risques. Il convient de distinguer le transfert de propriété et le transfert des risques. En effet, le premier se rapporte à la vente, le second au transport. L'article 1196 alinéa 3 du Code civil dispose « le transfert de propriété emporte transfert des risques de la chose ». Le transfert de risques a pour but de déterminer qui a le droit d'agir à savoir celui auquel appartient la marchandise. C'est l'application de la règle selon laquelle le vendeur n'a plus à s'occuper du devenir du bien quand il l'a délivré. Cela dit, en matière de transfert des risques c'est la règle « *res perit domino* » posant le principe que les marchandises restent la propriété du vendeur tant que le paiement intégral du prix n'a pas été versé par l'acquéreur. Ainsi, jusqu'au transfert de propriété, l'acquéreur assume l'ensemble des risques pouvant affecter les marchandises. Lorsque la chose a été détruite ou endommagée avant la livraison, l'acquéreur est malgré tout plusieurs exceptions sont prévues :

1. Cass. com., 17 oct. 2018, n° 17-14.986.
2. Cass. ass. plén., 22 avr. 1974, n° 71-13.450.

Lorsque la chose a été détruite ou endommagée avant la livraison, l'acquéreur est malgré tout tenu d'en payer le prix. Toutefois, il existe des exceptions :

- Si le vendeur a été mis en demeure de livrer la chose. La charge des risques est inversée à compter de cette mise en demeure.
- Si le vendeur accepte de reprendre la marchandise qui ne convient pas à l'acheteur
- Dans les ventes d'immeubles à construire et à rénover dont la réalisation et l'achèvement sont différés. La perte ou la détérioration de la chose immeuble pèse par conséquent, sur le vendeur ou l'acquéreur, selon que la transmission du droit de propriété a déjà eu lieu ou non.

Dans toutes ces hypothèses d'exception, si la chose périt alors que les risques pèsent sur le vendeur, l'acquéreur sera libéré de son obligation de payer le prix, ou pourra exiger la restitution du prix versé au vendeur, lequel devra, réciproquement, restituer le prix versé ou ne pourra exiger le paiement du prix.

Pour aller plus loin

1. Ouvrages

- JUAN-BONHOMME, *Le transfert des risques dans la vente de meubles corporels*, 1978, thèse.
- AMBROSELLI, *Théorie des risques dans les contrats*, 1895, éd. A. Rousseau.

2. Articles

- WERY, *Les adages « Res perit debitori »*, in Mélanges G. Hanard, 2009, Publ. des facultés universitaires de Saint-Louis, p. 287.
- IOTRAUT, *L'impossibilité d'exécuter un contrat*, LPA 20 mai 1994, n° 60.

Exercice **QCM**

→ Répondre aux questions suivantes. Une seule bonne réponse est possible.

1 Le contrat de vente est le contrat translatif de propriété de plein droit ?

a. Vrai.
b. Faux.

2 Lors d'une vente, le transfert des risques se fait en principe :

a. Au moment du paiement de la chose.
b. Au moment du transfert de propriété de la chose.
c. Au moment de la signature du contrat.

3 Lors d'une vente le transfert de propriété se fait en principe

a. Au moment du paiement de la chose.
b. Au moment du transfert de la chose.
c. Au moment de l'échange des consentements des parties.

4 Si la chose périt avant la livraison :

a. Le vendeur est tenu de la chose tant que le paiement intégral du prix n'a pas été versé par l'acquéreur.
b. Le vendeur n'est pas tenu de la chose le consentement des parties ayant eu lieu avant.
c. Le vendeur est n'est jamais tenu de la chose.

5 Quel est le principal effet du transfert de propriété ?

a. Déterminer le prix unilatéralement par le vendeur.
b. Transférer les risques automatiques sur la tête du vendeur.
c. Faire sortir le bien vendu du patrimoine du vendeur.

Correction

1 **Réponse a**. Vrai.

2 **Réponse a**. Le transfert de propriété s'effectue au moment du paiement de la chose.

3 **Réponse c**. Le transfert de propriété s'effectue au moment de l'échange des consentements des parties.

4 **Réponse a**. Le vendeur est tenu de la chose tant que le paiement intégral du prix n'a pas été versé par l'acquéreur.

5 **Réponse c**. Faire sortir le bien vendu du patrimoine du vendeur.

Exercice

Cas pratique : « Une livraison tout feu tout flamme »

Énoncé

Sarah Courci est une jeune femme dynamique. Chaque matin, avant de se rendre à son bureau, elle s'accorde une heure de rollers sur les trottoirs de son quartier afin de garder la forme. Sarah Courci décide de s'acheter une nouvelle paire de rollers, car les siens commencent à s'user à force d'utilisation. Après avoir longuement prospecté sur Internet, elle déniche les tout nouveaux rollers à la mode auprès d'un vendeur en ligne du nom de Gérard Menvuça. Le prix est de 350 euros et Gérard Menvuça demande à Sarah Courci de payer une avance de 100 euros. Après voir payer l'avance, Gérard Menvuça confirme à Sarah Courci le bon envoi par la poste des rollers. Malheureusement, l'entrepôt où la paire de rollers se trouvait en transit avant d'être acheminée à Sarah Courci a pris feu détruisant tous les biens à l'intérieur. Sarah Courci demande à Gérard Menvuça le remboursement de son acompte. Cependant Gérard Menvuça, n'est pas d'accord et lui demande le paiement intégral des rollers livré, mais détruit en cours de route.

Qu'en pensez-vous ?

Correction

Rappel des faits et problème juridique

Sarah Courci achète une paire de rollers sur Internet. Elle verse un acompte au vendeur qui lui expédie les rollers par la poste. Néanmoins, un incendie a lieu dans l'entrepôt où était en transit la paire de rollers. La paire de rollers est détruite dans l'incendie. Sarah Courci demande alors au vendeur de lui rembourser son acompte. Ce dernier refuse et demande l'intégralité du paiement. La question est de savoir sur qui pèse la théorie des risques dans ce contrat de vente, le bien ayant été détruit pendant sa livraison.

Qualification juridique

En l'espèce, il s'agit bien d'un contrat de vente. Selon l'article 1583 du Code civil, le transfert de propriété s'opère dès la rencontre des volontés dans un contrat de vente. Par ailleurs, l'article 1196 alinéa 3 du Code civil dispose « *le transfert de propriété emporte transfert des risques de la chose* ».

Règles de Droit

En matière de transfert des risques, c'est la règle « *res perit domino* » posant le principe que les marchandises restent la propriété du vendeur tant que le paiement intégral du prix n'a pas été versé par l'acquéreur. Ainsi, si la chose périe avant son transfert, c'est naturellement le vendeur qui en est responsable, les risques pesant sur lui.

Application

En l'espèce, c'est bien sûr le vendeur Gérard Menvuça que pèsent les risques. N'ayant pas été payé intégralement par Sarah Courci, il doit assurer les risques pesant sur les rollers puisque ceux-ci n'ont pas été livrés à l'acheteuse. Gérard Menvuça devra alors rembourser Sarah Courci de l'acompte de 100 euros qu'elle lui a versé.

Fiche

7 Les obligations précontractuelles du vendeur

L'essentiel

Le vendeur est tenu à l'égard de l'acheteur d'une obligation de conseil et d'information, lui imposant de conseiller l'acheteur sur le choix de la chose achetée, de façon à ce que celle-ci soit adaptée aux besoins de l'acheteur, et de lui donner les informations nécessaires à l'usage de la chose. Les obligations de conseil et d'information sont justifiées par la différence de compétence entre l'acheteur et le vendeur il appartient au vendeur de prouver qu'il a correctement exécuté ses obligations. En cas d'inexécution, la sanction serait la nullité du contrat ainsi que des dommages-intérêts. Enfin, s'ajoute également une obligation de sécurité. Cette obligation découle de la directive du 25 juillet 1985 transposée en droit français le 19 mai 1998 qui dispose que le vendeur est tenu d'une obligation de sécurité envers l'acheteur et même envers les tiers lorsqu'ils en sont usagers et que la chose est potentiellement dangereuse.

I L'obligation d'information

1. Définition. L'article 1112-1 du Code civil prévoit que « Celle des parties qui connaît une information dont l'importance est déterminante pour le consentement de l'autre doit l'en informer dès lors que, légitimement, cette dernière ignore cette information ou fait confiance à son cocontractant ». Le principe qui est donc affirmé réside dans le fait que le vendeur doit fournir à l'acquéreur tous les renseignements nécessaires à l'usage de la chose vendue. De même, l'alinéa 4 de ce même article dispose « *les parties ne peuvent ni limiter ni exclure ce devoir* ». Ce texte est par conséquent d'ordre public. On constate que le souci du législateur est la protection de l'acheteur considéré souvent comme la partie faible. C'est ce qui explique la multiplication des textes renforçant son devoir d'information. Il s'agira d'une part, d'une obligation de renseignements envers l'acquéreur et d'autre part, l'obligation de conseil.

A L'obligation de renseignement

2. La nature de l'obligation. L'obligation de renseignement est définie à l'article 1602 du Code civil par le fait que « *le vendeur est tenu d'expliquer clairement ce à quoi il s'oblige* ». Cette obligation de renseignement intervenant durant la phase précontractuelle est souvent considérée comme la délivrance d'informations « standardisées ». On peut retenir parmi les renseignements les plus connus : les caractéristiques essentielles du bien, les indications nécessaires sur les conditions d'utilisation de la chose, les précautions d'emploi obtenu par une notice explicative (la seule remise de la notice d'utilisation à l'acheteur, le vendeur n'a pas démontré avoir effectivement satisfait à son obligation de mise en garde sur le respect des règles techniques d'installation[1]) ou plaquette publicitaire[2]. Il peut par conséquent s'agir d'information portant sur l'existence d'un risque de pollution sur le terrain[3] vendu, les qualités substantielles du terrain vendu comportant, dans le sous-sol, une nappe aquifère, imposant des travaux importants[4], les diagnostics techniques destinés à informer l'acquéreur sur la solidité et la salubrité des constructions, etc.

> **La responsabilité du vendeur peut-elle être engagée pour manquement à une information qui pourrait être jugée évidente ?**
>
> En l'espèce, des époux achètent dans une jardinerie un rat domestique. Trois jours plus tard, le rat mord l'épouse et leur fils, lequel tombe malade. Les époux assignent la jardinerie en réparation du préjudice subi, en raison d'un manquement à l'obligation d'information sur les risques de maladie pouvant provenir des morsures. Si les juges du fond donnent gain de cause aux acquéreurs, la jardinerie forme un pourvoi en cassation aux motifs qu'il est connu de tous que le rat peut mordre et qu'il est réputé pour sa saleté. Par ailleurs, rien n'indiquait qu'il y avait un lien de causalité entre le manquement à une obligation d'information et le dommage subi, ou même que le rat ait été malade lors de la vente. La Cour de cassation dans un arrêt du 14 mai 2009 ne retient pas ce raisonnement et admet que « dès lors que l'acheteur n'avait ni conscience ni connaissance qu'en achetant un rat domestique il s'exposait à un risque de maladie, le vendeur, en tant que professionnel, avait manqué à son obligation d'information ».

3. La qualité du vendeur. Cette obligation de renseignement s'impose aussi bien au vendeur professionnel[5] qu'au vendeur non professionnel[6]. Néanmoins, la défaillance de cette information sera plus ou moins sévèrement sanctionnée selon la qualité des parties. Ainsi, le vendeur non professionnel n'est pas tenu de fournir les renseignements qu'il ne connaît pas ; réciproquement, l'acquéreur professionnel n'est créancier d'une obligation de renseignement que dans la mesure où sa compétence ne lui donne pas les moyens d'apprécier la portée exacte des caractéristiques techniques des biens qui lui sont livrés[7].

4. Les personnes sanctionnées. Si le vendeur est la première personne visée par des sanctions en cas de défaillance de cette obligation de renseignement, elle n'est pas la seule dont la responsabilité puisse être mise en cause. Ainsi, il a été jugé que « l'obligation de renseignement incombe aussi bien au fabricant qu'au revendeur spécialisé », de sorte qu'il ne peut être reproché à une cour d'appel de n'avoir tiré aucune conséquence du fait que le revendeur avait été mis en mesure de fournir les renseignements, dès lors qu'il n'avait pas été attrait dans la cause[8]. De même, « l'obligation de conseil du vendeur n'exclut pas celle de l'installateur »[9]. Pareillement, l'obligation de renseignement incombant au vendeur ne saurait cependant dispenser l'acheteur de toute diligence[10]. Ainsi, il se doit et de vérifier les renseignements fournis par son vendeur,

1. Cass. 1re civ., 18 juin 2014, n° 13-16.585.
2. Cass. 3e civ., 17 juill. 1996, n° 94-17.810.
3. Cass. 3e civ., 17 nov. 2004, n° 03-14.038.
4. Cass. 3e civ., 22 juin 2005, n° 04-10.415.
5. Cass. 3e civ., 13 janv. 1982, n° 80-14.446.
6. Cass. 3e civ., 30 juin 1992, n° 90-19.093.
7. Cass. 3e civ., 21 juill. 1993, n° 91-20.639.
8. Cass. 1re civ., 23 avr. 1985, n° 83-17.282.
9. Cass. 1re civ., 25 janv. 2000, n° 98-12.702.
10. Cass. 3e civ., 20 mars 1996, n° 94-12.704.

surtout s'il est lui-même un professionnel[1] de se renseigner sur l'éventualité de difficultés lorsqu'il a été alerté sur un point particulier[2]. À cet égard, le vendeur ne commet pas un dol, en ne révélant pas le très mauvais état du plancher d'un grenier alors que cela était apparent et ne pouvait échapper à l'acquéreur.[3]

B L'obligation de conseil

5. Principe. Une question a été âprement débattue par la doctrine quant à la distinction entre devoir de renseignement et devoir de conseil et la solution à ce problème ne brille pas toujours par sa clarté. Cependant, la doctrine tend à distinguer l'obligation de renseignement comme « l'information indépendante des besoins de l'acheteur » et l'obligation de conseil qui vise « l'information dépendante des besoins de l'acheteur ». En ce sens, la Cour de cassation a affirmé dans un arrêt du 28 octobre 2010 que conseiller, c'est informer l'acheteur « quant à l'adéquation de la chose proposée à l'utilisation qui en est prévue »[4]. Par conséquent, l'obligation de conseil peut se définir comme la fourniture d'un véritable conseil à l'acquéreur, ce qui suppose d'orienter sa décision dans un sens conforme à ses besoins. Le vendeur doit donc conseiller l'acquéreur sur l'opportunité de son acquisition, ce qui peut aller jusqu'à un devoir de lui déconseiller tel achat qui ne répondait pas à ses besoins. Pour mener à bien ce devoir de conseil, le vendeur a l'obligation de s'enquérir des besoins de l'acquéreur, de façon à lui délivrer un conseil adapté.

6. La qualité des parties. La jurisprudence pose l'exigence qu'« il incombe au vendeur professionnel de prouver qu'il s'est acquitté de l'obligation de conseil lui imposant de se renseigner sur les besoins de l'acheteur afin d'être en mesure de l'informer quant à l'adéquation de la chose proposée à l'utilisation qui en est prévue » lorsqu'il traite avec un acquéreur profane ou un acquéreur professionnel moins spécialiste que lui. Le vendeur voit, en effet, peser sur lui une obligation d'orienter l'acheteur dans son choix ou de le mettre en garde contre tel ou tel inconvénient attaché à sa décision. À titre d'exemple, l'obligation de conseil est défaillante dès lors que le vendeur professionnel de l'immobilier n'a pas attiré l'attention de l'acquéreur souffrant d'un handicap moteur sur la difficulté d'accéder aux terrasses de l'appartement[5]. Le vendeur professionnel ne semble pas tenu d'un devoir de conseil en présence d'un cocontractant averti. Toutefois, le fait que l'acquéreur soit accompagné d'un technicien ne suffit pas à exclure le devoir de conseil du vendeur.

7. Sanctions. La jurisprudence sanctionne les manquements au devoir de conseil en ordonnant la résolution de la vente, la réparation plus ou moins intégrale des préjudices. En cas de vice de consentement la nullité du contrat pourra être recherchée.

---

1. Cass. com., 13 févr. 2007, n° 04-16.250.
2. Cass. 3e civ., 15 sept. 2010, n° 09-65.425.
3. Cass. 3e civ., 9 mai 2001, n° 99-18.949.
4. Civ. 1, 28 octobre 2010, n° 09-16913.
5. Cass. 3e civ., 16 juin 2009, n° 08-15.438.

II L'obligation de sécurité

8. Origine. Le défaut de sécurité se distingue du défaut d'information. En effet, l'obligation de mettre en garde les utilisateurs d'un produit sur les dangers de celui-ci et la mise en circulation des produits anormalement dangereux ne doivent pas être confondues. L'obligation de sécurité à la charge du vendeur est issue d'une directive du 25 juillet 1985 transposée en droit français le 19 mai 1998. Cela dit, la France a été à de nombreuses reprises condamnée pour retard dans la transposition. Une précision de droit transitoire est donnée par la loi de 1998 ayant introduit dans le Code civil les dispositions relatives à la responsabilité du fait des produits défectueux. La loi a en effet prévu que ces dispositions sont applicables aux produits dont la mise en circulation est postérieure à la date d'entrée en vigueur de cette loi, même s'ils ont fait l'objet d'un contrat antérieur. Cela explique que pendant longtemps, les textes n'ont pas été appliqués. Toutefois, les juges résolvaient les litiges en interprétant les faits à la lumière de la directive puis de la transposition.

9. Les personnes visées. Le vendeur est tenu d'une obligation de sécurité envers l'acheteur et même envers les tiers lorsqu'ils en sont usagers et que la chose est potentiellement dangereuse. La jurisprudence affirme avec constance que « Le vendeur professionnel est tenu de livrer des produits exempts de tout vice ou de tout défaut de fabrication de nature à créer un danger pour les personnes ou les biens ; il en est responsable tant à l'égard des tiers que de son acquéreur ». Néanmoins, codifié aux articles 1245 et suivants du Code civil, ce régime semble exclure, de fait, la responsabilité du vendeur pour manquement à son obligation de sécurité. Le producteur c'est-à-dire le fabricant, l'importateur ou le fournisseur est la première personne visée par les textes.

10. Domaine. Tout produit est visé par la loi, mais il doit s'agir d'un bien meuble y compris les matières premières agricoles (les produits du sol, de l'élevage, de la chasse et de la pêche). Cependant, est visé par la loi également le meuble incorporé à un immeuble. La loi précise que l'électricité est un produit. Lorsque le produit est complexe », c'est-à-dire qu'il y a incorporation d'un produit dans un autre, la loi prévoit que le producteur de la partie composante et celui qui a réalisé l'incorporation sont solidairement responsables.

Le produit défectueux. Encore faut-il s'entendre par le sens de cette expression. En effet, le produit est-il défectueux par le fait même qu'il cause un dommage ? La loi ne l'a pas entendu ainsi. Est considéré comme défectueux le produit qui « offre par la sécurité à laquelle on peut légitimement s'attendre » (article 1245 alinéa 3 du Code civil). La jurisprudence a déjà eu l'occasion de se prononcer sur ce point, et elle élabore une distinction entre les produits dangereux par nature et ceux qui sont *a priori* inoffensifs. Dans la première hypothèse, l'utilisateur doit prendre les précautions nécessaires pour prévenir la réalisation de tout dommage. Cela dit, le producteur doit, par des mentions appropriées attirer l'attention de l'utilisateur sur les dangers éventuels d'une utilisation non conforme ou sur une dangerosité particulière du produit. Dans la seconde hypothèse, le défaut sera plus facilement prouvé par la seule réalisation du dommage. Assurément, en maniant un produit d'usage courant et qui ne présente pas de dangerosité particulière, l'utilisateur peut être moins vigilant, ce qui ne saurait lui être reproché. Là encore, si le produit vraisemblablement sans danger cause un dommage, on pourra reprocher au vendeur un défaut d'information. À titre d'exemple, la responsabilité du fournisseur de béton a été retenue car il n'avait pas informé l'utilisateur des précautions à prendre avant de manier le produit et l'acheteur avait subi de sérieuses brûlures lors de l'utilisation de ce produit normalement sans danger[1].

---

1. Cass., 1re Civ., 7 nov. 2006, 05-11.604.

Pour aller plus loin

1. Ouvrages

- Ph. le TOURNEAU, *Responsabilité des vendeurs et fabricants*, 5e éd., 2016, Dalloz.
- DESHAYES, *Les sanctions de l'usage déloyal des prérogatives contractuelles*, RDC, 2011, 726.

2. Articles

- L. AYNÈS, *L'obligation de loyauté*, Arch. phil. dr. 2000, n° 44, p. 198.
- Ph. DELEBECQUE, *La dispersion des obligations de sécurité dans les contrats spéciaux*, Gaz. Pal. 1997. 2. Doctr. 1184.

Exercice QCM

Répondre aux questions suivantes. Une seule bonne réponse est possible.

1 Daniel vend un crocodile à Alice :

a. Daniel doit-il informer Alice de la dangerosité du crocodile.
b. Daniel n'a pas besoin d'informer Alice, car il connut de tous que les crocodiles sont dangereux.
c. Daniel à la possibilité d'informer Alice, mais il n'y est pas obligé.

2 Le vendeur non professionnel n'est pas tenu d'un devoir de renseignement ?

a. Vrai.
b. Faux.

3 L'obligation de sécurité :

a. Découle d'une directive du 25 juillet 1998.
b. Découle d'une directive du 25 juillet 1988.
c. Découle d'une directive du 25 juillet 1985.

4 Valérie est-elle tenue de conseiller sur l'impossibilité pour son client handicapé moteur d'accéder à sa terrasse se trouvant au dernier étage ?

a. Vrai.
b. Faux.

5 Phillipe est informaticien et il achète un ordinateur au rayon informatique du magasin en demandant quelques conseils au vendeur en lui précisant sa profession.

a. Le vendeur doit conseiller Philippe sur son achat Donne le droit à l'une des parties de résilier le contrat quand l'autre n'exécute pas la sienne.
b. Le vendeur n'a pas à conseiller Philippe sur son achat.
c. Le vendeur n'a pas le droit de conseiller Philippe sur son achat.

Correction

1 Réponse a. Daniel doit informer Alice de la dangerosité d'Alice.

2 Réponse b. Faux.

3 Réponse c. Découle d'une directive du 25 juillet 1985.

4 Réponse a. Vrai.

5 Réponse a. Le vendeur n'a pas à conseiller Philippe sur son achat, celui-ci étant un acheteur averti.

Exercice Cas pratique : « Boniments à la graisse d'oie »

Énoncé

Le petit village de Bondi-la-Joly, réputé pour sa graisse d'oie parfumée n'a connu que peu d'histoires. Ses habitants, au nombre très réduit, ont plaisir à se retrouver chaque année lors de la fête internationale de la graisse afin de partager leur passion commune. Rien ne semblait pouvoir troubler cette tranquillité séculaire lors de la fête ou la majorité des habitants abusent de la fameuse graisse. C'est par un frais lundi matin de mars alors que les pensées et les estomacs de nos irréductibles villageois sont encore imprégnés des sublimes effluves de gras que plusieurs habitants de Bondi-la-Joly sont pris de nausée et tombent rapidement malades. Les habitants soupçonnent la graisse d'oie d'être à l'origine de l'intoxication. L'un des villageois étant tombé malade veut assigner Firmin Dustriel le gérant de la boutique qui a vendu la graisse d'oie. Firmin Dustriel professionnel de la charcuterie affirme qu'il est connu de tous que l'abus de graisse d'oie comme de toute nourriture peut amener à des intoxications alimentaires.

Qu'en pensez-vous ?

Correction

Rappel des faits et problème juridique

Les villageois de Bondi-la-Joly se retrouvent pour célébrer la fête internationale de la graisse. Quelque temps après, plusieurs villageois tombent malades après avoir mangé de la graisse d'oie. Persuadé qu'il s'agit d'une intoxication alimentaire les villageois veulent assigner Firmun Dustriel le gérant de la boutique qui a vendu la graisse d'oie. Ce dernier professionnel de la charcuterie se défend de tout problème dans sa graisse d'oie et défend l'idée qu'il est connu de tous qu'un abus de graisse puisse être à l'origine d'une intoxication.

Qualification juridique

Cette espèce n'est pas sans rappeler l'arrêt l'affaire du « pain maudit » de Pont-Saint-Esprit selon lequel le vendeur comme le fabricant doit connaître les vices de la chose qu'il vend. Par ailleurs, l'affaire pose également la question de la limite du devoir d'information du vendeur.

Règles de Droit

Le vendeur doit fournir à l'acquéreur tous les renseignements nécessaires à l'usage de la chose vendue. On soulignera que l'obligation d'information prévue par l'article 1112-1 du Code civil ne peut être écartée ce devoir est d'ordre public : « les parties ne peuvent ni limiter, ni exclure ce devoir ». Néanmoins, l'obligation d'information ne peut s'appliquer aux faits qui sont de la connaissance de tous. Il en va ainsi vendeur du matériel de vidéosurveillance installé dans les locaux d'une entreprise n'était pas tenu d'informer sa cliente de ce que la pose de caméras était réglementée par le droit du travail[1]. À l'inverse, il a pu être décidé par la jurisprudence de la défaillance de l'obligation d'information du vendeur qui ne porte pas à la connaissance de l'acheteur le risque, non connu par lui, du risque de maladie découlant de l'acquisition d'un rat. Par ailleurs, le devoir de conseil du vendeur doit nécessairement s'inscrire « dans son domaine de compétence technique »[2].

Néanmoins, il est admis que tout vendeur professionnel est considéré comme censé connaître les vices de la chose vendue et est donc assimilé comme tel à un vendeur de mauvaise foi. Il en va ainsi lorsqu'une explosion est due à l'impureté d'un gaz ayant occasionné des fissures d'une bouteille destinée à le contenir[3]. En tant que vendeur professionnel, celui-ci est censé connaître les vices de la chose fournie.

Application

En l'espèce, les villageois pourront engager la responsabilité de Firmin Dustriel qui est professionnel de la charcuterie s'ils arrivent à prouver que la graisse d'oie comporte un vice qui a provoqué l'intoxication et ainsi obtenir des dommages-intérêts en réparation d'un préjudice dû au vice. À défaut, Firmin Dustriel pourra voir sa responsabilité engagée malgré qu'il soit connu de tous que l'abus de gras peut rendre malade.

1. Cass. 1re civ., 25 juin 2002, n° 99-15.915.
2. Cass. 1re civ., 25 juin 2002, n° 99-15.915.
3. Cass. 1re civ., 24 nov. 1954, n° 54-07.171.

L'obligation de délivrance du vendeur

L'essentiel

L'article 1603 du Code civil prévoit que la délivrance est la mise à disposition du client par le vendeur produit conforme au contrat. La délivrance de la chose doit correspondre aux attentes du client exprimées dans le contrat. Par conséquent, la délivrance doit être quantitative et qualitative conforme. En cas de prestation non déterminée ou déterminable, le Code civil dispose que le débiteur doit offrir une prestation de qualité conforme aux attentes légitimes des parties en considération de sa nature, des usages et du montant de la contrepartie. Le vendeur doit également délivrer les accessoires de la chose qu'ils soient matériels ou juridiques.

Selon l'article 1609 du Code civil « La délivrance doit se faire au lieu où était, au temps de la vente, la chose qui en a fait l'objet, s'il n'en a été autrement convenu ». La défaillance de la délivrance conforme est prévue à l'article 1610 du Code civil : L'acquéreur a le choix ente action en exception d'inexécution, en exécution forcée, en résolution, en réduction du prix et en des dommages et intérêts.

Inversement le vendeur ne peut rester tenu de ses obligations qui lui incombent dès lors que le retard n'est pas le fait du vendeur.

I L'objet de l'obligation de délivrance

1. Principe. Le vendeur a deux obligations principales, celles de délivrer et celle de garantir la chose qu'il vend. L'article 1603 du Code civil prévoit que la délivrance est la mise à disposition du client par le vendeur produit conforme au contrat. Autrement dit, le produit doit être délivré dans l'état où il se trouve au moment de la vente. L'obligation de délivrance concerne le produit lui-même, mais aussi ses accessoires et tout ce qui est destiné à son usage.

A La chose convenue

2. La conformité de la chose vendue. C'est une des notions les plus importantes du contrat de vente. La loi prévoit que délivrer une chose conforme suppose la délivrance d'une chose correspondant aux attentes du client exprimées dans le contrat. Selon l'article 1614, alinéa 1er, du Code civil, le vendeur a l'obligation de livrer la chose en l'état où elle se trouvait lors de l'échange des consentements. La chose doit être conservée en cet été jusqu'à la délivrance. Il s'agit donc de mettre à la disposition de l'acquéreur la chose qui a été vendue tant quantitativement que qualitativement. C'est-à-dire celles sur lesquelles les deux parties se sont entendues lors de la vente.

Le vendeur manque-t-il à obligation de livrer une chose conforme dès lors que la chose est contraire à l'usage établi entre les parties ?

Un groupement maraîcher avait acheté des semences de mâche verte à une société qui les avait acquises d'une société tierce. Une maladie provenant des graines non traitées affectait la culture, ayant empêché la commercialisation normale. Le groupement s'est adressé au vendeur et la Cour d'appel a fait droit à la demande. Cour d'appel avait noté que le vendeur avait apposé une étiquette ne comportant aucune indication sur le traitement des graines. Il n'y avait donc pas d'indice apparent permettant à l'acheteur de s'apercevoir du défaut de conformité invoqué. La Première chambre civile de la Cour de cassation dans un arrêt en date du 30 mars 1999 a maintenu la décision de la Cour d'appel. Elle a d'abord relevé que les parties, en relations d'affaires depuis plusieurs années, avaient toujours convenu de semences de mâches traitées, et que le prix était celui de telles semences, de sorte que le vendeur avait manqué à son obligation de livrer des semences correspondant aux spécifications contractuelles.

Premièrement, la délivrance conforme doit être quantitative, c'est-à-dire conforme en ce qui concerne la quantité dans les ventes mobilières et la superficie dans les ventes immobilières. Deuxièmement, la délivrance conforme doit être qualitative, c'est-à-dire qui a trait aux caractéristiques et à l'état de la chose. Par exemple, est non conforme le terrain vendu comme ayant été dépollué, mais n'ayant en réalité pas fait l'objet de travaux de dépollution[1], l'appartement vendu libre d'occupation, mais qui se révèle, en réalité loué[2] ou bien encore manque à l'obligation de délivrance le vendeur qui délivre un fonds de commerce d'hôtel-restaurant situé dans des locaux dont l'installation électrique n'est pas conforme aux normes de sécurité[3].

3. La qualité de la prestation non déterminée. L'article 1166 du Code civil précise que « lorsque la qualité de la prestation n'est pas déterminée ou déterminable en vertu du contrat, le débiteur doit offrir une prestation de qualité conforme aux attentes légitimes des parties en considération de sa nature, des usages et du montant de la contrepartie ». Ce texte ne s'applique pas aux corps certains, par nature déterminés ou déterminables. Elle ne vaut donc que pour les choses de genre, substituables les unes aux autres. Ainsi, « le vendeur ne répond pas à cette exigence de délivrance conforme lorsqu'il livre un véhicule qui n'est pas conforme aux caractéristiques du bon de commande »[4]. Toutefois, un animal de compagnie étant un être vivant, unique et irremplaçable, destiné à recevoir l'affection de son maître, sans aucune vocation économique, son remplacement est impossible en cas de défaut de conformité[5].

1. Civ. 3, 29 février 2012, n° 11-10.318.
2. Cass. civ. 3e, 29 janv. 2003, n° 01-02759.
3. CA Versailles, 19 janv. 2016, n° 14/06740.
4. CA, Potiers, 9 juin 2020, n° 18/01901.
5. Cass. 1re civ., 9 déc. 2015, nº 14-25.910.

Débat doctrinal sur la conception matérielle de la conformité

La doctrine classique proposait d'étendre la conception matérielle de la conformité qui s'entend comme l'identité de la chose délivrée à la chose vendue à une dimension fonctionnelle de la conformité en considérant comme un défaut de conformité l'inaptitude du bien vendu à remplir l'usage attendu par l'acquéreur. La doctrine contemporaine a critiqué cette position qui débouchait sur une confusion malheureuse entre la notion de conformité et la notion de vices cachés. Désormais, il convient de distinguer si la chose délivrée est inapte à remplir l'usage spécifiquement convenu entre les parties ou si la chose délivrée est inapte à remplir la destination normale de la chose, non spécifiquement évoquée par les parties. Dans la première hypothèse, la chose sera affectée d'un défaut de conformité et la responsabilité sera engagée pour manquement à l'obligation de délivrance conforme (art. 1231. C. civ.). Dans la seconde hypothèse, c'est qu'elle est affectée d'un vice caché dont la responsabilité sera engagée sur le terrain de la garantie des vices cachés (art. 1641. C. civ.). L'enjeu de la distinction porte également sur le délai pour agir. 2 ans pour l'action en garantie des vices cachés et 5 pour l'action en non-conformité.

B Les accessoires de la chose

4. Les accessoires. L'article 1615 du Code civil fait obligation au vendeur de « délivrer la chose », y compris « ses accessoires et tout ce qui a été destiné à son usage perpétuel ». On distingue les accessoires matériels et les accessoires juridiques.

- **Les accessoires matériels :** Il s'agit des objets qui sont indispensables, voire simplement utiles, à l'usage de la chose vendue. En ce qui concerne les biens meubles il peut s'agir d'une roue de secours d'un véhicule. En ce sens, l'article L. 217-4 du Code de la consommation prévoit expressément que « le vendeur est tenu de livrer un bien conforme au contrat et répond des défauts de conformité existant lors de la délivrance. Il répond également des défauts de conformité résultant de l'emballage, des instructions de montage ». Ainsi, dans un contrat de vente d'un système informatique l'accessoire portera sur son logiciel de base[1]. En revanche, des progiciels d'application qui, peuvent être installés sur d'autres équipements ne sont pas considérés comme accessoires du matériel informatique[2]. En outre, l'article 1615 du Code civil, prévoit les accessoires de l'immeuble comprennent « tout ce qui a été destiné à son usage perpétuel ». Cependant, les parties peuvent déroger à cette règle en excluant de la vente certains accessoires. Sous cette réserve, les accessoires dont le vendeur doit délivrance sont « toutes les choses qui sont inséparables du fonds et qui sont indispensables pour procurer à l'acheteur l'utilité qu'il en attend ». Ainsi, il peut s'agir des clés, les titres et plans de l'immeuble, des fruits (loyers, récoltes, etc.). Enfin, les accessoires matériels désignent aussi les documents administratifs indispensables à une utilisation normale du bien vendu. À titre d'exemple : « le vendeur avait manqué à son obligation de délivrance des accessoires de la chose vendue en ne remettant pas à l'acheteur de scooters les documents administratifs nécessaires à leur utilisation »[3]. Il va de même d'un certificat

1. Cass. com., 13 janv. 1998.
2. CA Paris, 5e ch., sect. C, 24 nov. 1978, Sté Meyer c/ Sté Tabe.
3. Cass. com., 22 janv. 2008, n° 06-19.249.

de conformité exigé, lors de la vente d'une machine agricole[1]. Le vendeur d'immeubles à construire est tenu de délivrer la chose et ses accessoires, au nombre desquels figure l'attestation d'achèvement et de conformité des travaux.

– **Les accessoires juridiques.** : Il s'agit des droits et actions en justice attachés au bien vendu : les droits réels (servitudes, par exemple) des « droits à paiement unique »[2] ou des actions (actions en responsabilité contre les constructeurs) attachés à la propriété de l'immeuble vendu, ou encore la production d'un permis de construire[3] ou bien une action en résolution pour inexécution, ou encore une action en responsabilité ou en garantie détenue contre un vendeur précédent ou un entrepreneur qui serait intervenu sur la chose préalablement à sa vente.

II Les modalités de l'obligation de délivrance

5. La délivrance. Les modalités de l'obligation de délivrance sont prévues aux articles 1605 et 1606 du Code civil qui envisage la délivrance des biens immeubles et des biens meubles. Celle qui nous intéresse au premier chef est visée par l'article 1605 du Code civil, concerne les immeubles dont la délivrance se fait par la remise des titres de propriété et éventuellement par la remise des clés. En réalité, le vendeur doit remettre à l'acquéreur à la fois les clés et tous les titres relatifs à l'immeuble, y compris les plans de construction et de situation, les documents d'arpentage ou de bornage. L'article 1606 prévoit que pour les biens meubles la délivrance s'opère par la remise matérielle de la chose ou par la fourniture du moyen d'accès au lieu où elle se trouve. En ce qui concerne les meubles incorporels (créances, parts sociales, droits de propriété intellectuelle), l'obligation de délivrance se fait par la remise des titres constatant le droit et permettant à l'acquéreur de procéder à la publicité nécessaire pour rendre ses droits opposables.

En ce qui concerne le lieu de délivrance, l'article 1609 du Code civil précise qu'il est prévu qu'il s'agit de celui où se trouvait la chose au jour de la vente (corps certain) ou au jour de son individualisation (chose de genre), à charge pour l'acquéreur de venir en prendre livraison. Les parties peuvent toutefois convenir d'un lieu différent. Enfin concernant la date de délivrance, à défaut de stipulation contraire, elle doit en principe s'effectuer immédiatement au jour de la vente, la jurisprudence admettant toutefois un délai raisonnable en fonction de la nature de l'objet. Ainsi il a pu être décidé que concernant la vente de navire de plaisance prévoyant comme délai de livraison « le plus tôt possible » la construction dudit navire ne peut raisonnablement durer deux ans alors qu'au surplus, à l'issue de ce délai, ledit navire est loin d'être achevé[4]. Par ailleurs, l'article 1197 du Code civil prévoit que « l'obligation de délivrer la chose emporte obligation de la conserver jusqu'à la délivrance, en y apportant tous les soins d'une personne raisonnable ». En ce sens, tant qu'il n'a pas délivré la chose, le vendeur est tenu d'une obligation accessoire de la conserver.

1. Cass. com., 5 avril 2016, n° 14-25.451.
2. Cass. 3e civ., 12 juill. 2011, n° 10-23.249.
3. Cass. 3e civ., 4 juin 2003, n° 01-14.369.
4. CA. Aix en Provence, 2e Ch., 6 déc. 2018, n° 17/21120.

Date et modalités de livraison dans les ventes entre professionnel et consommateur

En dehors des prévisions du Code civil, le droit de la consommation impose au professionnel d'informer le consommateur sur la date ou le délai auquel il s'engage à livrer le bien ou à exécuter le service dès lors que le contrat n'est pas exécuté immédiatement (C. consom., art. L. 111-1,3°). Par ailleurs, selon l'article L. 216-1 du code de la consommation, le professionnel livre le bien ou fournit le service à la date ou dans le délai indiqué au consommateur sous réserve que les parties en conviennent autrement. Néanmoins, l'alinéa 2 de ce même texte dispose qu'en l'absence de délai précis quant à la date de livraison ou d'exécution, « le professionnel livre le bien ou exécute la prestation sans retard injustifié et au plus tard trente jours après la conclusion du contrat ». Depuis l'ordonnance du 10 février 2016, il est désormais codifié que le consommateur peut résoudre unilatéralement le contrat (art. 1226. C. civ.). En effet, en cas d'inexécution de cette obligation au plus tard trente jours après la conclusion du contrat, le consommateur peut résoudre unilatéralement le contrat par lettre recommandée avec demande d'avis de réception ou sur support durable si, après avoir enjoint au professionnel de s'exécuter dans un délai supplémentaire raisonnable, il ne l'a pas fait. Le contrat sera résolu dès réception par le professionnel de la lettre ou de l'écrit l'en informant, sauf si ce dernier s'est exécuté entre temps.

III Les sanctions de l'obligation de délivrance

A Les options offertes à l'acquéreur

6. La défaillance de l'obligation de délivrance. La défaillance de l'obligation de délivrance conforme est prévue par l'article 1610 du Code civil qui envisage les deux sanctions possibles. L'acquéreur aura ainsi le choix entre une action en exception d'inexécution ou en exécution forcée auxquels il faut ajouter les options offertes par le droit commun des obligations. Ainsi, l'acquéreur a le choix d'obtenir l'exception d'inexécution, demander l'exécution forcée de l'obligation de délivrance, la résolution de la vente, ou encore une réduction du prix. Par ailleurs, il peut également engager la responsabilité du vendeur.

- **Exception d'inexécution.** Elle a vocation à s'appliquer dans les contrats synallagmatiques. En effet, le nouvel article 1219 du Code civil dispose donne le droit à l'une des parties de ne pas exécuter son obligation quand l'autre n'exécute pas la sienne. Ainsi, l'acquéreur peut refuser de payer le prix, s'il ne l'a pas déjà payé, lorsque le vendeur méconnaît sa propre obligation. Cette solution n'est cependant que temporaire, car elle a vocation à déboucher sur l'une des autres solutions à l'inexécution.
- **Exécution forcée.** L'acquéreur peut solliciter l'exécution forcée de la vente après avoir mis en demeure le vendeur de s'exécuter, conformément à l'article 1221 du Code civil. Le texte réserve toutefois l'hypothèse dans laquelle l'exécution en nature serait impossible et celle dans laquelle il existerait une disproportion manifeste entre son coût pour le débiteur et son intérêt pour le créancier.
- **Résolution.** Le créancier en cas d'inexécution des obligations peut agir sur le terrain de la résolution. Elle peut être judiciaire, c'est-à-dire prononcée par le juge. Elle peut

également être conventionnelle lorsqu'elle fait application d'une clause résolutoire. Cela dit, la nouvelle orientation prise par l'ordonnance du 10 février 2016 consacre la possibilité, de résoudre unilatéralement un contrat, sans avoir besoin de passer par une décision judiciaire. Ainsi l'article 1224 du Code civil dispose que : « la résolution résulte de l'application d'une clause résolutoire soit, en cas d'inexécution suffisamment grave, d'une notification du créancier au débiteur ou d'une décision de justice ». Ainsi, la résolution peut être mise en œuvre par le créancier indépendamment d'une clause ou d'une action en justice. Néanmoins et conformément à l'article 1226 du Code civil « le créancier peut, à ses risques et périls, résoudre le contrat par voie de notification. Sauf urgence, il doit préalablement mettre en demeure le débiteur défaillant de satisfaire à son engagement dans un délai raisonnable ».

- **Réduction du prix.** Le nouvel article 1223 du Code civil offre au créancier victime d'une exécution partielle ou défectueuse, la possibilité de s'en satisfaire en contrepartie d'une réduction proportionnelle du prix. Si le débiteur n'accepte pas la réduction de prix par écrit, il peut toujours saisir le juge pour contester la décision du créancier.
- **Dommages et intérêts.** Enfin, l'article 1231 du Code civil permet à l'acquéreur d'obtenir la condamnation du vendeur au paiement de dommages-intérêts, en réparation du préjudice que lui aura causé le manquement à l'obligation de délivrance. Néanmoins, « à moins que l'inexécution soit définitive, les dommages et intérêts ne sont dus que si le débiteur a préalablement été mis en demeure de s'exécuter dans un délai raisonnable ».

B Les moyens de défense du vendeur

7. Les options du vendeur. Inversement le vendeur ne peut rester tenu de ses obligations qui lui incombent dès lors que le retard n'est pas le fait du vendeur (C. civ., art. 1610). Ainsi, le vendeur est susceptible d'échapper aux sanctions prévues par le Code civil. Cela sera le cas en cas de force majeure. Il s'agit d'un événement échappant au contrôle du débiteur et qui ne pouvait être raisonnablement prévu lors de la conclusion du contrat et dont les effets ne peuvent être évités par des mesures appropriées. Autrement dit, il s'agit du triptyque : imprévisible, irrésistible et extérieur. Cela dit, la force majeure n'éteint pas l'obligation du vendeur pour autant. En effet, aux termes de la théorie des risques il faut envisager deux cas de figure. Premièrement, si la chose périt avant la livraison et sans faute du vendeur, ici débiteur de l'obligation inexécutée, l'acheteur est néanmoins tenu de payer le prix. Deuxièmement, si, au contraire, le vendeur déchargé de son obligation par la force majeure ne peut obtenir de l'acquéreur la contrepartie que celui-ci devait fournir c'est lui qui y perdra. De même, l'article 1612 du Code civil dispose « que le vendeur n'est pas tenu de délivrer la chose si l'acheteur n'en paie pas le prix ». De même, l'article 1613 du Code civil autorise le vendeur à suspendre la délivrance s'il se trouve en péril de ne pas être payé.

Pour aller plus loin

1. Ouvrages

- M. ALTER, *L'obligation de délivrance dans la vente des meubles corporels*, 1972, LGDJ.

2. Articles

- C. ATIAS, *L'obligation de délivrance conforme*, D. 1991., Chron. 1.

Exercice QCM

→ Répondre aux questions suivantes. Une seule bonne réponse est possible.

1 La conformité s'apprécie-t-elle par rapport aux engagements particuliers pris par le vendeur ?

a. Vrai.

b. Faux.

2 Quand le défaut de conformité est apparent :

a. Le vendeur peut obliger l'acquéreur à prendre livraison.

b. L'acquéreur doit refuser de prendre livraison du bien vendu.

c. L'acquéreur doit accepter de prendre livraison du bien vendu sans réserve.

3 Lorsque la qualité de la prestation n'est pas déterminée ou déterminable en vertu du contrat, le débiteur doit offrir une prestation :

a. De qualité conforme aux attentes légitimes des parties.

b. De qualité supérieure aux attentes légitimes des parties.

c. De qualité moindre aux attentes légitimes des parties.

4 Le vendeur n'est pas obligé de vendre les accessoires de la chose vendue ?

a. Vrai.

b. Faux.

5 L'exception d'inexécution :

a. Donne le droit à l'une des parties de ne pas exécuter son obligation quand l'autre n'exécute pas la sienne.

b. Donne le droit à l'une des parties de résilier le contrat quand l'autre n'exécute pas la sienne.

Correction

1 **Réponse a**. Vrai.

2 **Réponse b**. L'acquéreur doit refuser de prendre livraison du bien vendu en cas de défaut apparent.

3 **Réponse a**. De qualité conforme.

4 **Réponse b**. Faux.

5 **Réponse a**. Donne le droit à l'une des parties de ne pas exécuter son obligation quand l'autre n'exécute pas la sienne.

Exercice Cas pratique : « Un logiciel qui fait des siennes »

Énoncé

Charles Ottofraize et Jeanne de Quenelpetigens se sont rencontrés il y a quatre ans sur les bancs d'une école de commerce. Ils s'installèrent ensemble au bout de deux mois lorsque Charles Ottofraize décida d'arrêter ses études pour se consacrer à plein temps à sa passion : le surf. Souhaitant mettre à profit les techniques de vente apprises à l'école de commerce, il décide de se lancer dans la vente en ligne de planche de surf. Il décide alors d'acquérir un logiciel auprès de la société TOM Hawack pour créer son site Internet. Malgré le prix de 500 euros, Charles Ottofraize décide de l'acheter. Une fois le logiciel reçu l'affaire semble plus compliquée que prévu. En effet, le logiciel est assez compliqué d'utilisation. Cette situation finit par exaspérer Charles Ottofraize qui n'arrive pas à créer son site de vente en ligne de planche de surf. Par ailleurs, les disputent entre Charles Ottofraize et Jeanne de Quenelpetigens se multiplient autour du logiciel qui après son installation à fait perdre toutes les photos d'enfance de la jeune femme. Charles Ottofraize souhaite annuler la vente du logiciel.

Qu'en pensez-vous ?

Correction

Rappel des faits et problème juridique

Charles Ottofraize a commandé un logiciel pour créer son site internet. Toutefois, le logiciel est difficile d'utilisation au point que Charles Ottofraize n'arrive pas à l'utiliser et son installation à effacer les photos d'enfance de sa compagne Jeanne de Quenelpetigens. Charles Ottofraize pour défaut de conformité.

Qualification juridique

Selon l'article 1614, alinéa 1er, du Code civil, le vendeur a l'obligation de livrer la chose en l'état où elle se trouvait lors de l'échange des consentements. La chose doit être conservée en cet été jusqu'à la délivrance. Il s'agit donc de mettre à la disposition de l'acquéreur la chose qui a été vendue tant quantitativement que qualitativement.

Règles de Droit

Délivrer une chose conforme consiste à délivrer une chose ou une prestation correspondant aux attentes du client exprimées dans le contrat. Il faut donc que le client obtienne la satisfaction attendue. Les juges du fond ont déjà qualifié d'« obligation de résultat » l'obligation d'installer le progiciel commandé et l'interfacer avec un logiciel de comptabilité préexistant[1]. Pareillement, « tout concepteur d'un progiciel a l'obligation de s'assurer que ce progiciel, au moment de sa cession, répond tant aux besoins du client qu'aux obligations légales prévues ou prévisibles pour sa durée de vie, durée de l'amortissement, durée d'utilisation effective »[2]. De même s'agissant d'un site de commerce électronique nécessitant, pour son utilisation, des compétences sérieuses en informatique, les juges du fond ont également considéré non conforme à la destination le site dès lors que le devis du prestataire ne contenait « aucune précision sur les qualités requises pour pouvoir utiliser le site »[3].

Application

En l'espèce, il semble raisonnable de penser que Charles Ottofraize puisse obtenir l'annulation de la vente au vu des difficultés qu'il connaît dans l'utilisation du logiciel vendu par la société TOM Hawack. le logiciel n'est donc pas conforme à ses attentes en tant que client. Par ailleurs, il ne semble aucunement prévu dans la vente de notice prévoyant qu'il soit nécessaire d'avoir des compétences supérieures à la moyenne en informatique. Dans le même temps, Jeanne de Quenelpetigens pourra agir en responsabilité délictuelle du fait du dommage qu'elle a subi par la perte de ses photos d'enfance liée à l'installation du logiciel en invoquant une inexécution contractuelle de la part de la société TOM Hawack[4].

1. CA Versailles, 12e ch., sect. 2, 20 janv. 2011, n° 09/08352.
2. Cass. com., 19 févr. 2008, n° 06-17.669.
3. CA Paris, Pôle 4, ch. 9, 13 sept. 2012, n° 2012-020689.
4. Cass., ass. plén., 6 oct. 2006, n° 05-13.255, Myr-Ho.

Fiche 9

Les obligations de garantie

L'essentiel

Le vendeur est tenu d'assurer différentes garanties à l'acheteur. En premier, les dispositions du Code civil précisent que le vendeur doit assurer l'acheteur contre les vices cachés. Il s'agit des défauts de la chose vendue qui doivent être antérieurs à la vente, inhérente à la chose vendue et d'une certaine gravité. L'acquéreur disposera donc soit d'une action rédhibitoire emportant la résolution de la vente, soit en action estimatoire lui permettant d'obtenir une diminution du prix. En deuxième lieu le vendeur doit assurer l'acteur contre tout trouble qui le priverait de sa possession paisible de la chose, totalement ou partiellement. Il s'agit de la garantie d'éviction. Enfin, il existe une garantie légale de conformité prévue par le Code de la consommation dans certaines circonstances: la garantie légale de conformité ne s'applique qu'aux relations contractuelles entre un vendeur agissant dans le cadre de son activité professionnelle ou commerciale et un acheteur agissant en qualité de consommateur la garantie légale de conformité couvre les défauts de conformité existant lors de la délivrance. Le consommateur pourra donc agir selon son intérêt sur le fondement des dispositions du Code de la consommation ou sur celui des règles du Code civil.

I La garantie des vices cachés

A La notion de vices cachés

1. Principe. Dans le Code civil, le système est pensé de la manière suivante: « Le vendeur est tenu de la garantie à raison des défauts cachés de la chose vendue qui la rendent impropre à l'usage auquel on la destine, ou qui diminuent tellement cet usage que l'acquéreur ne l'aurait pas acquise, ou n'en aurait donné qu'un moindre prix, s'il les avait connus. » (art.1641, C. civ.). Autrement dit, une obligation contre les vices cachés de la chose a été mise à la charge du vendeur. Encore faut-il que le vice soit à la fois antérieur ou concomitant à la vente, qu'il soit inhérent à la chose et suffisamment grave.

1 Les critères des vices cachés

2. Antériorité du vice. L'antériorité du vice est un élément nécessaire à la mise en œuvre de la garantie des vices cachés. Le vendeur ne répond que des défauts qui existaient au jour de la vente. Tout défaut qui surviendrait ultérieurement échapperait à l'obligation de garantie du vendeur, puisque les risques advenus à la chose après la vente pèsent sur l'acquéreur (res perit domino). Ainsi en va-t-il notamment cas de désordres dont l'importance n'était pas perceptible lors de la vente et qui ne se sont révélés qu'à la suite d'un phénomène d'évolution lente et dont des acquéreurs non professionnels ne pouvaient se rendre compte.[1].

3. Le vice inhérent à la chose. Parmi les conditions de mise en œuvre de la garantie des vices cachés figure l'exigence d'un vice inhérent à la chose. Autrement dit, un défaut constitutif de la chose. Ainsi, la Cour de cassation sanctionne la décision des juges du fond qui avait condamné un vendeur de plants de melon pour manquement à l'obligation d'effectuer une livraison conforme à la commande alors que, de la contamination des plants achetés découlait l'existence d'un vice inhérent à la chose elle-même[2].

4. La gravité du vice. De même, la notion de gravité du vice est essentielle pour déclencher la garantie des vices cachés. Cela signifie qu'un seul un défaut de nature à affecter gravement l'usage de la chose peut justifier la mise en jeu de la garantie. La gravité du défaut s'apprécie, en principe, au regard de la destination normale de la chose. La Cour de cassation caractérisera la gravité du vice à propos d'un camion d'occasion qui avait fait l'objet de diverses vérifications, puis sur lequel le garage était intervenu à la suite d'un mauvais fonctionnement du frein et du témoin de frein, et dont ceux-ci, quoique bloqués, ont lâché, le camion dévalant une pente et entrant en collision avec un bateau à quai[3].

2 La connaissance de l'existence du vice par l'acquéreur

5. La détermination du vice. Une question demeure posée : quel est le critère de détermination d'un vice dit caché ? Quelques précisions peuvent être données sur ce point : la doctrine définit le vice caché comme : le défaut que l'acquéreur ne pouvait pas déceler, compte tenu de la nature de la chose vendue, et dont il n'a pas eu connaissance au moment de la vente. Par conséquent, le vendeur n'est pas tenu des vices apparents, évidents ou manifestes, celui qu'une diligence moyenne ou un examen attentif permet de découvrir. Ce raisonnement est couramment utilisé par le juge pour alléger la tâche probatoire de certains plaideurs lorsque celle-ci apparaît excessivement difficile.la jurisprudence exige que le vice soit connu de l'acquéreur non seulement dans son existence, mais également dans son « ampleur »[4]. Ainsi, un défaut peut très bien être considéré comme caché si, connu de l'acheteur au moment de la vente, celui-ci ne pouvait en mesurer l'importance et les conséquences. Précisons ces notions en étudiant des illustrations jurisprudentielles :

- L'acquéreur ne peut reprocher des nuisances sonores au vendeur, défauts apparents de la chose qu'il est en mesure de constater[5].
- Une cour d'appel « a souverainement relevé le caractère apparent pour un acquéreur profane des vices dont était atteint l'immeuble vendu, en retenant que l'acquéreur, en ne visitant pas une partie de l'immeuble, n'avait pas accompli les diligences minimales que doit effectuer tout acquéreur »[6].
- Un piano hors d'usage, vendu comme réparable et s'avérant ne pas l'être[7].

1. Cass. 3e civ., 12 sept. 2006, n° 05-17.228.
2. Cass. 1re civ., 20 déc. 2000, n° 99-12.284.
3. Cass. 1re civ., 5 janv. 1999, n° 96-17.711.
4. Cass. 3e civ., 14 mars 2012, n° 11-10.861.
5. CA Versailles, 3e ch., 23 juin 2000.
6. Cass. 3e civ., 8 févr. 2012, n° 10-27.250.
7. Cass. 1re civ., 16 févr. 1983, n° 82-10.348.

– En revanche, si l'acquéreur, jugeant le défaut sans importance, accepte néanmoins la chose sans faire de réserves, il y aura eu réception du bien qui a pour effet de couvrir les défauts apparents. Ce sera le cas, à propos d'un manteau jauni par une trop longue exposition dans la vitrine d'un magasin[1].

3 La qualité des parties

6. Professionnel et non professionnel. La jurisprudence prend en compte la qualité des parties pour faire application ou non de la garantie des vices cachés. Ainsi, en présence d'une convention passée entre professionnels, les juges admettront beaucoup plus difficilement l'application de la garantie des vices cachés parce que l'acheteur, en sa qualité de professionnel, aurait dû connaître ou soupçonner l'existence du vice. En revanche, lorsque l'acquéreur est un non-professionnel, les juges admettent beaucoup plus facilement le fait que celui-ci n'ait pu avoir connaissance du vice. Mais l'acquéreur, même non-professionnel, doit néanmoins procéder à un minimum de vérifications s'il ne veut pas être jugé négligent.

L'affaire du « pain maudit » de Pont-Saint-Esprit

Voilà une affaire peu banale que celle du « pain maudit » de la commune du Pont-Saint-Esprit. En effet, durant l'été 1951 un grand nombre d'habitants de la commune de Pont-Saint-Esprit dans le département du Gard ont été victimes d'une intoxication alimentaire causant un grand nombre de malades et plusieurs morts. Cette histoire reste globalement mystérieuse puisqu'on y a évoqué des essais chimiques pratiqués par une puissance étrangère. On a fini par attribuer cet empoisonnement à la présence d'une farine avariée dans le pain. Les victimes ou leurs ayants cause avaient engagé des actions en responsabilité contre le boulanger vendeur de la marchandise infectée. C'est au sein d'un arrêt rendu le 19 janvier 1965[2] que la Cour de cassation à affirmer solennellement que tout vendeur professionnel est considéré comme censé connaître les vices de la chose vendue et est donc assimilé comme tel à un vendeur de mauvaise foi. Entendons par vendeur professionnel, celui dont l'activité consiste habituellement à vendre des biens de même nature que la chose litigieuse. Cette définition s'étend au fabricant, au constructeur, au grossiste, au distributeur, etc.

7. Clause d'exclusion. La garantie des vices cachés n'est pas d'ordre public. En ce sens, afin de se prémunir d'une éventuelle action en garantie des vices cachés les vendeurs introduisent une clause visant à limiter ou à exclure la garantie des vices cachés. Ces clauses, se retrouvent aussi bien dans les ventes immobilières que dans les ventes mobilières (Il existe cependant quelques exceptions comme précisées à l'article 1646-1 du Code civil qui prévoir que les ventes d'immeubles à construire, au sein desquelles les garanties du droit de la construction ne peuvent souffrir d'une clause de non-garantie des vices cachés). En principe, pour limiter ou écarter la garantie des vices cachés, il convient principalement de distinguer la qualité des parties. En effet, les clauses restreignant la garantie légale ne sont admises que dans les rapports entre professionnels de même spécialité[3] et dans les rapports entre particuliers. Toutefois, les

1. Cass. com., 5 févr. 1974, n° 72-12.990.
2. Cass. 1re civ., 19 janv. 1965, n° 61-10.952.
3. Cass. 1re civ., 27 nov. 2019, n° 18-18.402.

clauses limitant la garantie légale sont plus difficilement admises dans les contrats conclus entre professionnels de spécialités différentes[1].

B L'action en garantie des vices cachés

1 La mise en œuvre de l'action en garantie des vices cachés

8. Les actions possibles. L'action en garantie des vices cachés se décompose en deux actions distinctes qui sont offertes à l'acquéreur : en effet, soit l'acquéreur dispose d'une action rédhibitoire dont l'existence est explicitement affirmée par l'article 1644 aboutissant à la résolution de la vente. Mais l'acquéreur peut aussi choisir la voie de l'action estimatoire qui lui est ouverte par le même article du Code civil lui permettant de bénéficier d'une diminution du prix. L'acquéreur n'a d'ailleurs pas à justifier son choix entre les deux actions. Il peut même, après avoir exercé l'une des deux actions, exercer l'autre tant qu'il n'a pas été statué sur sa demande par décision passée en force de chose jugée ou que le vendeur n'y a pas donné satisfaction[2].

Dans un arrêt du 6 mars 1990, la chambre commerciale de la Cour de cassation a pu admettre que l'acquéreur puisse intenter, simultanément, une action rédhibitoire à titre principal et une action estimatoire à titre subsidiaire et en reconnaissant aux juges du don le pouvoir de choisir, selon leur appréciation de la gravité du « vice invoqué »[3]. Il convient de préciser que l'action en garantie des vices cachés ne peut se cumuler avec une action en obligation de délivrance ni avec une action avec l'erreur comme vice de consentement. En effet, la jurisprudence a déjà pu juger que « la garantie des vices cachés constitue l'unique fondement de l'action exercée pour défaut de la chose vendue la rendant impropre à sa destination normale » autrement dit, l'acheteur ne peut agir sur le fondement de la garantie des vices cachés que si l'erreur n'est pas la conséquence d'un défaut. En revanche, la Cour de cassation dans un arrêt du 23 septembre 2020 a énoncé que « l'action en garantie à raison des défauts cachés de la chose vendue n'est pas exclusive de l'action en responsabilité délictuelle fondée sur le dol ou la réticence dolosive commis avant ou lors de la conclusion du contrat »[4]. Notons simplement que les effets recherchés ne sont pas les mêmes l'action pour vice de consentement sera la nullité alors que pour vices cachés il s'agira de la résolution ou d'une diminution du prix.

---

1. Cass. com. 19 mars 2013, n° 11-26.566.
2. Cass. com., 22 juill. 1953.
3. Cass. com., 6 mars 1990, n° 88-14929.
4. Cass. civ. 3e, 23 sept. 2020, n° 19-18.104.

Difficile articulation entre erreur et vice cachés

La question s'est à nouveau posée dans un litige similaire concernant la vente de chevaux. Dans une première espèce, le litige portait sur la vente d'un étalon de race lusitanienne, qui en réalité n'a pas été agréé étalon et souffrait de problèmes au dos. Par conséquent, il était impropre à la pratique du dressage. La seconde espèce concernait un étalon auquel il manquait un testicule (monorchide) et qui sans être totalement stérile se révèle être de piètre qualité. Dans la première espèce, l'acquéreur intente une action pour erreur sur les qualités substantielles et les juges du fond retiennent son argumentation en relevant notamment que la mention « étalon reproducteur » apparaît dans le contrat d'une taille de police supérieure aux autres mentions[1]. L'action sur l'erreur est justifiée puisqu'il y a bien une qualité qui manque à celle d'étalon. Dans la seconde affaire, il s'agit bien d'un étalon, mais cette qualité est altérée puisque cet étalon n'est pas très fertile et la Cour d'appel a admis l'action en résolution de la vente sur le fondement des vices cachés[2]. Cela dit, si cette question est âprement débattue en jurisprudence, les solutions rendues ne tiennent pas, là encore, une position nettement tranchée.

9. Délai d'action. Le délai de prescription s'est trouvé profondément modifié par l'ordonnance n° 2005-136 du 17 février 2005 puisqu'à la notion de « bref délai », le législateur a substitué un délai de deux ans à compter de la découverte du vice (art. 1648 C. civ.). L'ancienne notion de bref délai donnait naissance à une jurisprudence propice au développement du contentieux et à l'arbitraire du juge. Le législateur de 2008 a donc choisi de retenir un critère malléable, qui laisse au juge une large marge d'appréciation puisqu'il peut prendre en compte la négligence de l'acquéreur qui n'aurait pas décelé immédiatement le vice en retenant « à la découverte » du vice. Il s'agit d'un point de départ frappé par l'incertitude, puisqu'il dépend de la connaissance du vice par l'acquéreur. Le point de départ de l'action ne coïncidera donc pas avec la conclusion du contrat, mais coïncidera avec le jour où l'acquéreur a eu connaissance du vice caché. Cela peut correspondance au jour de la notification d'un rapport d'expertise, ou bien au jour de la vente d'un terrain dont l'usage à des fins de décharge et les risques de pollution étaient de notoriété publique.

Toutefois, il subsiste un certain nombre de prescriptions dérogatoires. Parmi les délais dérogeant au droit commun :

- Dans les ventes d'immeubles à construire, l'action fondée sur la garantie des vices cachés doit être engagée dans le délai d'un an à compter de la date à laquelle le vendeur peut être déchargé des vices apparents, soit lors de la réception des travaux et au plus tôt un mois après la prise de possession par l'acquéreur.
- Dans les ventes d'animaux atteints de maladies contagieuses, l'action fondée sur l'article L. 213-2 du Code rural doit être engagée entre 5 et 30 jours à compter de la livraison de l'animal, suivant les maladies.

2 Les effets de l'action en garantie des vices cachés

10. L'action des vices rédhibitoires : Si l'acquéreur agit sur le terrain des vices rédhibitoires, il doit rendre la chose et le vendeur doit lui restituer la somme versée. En 2006, la Cour de cassation a posé le principe selon lequel le vendeur, tenu de restituer le prix qu'il a reçu, n'est

1. CA Grenoble, 15 janv. 2015, n° 14/03486.
2. CA Riom, 19 janv. 2015, n° 13/03433.

pas fondé à obtenir une indemnité liée à l'utilisation de la chose vendue ou à l'usure résultant de cette utilisation »[1]. Par la suite, les juges du 5 quai de l'horloge ont précisé que « le vendeur est tenu de restituer le prix qu'il a reçu, sans diminution liée à l'utilisation de la chose vendue ou à l'usure en résultant »[2].

La réforme portée par l'ordonnance du 10 février 2016 est intervenue pour réformer ce principe en affirmant dans le nouvel article 1352-2 du Code civil que « *la restitution inclut les fruits et la valeur de la jouissance que la chose a procurée* ». Ce qui signifie que celui qui est condamné à restituer une chose doit également verser une indemnité pour compenser l'utilisation qu'il a faite de la chose avant de devoir la restituer. Désormais, l'article 1646 du Code civil prévoit que « si le vendeur ignorait les vices de la chose, il ne sera tenu qu'à la restitution du prix, et a remboursé à l'acquéreur les frais occasionnés par la vente ». En revanche, lorsque l'immeuble vendu est atteint de vices cachés nécessitant sa démolition, l'acquéreur qui a choisi de le conserver sans restitution de tout ou partie du prix de vente est fondé à obtenir du vendeur de mauvaise foi des dommages et intérêts équivalant au coût de sa démolition et de sa reconstruction[3].

11. L'action estimatoire. L'action estimatoire donne lieu à une expertise destinée à chiffrer la réduction, sans que celle-ci puisse aller jusqu'à une suppression totale du prix. La réduction est évaluée en fonction de la valeur réelle du bien et du trouble de jouissance éprouvé par l'acquéreur.

II La garantie d'éviction

12. Principe. L'article 1626 du Code civil prévoit que le vendeur est obligé de garantir l'acquéreur contre tout trouble qui le priverait de sa possession paisible de la chose, totalement ou partiellement. On distingue que le trouble émane du fait personnel du vendeur ou du fait d'un tiers.

A La garantie du fait personnel

13. Notion. Bien qu'ils soient parfois confondus, nous traiterons distinctement la question du trouble de fait et celle du trouble de droit. Insistons sur le fait que le principe de garantie d'éviction oblige à la fois le vendeur et ses héritiers.

14. Troubles de fait. Les troubles de fait sont les atteintes matérielles à l'exercice et la jouissance normale des prérogatives que l'acquéreur a acquis du fait de la vente et auquel leur auteur se livre, sans prétendre se fonder sur un droit. Tel sera le cas du vendeur, ayant conservé un terrain contigu, empiète sur le terrain vendu, quand il élève sur celui-ci un mur trop proche qui prive la maison vendue d'ensoleillement[4].

15. Troubles de droit. Les troubles de droit sont des atteintes aux prérogatives de l'acquéreur qui procèdent des actes d'un vendeur, prétendant se prévaloir contre l'acheteur

1. Cass. 1re civ., 21 mars 2006, n° 03-16.075.
2. Cass. 1re civ., 19 févr. 2014, n° 12-15.520.
3. Cass. civ. 3e, 30 janv. 2020, n° 19-10.176.
4. Cass. civ. 3e, 29 nov. 1955.

d'un droit réel ou personnel. Ainsi, le vendeur ne peut évincer l'acquéreur en invoquant la prescription acquisitive pour se faire reconnaître la propriété de la chose vendue dont il a conservé la possession[1].

B La garantie du fait d'un tiers

16. Principes. Contrairement à la garantie de son fait personnel, la garantie due par le vendeur en cas d'éviction du fait des tiers ne porte que sur les troubles de droit. La jurisprudence a rappelé que « la garantie d'éviction du fait d'un tiers est due si le trouble subi par l'acheteur est un trouble de droit, existant au moment de la vente, non déclaré et ignoré de l'acheteur »[2]. Le principe d'exclusion du trouble de fait est lié au fait que dès lors que l'acquéreur devenu propriétaire, il est seul responsable de la défense de son bien. Il lui reviendra donc de mettre en œuvre les voies de droit destinées à protéger son bien contre les atteintes portées par les tiers (vol, dégradations, empiétement, détournement de clientèle…), sans pour autant avoir la possibilité de se retourner contre le vendeur pour réclamer sa garantie. Ainsi, seule la contestation, par un tiers, du droit transféré à l'acquéreur par le vendeur, sera couverte par la garantie d'éviction du vendeur. Rappelons simplement, qu'a garanti d'éviction permet à l'acquéreur d'être préservé de troubles futurs émanant principalement de l'exercice de droits réels par des tiers. Il convient de noter en matière immobilière celles concernant l'identification de servitudes occultes, par l'acquéreur, comme une servitude de canalisation enterrée[3]. Néanmoins, contrairement à la garantie du fait personnel, la garantie d'éviction du fait des tiers n'est pas d'ordre public. En effet, l'article 1629 du Code civil énonce que « Dans le même cas de stipulation de non-garantie, le vendeur, en cas d'éviction, est tenu à la restitution du prix, à moins que l'acquéreur n'ait connu lors de la vente le danger de l'éviction ou qu'il n'ait acheté à ses périls et risques ». Pareillement, la clause est privée d'effet si le vendeur est de mauvaise foi. Autrement dit s'il connaissait le risque d'éviction ou les charges non déclarées. Dans le même sens, la bonne foi de l'acquéreur est exigée, de sorte qu'il ne pourra pas enclencher la garantie du vendeur lorsqu'il a lui-même participé à l'acte qui conduit à son éviction.

17. L'éviction totale. L'éviction totale se manifeste par un anéantissement de l'effet translatif de la vente. L'acquéreur pourra alors obtenir différentes compensations, puisqu'il pourra solliciter, aux termes de l'article 1630 du Code civil et suivant. : la restitution du prix payé au vendeur, augmentée de l'hypothétique plus-value advenue au bien au jour de l'éviction (art. 1633 C. civ.), mais non pas diminuée de la moins-value (art. 1631 C. civ.), sauf si l'acquéreur a profité de la dégradation (art. 1632 C. civ.) ; les fruits produits par la chose ; les frais de la vente ainsi que les frais de justice liés au procès intenté par le tiers et à l'appel en garantie ; des dommages-intérêts destinés à compenser les pertes subies par l'acquéreur en raison des dépenses afférentes à la chose dont il a été évincé : réparations et améliorations utiles (art. 1634 C. civ.) ; dépenses voluptuaires ou d'agrément, si le vendeur avait vendu de mauvaise foi le fonds d'autrui (art. 1635 C. civ.).

18. L'éviction partielle. L'éviction partielle entraîne la privation de l'acquéreur de la jouissance d'une partie du bien vendu ou à lui faire supporter des charges non déclarées. Selon la gravité de l'éviction, l'acquéreur se verra offrir plusieurs choix : il pourra solliciter la

1. Cass. 3e civ., 20 oct. 1981, n° 80-10.660.
2. Cass. 1re civ., 28 oct. 2015, n° 14-15.114.
3. Cass. 3e civ., 28 mars 1990, n° 88-14.953.

réduction du prix, des dommages-intérêts ou bien la résolution de la vente si l'éviction a porté sur un élément qui avait été la cause impulsive et déterminante de l'engagement de l'acquéreur.

III La garantie légale de conformité

19. Principes. Prévue par l'ordonnance du 17 février 2005 à l'article L. 211-1 du Code de la consommation la garantie de conformité a vu sa nomenclature suite à la refonte du code de la consommation issue de l'ordonnance n° 2016-301 du 14 mars 2016. La garantie légale de conformité ne s'applique qu'aux relations contractuelles entre un vendeur agissant dans le cadre de son activité professionnelle ou commerciale et un acheteur agissant en qualité de consommateur (art. L. 217-3 C. conso.). Autrement dit, un acheteur agissant à des fins qui n'entrent pas dans le cadre de son activité commerciale, industrielle, artisanale, libérale ou agricole. Sont donc exclues du champ d'application de la garantie légale de conformité les ventes entre consommateurs et les ventes entre professionnels. La garantie légale de conformité s'applique aux contrats de vente de biens meubles corporels, ainsi qu'aux contrats de fourniture de biens meubles à fabriquer ou à produire, ce qui inclut notamment l'eau et au gaz lorsqu'ils sont conditionnés dans un volume délimité ou en quantité déterminée (art. L. 217-1 C. conso.). Sont donc exclus biens vendus par autorité de justice, les biens vendus aux enchères publiques, ainsi que l'électricité (art. L. 217-2 C. Conso.). L'article L.217-1 du Code de la consommation dispose que les défauts de conformité sont « présumés exister au moment de la délivrance, sauf preuve contraire ». La garantie de conformité est d'ordre public : toute clause l'écarterait ou la limiterait, directement ou indirectement, est réputée non écrite.

20. Champs d'application. La garantie légale de conformité couvre les défauts de conformité existant lors de la délivrance. Aux termes de l'article L. 217-5 du code de la consommation, le bien pour être conforme, doit à la fois être propre à l'usage habituellement attendu d'un bien semblable et présenter des caractéristiques définies d'un commun accord par les parties. Dans le premier cas, il faut bien saisir que l'usage attendu ne peut être déterminé à partir des seules dispositions légales ou réglementaires contraignantes. Ainsi sera cassé l'arrêt d'une cour d'appel qui, considérant la norme française (NF) comme non obligatoire, en déduit qu'elle ne peut en aucune hypothèse permettre de déterminer l'usage attendu du produit[1]. Dans la seconde éventualité, la jurisprudence a déjà pu par exemple rejeter un pourvoi contre un arrêt d'appel accueillant une demande en résolution de la vente au motif d'un défaut esthétique sur un véhicule vendu alors même que l'acquéreur avait accordé une importance particulière à la finition de la peinture du véhicule[2].

21. Délais. On le perçoit, la notion de défaut de conformité, au sens du Code de la consommation, renferme non seulement ce que le droit commun de la vente désigne comme un défaut de conformité, mais aussi ce que le droit commun range dans la notion de vice caché. Une seule notion permet donc, en droit de la consommation, de réunir les deux obligations du vendeur en droit commun : l'obligation de délivrance conforme et la garantie des vices cachés. Cela dit, l'article L. 217-12 du Code de la consommation prévoit que l'action en garantie se prescrit par deux ans à compter de la délivrance du bien alors que l'action fondée sur la garantie des vices cachés, dont le délai de prescription commence à courir à compter de la découverte du

1. Cass. 1re civ., 5 févr. 2014, n° 12-27.927.
2. Cass. 1re civ., 24 oct. 2018, n° 17-20.778.

vice. En cas de défaut de conformité, l'acheteur choisit entre la réparation et le remplacement du bien. Néanmoins, le vendeur peut ne pas procéder selon le choix de l'acheteur si ce choix entraîne un coût manifestement disproportionné au regard de l'autre modalité, compte tenu de la valeur du bien ou de l'importance du défaut. Il est alors tenu de procéder, sauf impossibilité, selon la modalité non choisie par l'acheteur (., art. L. 217-9 C. Conso). Ce n'est que si les deux premières solutions sont impossibles, soit parce qu'elles ne peuvent être mises en œuvre dans le mois qui suit la réclamation, soit parce qu'elles comportent un inconvénient majeur pour le consommateur, que ce dernier peut dans un second temps exiger la résolution du contrat ou la réduction du prix[1]. En parallèle, l'acquéreur pourra également solliciter l'octroi de dommages et intérêts en réparation du préjudice subsistant (art. L. 217-11 C. conso.). Contrairement au régime de la garantie des vices cachés, le Code de la consommation ne subordonne pas ce droit à des dommages et intérêts à la mauvaise foi du vendeur.

22. Choix de l'action. Conformément à l'ordonnance n° 2016-301 du 14 mars 2016, le consommateur a le choix entre l'action en garantie de conformité du bien au contrat et la garantie des vices cachés. En ce sens, l'article L. 217-13 du Code de la consommation dispose que « *les dispositions de la présente section ne privent pas l'acheteur du droit d'exercer l'action résultant des vices rédhibitoires tels qu'elle résulte des articles 1641 à 1649 du Code civil ou toute autre action de nature contractuelle ou extracontractuelle qui lui est reconnue par la loi.* » Ainsi, la garantie légale de conformité du Code de la consommation ne remplace ni les actions du Code civil fondées sur la responsabilité délictuelle ou la défaillance contractuelle ni la garantie contre les vices cachés résultant du Code civil. Pareillement, elle n'exclut pas non plus les actions fondées sur la responsabilité du fait des produits défectueux (art. 1245 C. civ.). Le consommateur pourra donc agir selon son intérêt sur le fondement des dispositions du Code de la consommation ou sur celui des règles du Code civil.

1. CA Paris, 27 nov. 2014, Contrats, conc., consom. 2015, n° 74, obs. G. Raymond.

Pour aller plus loin

1. Ouvrages

- RADÉ, *L'autonomie de l'action en garantie des vices cachés*, JCP, 1997.
- J. HUET, *Responsabilité du vendeur et garantie contre les vices cachés*, 1987, Litec.
- J. GHESTIN, *Conformité et garantie dans la vente, 1983*, LGDJ.

2. Articles

- A. BÉNABENT, *Conformité et vices cachés dans la vente : l'éclaircie…*, D. 1994., Chron. 115.
- C. ATIAS, *La distinction du vice caché et de la non-conformité*, D. 1993., Chron. 265.
- CALAIS-AULOY, *Une nouvelle garantie pour l'acheteur : la garantie de conformité*, RTD, civ. 2005., 701.

Exercice QCM

→ Répondre aux questions suivantes. Une seule bonne réponse est possible.

1 L'acheteur doit apporter la preuve du vice caché?

a. Vrai.
b. Faux.

2 Le délai pour agir en cas de vice caché est:

a. 2 ans à partir de la vente.
b. 5 cinq à partir de la vente.
c. 2 ans à partir de la découverte du vice.
d. 5 ans à partir de la découverte du vice.

3 La garantie légale de conformité existe:

a. Entre professionnel et consommateur.
b. Entre consommateurs.
c. Entre professionnels.
d. Aucun des deux.

4 L'affaire du «pain maudit» de Pont-Saint-Esprit:

a. Tout vendeur professionnel est considéré comme censé connaître les vices de la chose vendue.
b. Tout vendeur professionnel est considéré ne pas censé connaître les vices de la chose vendue.

5 Qu'est-ce que la garantie d'éviction?

a. Il s'agit de la garantie à raison des défauts cachés de la chose vendue qui la rendent impropre à l'usage auquel on la destine, ou qui diminuent tellement cet usage que l'acquéreur ne l'aurait pas acquise.
b. Il s'agit de garantir l'acquéreur contre tout trouble qui le priverait de sa possession paisible de la chose, totalement ou partiellement.
c. Il s'agit de couvrir les défauts de conformité existant lors de la délivrance du bien.

Correction

1 Réponse a. Vrai.

2 Réponse c. 2 ans à partir de la découverte du vice.

3 Réponse a. Entre professionnel et consommateur.

4 Réponse a. Tout vendeur professionnel est considéré comme censé connaître les vices de la chose vendue.

5 Réponse b. Il s'agit de garantir l'acquéreur contre tout trouble qui le priverait de sa possession paisible de la chose, totalement ou partiellement.

Exercice Cas pratique : « La chute du mur »

Énoncé

Citadins depuis sa plus tendre enfance et propriétaire d'un bel appartement situé entre le 15° et le 17° arrondissement de Paris, Ivan Desmuguets vit confortablement. Néanmoins, Ivan Desmuguets connaît bien la campagne ; il a en effet grandi en regardant « la petite maison dans la prairie », et s'entretient très fréquemment avec le monde rural en se rendant une fois l'an au salon de l'agriculture de la Porte de Versailles. En quête de nouveauté, voire d'aventure, Ivan Desmuguets décide après 40 ans de travail de réaliser son rêve : vivre une retraite calme et paisible loin de la ville et de sa pollution. Ivan Desmuguets a longuement prospecté sur Internet et a finalement acheté la maison qui semble le combler dans un village de la Creuse. C'est pour une belle maison de Maître d'un montant de 850 000 € que Ivan Desmuguets a eu le coup de foudre. Une annonce séduisante, une visite rapide sur place faite par le vendeur, et, en une semaine, le déménagement est effectué. Ivan Desmuguets y habite désormais et s'abandonne aux joies de son installation rurale, lorsqu'il découvre que deux des murs de la maison ont de grosses fissures et menace de s'effondrer. Ivan Desmuguets estime subir un préjudice sachant que durant la visite de la demeure, il ne s'était pas aperçu de l'état de ces deux murs qui se trouvaient dans une pièce obstruée par une bâche. Ivan Desmuguets se demande ce qu'il peut faire.

Qu'en pensez-vous ?

Correction

Rappel des faits et problème juridique

Une personne achète une maison de campagne et se rend compte que deux des murs sont sérieusement fissurés menaçant de s'écrouler. Il estime qu'il s'agit d'un vice et souhaite se retourner contre le vendeur.

Qualification juridique

Il s'agit d'une vente immobilière portant sur une maison. On écartera d'emblée la possibilité d'agir sur le terrain de la garantie d'éviction qui assure l'acquéreur contre tout trouble qui le priverait de sa possession paisible et la garantie légale de conformité qui ne s'applique qu'à l'encontre d'un professionnel agissant dans sa relation avec un consommateur. Le seul fondement juridique restant étant l'action en garantie des vices cachés précisée par l'article 1641 du Code civil.

Règles de Droit

Pour agir sur le fondement de la garantie des vices cachés encore faut-il que le vice soit antérieur à l'acquisition de la chose. Il faut également que le vice soit inhérent à la chose. Enfin, le vice doit être d'une certaine gravité. En ce qui concerne les vices cachés qui affectent les murs, l'affaire reste muette. Il est uniquement indiqué l'existence de fissure assez importante. Néanmoins, la jurisprudence a déjà qualifié de vices cachés des murs comportant d'importantes infiltrations d'eau et de salpêtre à l'origine d'une rupture d'un tuyau évacuant des eaux pluviales[1]. Par ailleurs, il est indiqué que l'acquéreur ne pouvait pas accéder avant la vente à la pièce dont l'accès était entravé par une bâche. En ce sens, la Cour de cassation a déjà pu juger qu'on ne pouvait imposer à un acquéreur de soulever la laine de verre recouvrant les bois d'une charpente pour voir les pièces dégradées et que l'attaque de celle-ci par des insectes xylophages constitue un vice caché[2].

Application

En l'espèce, Ivan Desmuguets à la possibilité d'agir sur le fondement de la garantie des vices cachés puisque les trois critères sont réunis à savoir que le vice est antérieur à la vente, qu'il est inhérent aux murs et qu'il semble d'une certaine gravité. Ainsi, Ivan Desmuguets dispose d'une action rédhibitoire précisée par l'article 1644 du Code civil aboutissant à la résolution de la vente ou d'une action estimatoire lui permettant de diminuer le prix de la vente. Par ailleurs, un arrêt récent en date du 23 septembre 2020 rendu par la Cour de cassation précise qu'une action fondée sur le dol ou la réticence dolosive peut être également engagée. En effet, l'action en garantie des vices cachés ne constitue pas un obstacle à l'action en responsabilité délictuelle destinée à réparer le préjudice subi par la victime d'un dol.

1. CA Versailles 3e Ch, 4 avr. 2019, n° 17/08/389.
2. Cass. 3e civ., 15 nov. 2011, n° 10-22.940.

Fiche

10 Les obligations de l'acheteur

L'essentiel

Les obligations principales de l'acheteur sont celles de payer le prix de la chose et retirer la chose. De manière générale, le paiement de chose se fait simultanément à l'instant de la délivrance. Cela dit, l'acheteur peut refuser de payer le prix tant que la chose ne lui a pas été délivrée selon le mécanisme de l'exception pour inexécution. L'acheteur doit payer le prix principal de la chose ainsi que ces accessoires. Les parties peuvent convenir d'un paiement différé ou anticipé. Pareillement, le lieu de paiement est traditionnellement celui où s'opère la délivrance. Encore une fois, les parties peuvent y déroger. Le paiement étant un fait juridique, il peut se prouver par tout moyen. Si l'acheteur ne paye pas le prix, le vendeur est droit de résoudre la vente de manière unilatérale, en se prévalant d'une clause résolutoire ou judiciairement. Il pourra également sous réserve d'un titre exécutoire envisager une exécution forcée. Enfin, l'acheteur doit prendre livraison de la chose et d'en assumer les risques.

I L'obligation de payer le prix

A Les modalités du paiement

1. Obligation principale. L'obligation principale de l'acheteur réside dans le paiement du prix. À cet égard, la jurisprudence a rappelé que l'obligation de l'acheteur de payer le prix résulte de l'exécution complète par le vendeur de son obligation de délivrance[1]. L'article 1651 du Code civil dispose que *« s'il n'a rien été réglé à cet égard lors de la vente, l'acheteur doit payer au lieu et dans le temps où doit se faire la délivrance »*. Quant au moment du paiement, le prix est donc en principe exigible au moment de la délivrance du bien. Pour être en droit de réclamer le paiement du prix, le vendeur doit donc avoir préalablement exécuté son obligation de délivrance. Corrélativement, l'acquéreur peut refuser de payer le prix tant que le bien ne lui a pas été délivré, par application du mécanisme de l'exception d'inexécution.

2. Accessoires du prix. L'acheteur doit, avec le prix en principal, les accessoires de celui-ci. Outre les frais de vente, de transport, les droits de douane, il faut rattacher au prix ses intérêts. Si l'acheteur n'est pas tenu, en vertu du contrat, de payer comptant le prix de la vente, il en doit les intérêts dans trois hypothèses :

- Lorsque ces intérêts ont été stipulés dans la convention.
- Lorsque la chose vendue est productive de revenus ou de fruits.

1. Cass. 3e civ., 26 mars 2014, n° 13-10.984.

– Lorsque l'acheteur a été mis en demeure de payer le prix (C. civ., art. 1652). Un immeuble susceptible d'être loué ou de produire des revenus est une chose frugifère par nature. Tel est le cas d'un immeuble vendu à un hôpital et utilisé comme maison de retraite dès lors que celui-ci facture aux pensionnaires des sommes en contrepartie du logement[1].

4. Paiement différé. Par ailleurs, les parties peuvent librement convenir d'une date différente de paiement, anticipée ou différée par rapport à la délivrance du bien. Le paiement peut ainsi être anticipé lorsqu'il intervient avant la délivrance, par exemple dès la conclusion du contrat. La pratique est répandue d'un paiement partiel à la commande, nommé « acompte ». En outre, l'article 1612 du Code civil énonce que « *le vendeur n'est pas tenu de délivrer la chose, si l'acheteur n'en paye pas le prix, et que le vendeur ne lui ait pas accordé un délai pour le paiement* ».

5. Lieu du Paiement. Le plus souvent, il s'agit du lieu où s'opère la délivrance de la chose vendue, ce qui déroge au droit commun qui, conférant un caractère quérable à la dette de prix, énonce que le paiement doit être fait au domicile du débiteur (art. 1342-6 C. civ.). Toutefois, les parties peuvent convenir différemment. Généralement, le paiement se fera chez le vendeur, ce qui rend la dette de prix portable (l'acheteur doit se déplacer chez le vendeur pour réaliser le paiement), ou chez le notaire, en matière de vente immobilière.

B L'inexécution de l'obligation de payer

3. Exception pour inexécution. Par exception, l'article 1653 du Code civil autoriser l'acquéreur à suspendre le paiement du prix lorsqu'il anticipe un risque d'éviction. Ainsi, lorsqu'il est troublé par un tiers ou a de justes raisons de craindre de l'être, notamment par une action en revendication exercée contre lui ou une action hypothécaire, (notamment lors de l'existence d'un droit rival appartenant à une autre personne) il peut alors refuser de payer le prix jusqu'à ce que le vendeur ait fait cesser le trouble ou qu'il lui ait fourni une caution.

Création d'un droit commun d'exception d'inexécution à l'article 1220 du Code civil

On l'a vue, conformément aux dispositions de l'article 1653 du Code civil, « *si l'acheteur est troublé ou a juste sujet de craindre d'être troublé par une action, soit hypothécaire, soit en revendication, il peut suspendre le paiement du prix jusqu'à ce que le vendeur ait fait cesser le trouble* ». Du côté du vendeur ce sont les dispositions de l'article 1613 du Code civil qui viennent préciser que lorsque ce dernier se trouve « *en danger imminent* » de perdre le prix il n'a pas d'obligation de délivrance. L'ordonnance du 10 février 2016 à instaurer un nouvel article 1220 du Code civil qui consacre un droit commun d'exception d'inexécution qui dispose que la future défaillance du cocontractant soit « manifeste », que les conséquences de cette inexécution soient « *suffisamment graves* », que la suspension soit « *notifiée dans les meilleurs délais* ». Ce dernier article a pour mérite de créer une exception d'inexécution anticipée dont la preuve sera malgré tout en pratique difficile à apporter.

1. Cass. 3e civ., 29 avr. 2009, n° 08-14.607.

4. La preuve du paiement. La preuve du paiement est établie suivant les règles de droit commun applicables à la preuve des obligations. Il résulte de l'alinéa 1er de l'article 1353 du Code civil que celui qui réclame exécution d'une obligation doit la prouver et de l'alinéa second que celui qui se prétend libéré d'une obligation doit établir son paiement ou la cause de son extinction.

5. Le paiement, actes ou faits juridiques ? Le paiement, qui est une exécution de l'obligation contractuelle, est sans conteste un fait juridique qui peut se prouver par tous les moyens. C'est d'ailleurs, ce que précise l'article 1342-8 du Code civil qui dispose très clairement que « Le paiement se prouve par tout moyen ». Il peut s'agir d'une quittance délivrée par le vendeur ou par le contrat de vente original sur lequel figure la mention du paiement portée par le vendeur.

6. Résolution. Si l'acheteur ne paye pas le prix convenu au terme convenu, le vendeur est en droit de résoudre la vente par acte unilatéral (1226 C. civ.), en se prévalant d'une clause résolutoire le cas échéant (art. 1225 C. civ.) ou judiciairement (art. 1227 C. civ.). L'exécution forcée sera également envisageable. Toutefois, pour pratiquer une exécution forcée immobilière, le créancier doit être titulaire d'un titre exécutoire constatant une créance liquide et exigible. Le vendeur disposera également une prétention sur les meubles vendus au comptant mais déjà livrés (art. 2332., C. civ.), un privilège spécial mobilier (art. 2332,4 C. civ.,) ou immobilier (art. 2374, 1° C. civ.) qui lui attribue un droit de préférence sur le prix de vente de la chose.

II L'obligation de prendre livraison

7. Obligation corrélative. L'acheteur doit prendre livraison de la chose et en assumer les risques. Si la vente porte sur un immeuble, l'acquéreur doit en prendre possession. Si elle porte sur un meuble, il doit l'enlever. Cette obligation est corrélative de celle pesant sur le vendeur de délivrer la chose. L'acquéreur doit procéder aux vérifications élémentaires au moment de prendre livraison de la chose, car une prise de livraison sans réserve emporte renonciation, de sa part, à invoquer un défaut de conformité ou un vice apparent dont il aurait pu se convaincre en examinant la chose. S'il y a un conflit, il lui revient soit de refuser la prise de livraison, soit d'émettre des réserves sur la conformité ou les défauts constatés.

8. L'obligation de retirement. En matière mobilière on parle de retirement de la chose. Il s'agit de l'acte juridique par lequel le vendeur accomplit son obligation contractuelle en remettant à l'acquéreur la chose qui l'accepte. L'article 1608 du Code civil laisse en principe, sauf convention contraire, les frais d'enlèvement (et notamment de transport), à la charge de l'acheteur. La particularité de cette obligation tient à la sanction singulière prévue à l'article 1657 du Code civil qui dispose qu'en cas d'inexécution de l'obligation de retirement par l'acheteur : « la résolution de la vente aura lieu de plein droit et sans sommation, au profit du vendeur, après l'expiration du terme convenu pour le retirement ». L'expiration du délai fixé pour la prise de livraison emporte donc la résolution automatique de la vente sans mise en demeure préalable ni action judiciaire sous réserve que la chose ne soit pas affectée d'un vice.

Pour aller plus loin

1. Ouvrages

– M. FONTAINE et G. VINEY, *Les sanctions de l'inexécution des obligations contractuelles*, 2001, Bruylant et LGDJ.

Exercice QCM

→ Répondre aux questions suivantes. Une seule bonne réponse est possible.

1 L'acheteur est-il t tenu de payer les accessoires de la chose qu'il achète ?

a. Vrai.
b. Faux.

2 Matthieu à acheter une montre sur Internet, mais le vendeur affirme qu'il n'a pas reçu le virement. Mathieu peut prouver le paiement :

a. Par écrit.
b. Par tous les moyens.
c. Par serment.

3 Sophie n'a pas reçu le paiement de son client alors qu'elle lui a expédié sa commande.

a. Sophie peut résoudre la vente de manière unilatérale.
b. Sophie ne pourra rien faire c'est trop tard.
c. Sophie devra livrer son client.

4 Marc à vendu meuble à Léa, mais celle-ci n'est pas venu chercher son meuble au terme convenu :

a. L'expiration du délai fixé pour la prise de livraison emporte donc la résolution automatique de la vente sans mise en demeure préalable.
b. L'expiration du délai fixé pour la prise de livraison emporte donc la résolution automatique de la vente avec mise en demeure préalable.
c. L'expiration du délai fixé pour la prise de livraison n'emporte pas la résolution de la vente. Le vendeur doit conserver la chose jusqu'à retirement par l'acheteur.

5 Le paiement peut être différé ?

a. Vrai.
b. Faux.

Correction

1 **Réponse a**. Vrai.

2 **Réponse b**. Par tout moyen.

3 **Réponse a**. Sophie peut résoudre la vente de manière unilatérale.

4 **Réponse a**. L'expiration du délai fixé pour la prise de livraison emporte donc la résolution automatique de la vente sans mise en demeure préalable.

5 **Réponse a**. Vrai.

Exercice **Cas pratique : « Un prix d'ami »**

Énoncé

Thibaut Gemanti et Henri Cochet sont amis depuis plus de vingt ans. Un soir où Thibaut Gemanti dîne chez son ami, il remarque un très joli tableau représentant une nature morte accroché au mur. Henri Cochet, lui apprend qu'il s'agit de l'œuvre d'un jeune artiste qui commence à se faire un nom dans le monde de l'art. Néanmoins, Henri Cochet avoue à son ami qu'il n'aime pas la peinture et qu'il la conserve pour faire plaisir à son épouse. Thibaut Gemanti propose alors à Henri Cochet de lui acheter le tableau qui agrémentera son salon. Henri Cochet lui propose de lui vendre la toile 5 000 euros. Un prix d'ami car sur le marché de l'art elle en vaut le double. Thibaut Gemanti accepte, mais propose de payer en plusieurs fois ce que Henri Cochet accepte. Le soir même Thibaut Gemanti emporte la peinture chez lui après avoir payé un acompte de 500 euros à Henri Cochet. Les semaines et les mois passent et Henri Cochet n'a toujours pas été payé par Thibaut Gemanti qui trouve toujours une excuse à point nommé pour ne pas s'acquitter du reste de la somme convenue. Henri Cochet se demande ce qu'il peut faire pour être payé.

Qu'en pensez-vous ?

Correction

Rappel des faits et problème juridique

Une personne achète un tableau à un ami pour une somme de 5 000 euros. Il paye un acompte de 500 euros au vendeur. Mais après plusieurs mois ce dernier n'a toujours pas reçu de la part de l'acheteur le reste de la somme. La question de ce cas pratique repose sur l'obligation de paiement de l'acheteur et la preuve de ce paiement.

Qualification juridique.

En l'espèce, il s'agit bien d'une vente selon les termes de 1582 du Code civil. Par ailleurs, l'article 1651 du Code civil dispose que « *s'il n'a rien été réglé à cet égard lors de la vente, l'acheteur doit payer au lieu et dans le temps où doit se faire la délivrance* ».

Règles de Droit

Les parties peuvent déroger à l'article 1651 du Code civil en convenant d'une date différente de paiement, anticipée ou différée par rapport à la délivrance du bien. En l'espèce, l'acheteur a versé un acompte, mais n'a pas payé l'intégralité de la somme. Pourtant, le bien ici le tableau a bien été délivré par le vendeur. La preuve du paiement est établie suivant les règles de droit commun applicables à la preuve des obligations. Il résulte de l'alinéa 1er de l'article 1353 du Code civil que celui qui réclame exécution d'une obligation doit la prouver et de l'alinéa second que celui qui se prétend libéré d'une obligation doit établir son paiement ou la cause de son extinction. Cela dit, la preuve du paiement est un fait juridique et donc se prouve par tous les moyens. Si l'acheteur ne paye pas le prix convenu au terme convenu, le vendeur est en droit de résoudre la vente par acte unilatéral (1226 C. civ.), ou judiciairement (art. 1227 C. civ.). L'exécution forcée sera également envisageable.

Application

En l'espèce, Henri Cochet devra prouver la vente. En effet, aucun écrit n'a été rédigé. Il sera donc difficile d'établir la véracité de la vente. De même, Henri Cochet pourra résoudre la vente de manière judiciaire. Mais il devra prouver encore une fois l'existence de la vente qui pourra se faire par tous moyens. L'acompte versé par Thibaut Gemanti pourra établir cette existence, mais rien n'est précisé dans les faits afin de savoir si l'acheteur a versé l'acompte par chèque ou en espèce.

Chapitre

2

Le contrat de bail

Section

I La formation du contrat de bail

Le bail est défini par le Code civil comme un louage de choses à côté du louage d'ouvrage qu'est le contrat d'entreprise.

Le bail est un contrat portant sur une chose est peut-être confondu avec d'autres formes de contrat (Fiche n° 10) néanmoins sa formation répond aux exigences du droit commun des contrats, même s'il connaît quelques exceptions notamment au niveau de l'établissement des modes de preuve (Fiche n° 11). Il s'agit d'un contrat onéreux dont le prix est dénommé loyer (Fiche n° 12).

Les critères de qualification du contrat de bail

L'essentiel

Le contrat de bail se distingue des autres contrats spéciaux notamment par le fait qu'il implique le transfert de l'usage d'une chose et non son transfert dans le patrimoine d'une autre personne que le bailleur à l'inverse de la vente. Il nécessite également que la chose lui soit restituée à l'inverse du contrat de dépôt. Enfin, il doit comporter un prix ce qui le distingue du contrat de prêt.

I Le transfert de l'usage d'une chose

1. Distinction contrat de bail et contrat de vente. Selon l'article 1582 du Code civil, « *la vente est une convention par laquelle l'un s'oblige à livrer une chose et l'autre à la payer* ». La vente entraîne comme on l'a vu un transfert de propriété. En effet, l'une des parties, appelée le vendeur, transfère à l'autre, l'acheteur, ses droits sur un bien, en contrepartie du paiement par celui-ci d'un prix en argent. À l'inverse, au sein du contrat de bail, le bailleur demeure propriétaire de la chose louée.

2. Distinction avec la location-vente. La location-vente associe deux techniques contractuelles : la location et la vente. D'une part, le bailleur s'engage à procurer au preneur la jouissance immédiate du matériel et à lui vendre le bien loué lorsque, aux termes du contrat, le preneur a versé un montant de loyers égal au prix et aux intérêts. D'autre part, le locataire s'engage à acheter ce bien. La propriété est ainsi transférée au locataire par l'exécution de la promesse synallagmatique de vente insérée dans le contrat. À l'issue de la location-vente, le locataire ne peut en conséquence se soustraire à son obligation d'acheter.

3. Distinction avec le contrat d'entreprise. Même si le Code civil évoque le contrat d'entreprise et le contrat de bail sous la dénomination de contrat de louage, il ne peut y avoir méprise entre ces deux conventions. En effet, dans le louage de chose, le bailleur donne la jouissance de la chose, alors qu'au sein du louage d'ouvrage, le locateur sert une prestation de service.

II L'obligation de restitution

4. Distinction avec le contrat de dépôt. L'existence au profit du preneur d'un droit d'utiliser la chose distingue le bail du dépôt dans lequel le dépositaire n'a pas le droit de se servir de la chose. C'est-à-dire qu'il n'a pas la jouissance de la chose, mais seulement l'obligation de la conserver. Néanmoins, certaines difficultés naissent notamment à travers les contrats par lesquels on « loue » un emplacement (hangar, parking, etc.). Peuvent-il est qualifié de contrat de bail ou de contrat de dépôt ? Lorsque surviennent ces difficultés, tout dépendra de ce qui a été convenu par les parties. Si le contrat prévoit une obligation particulière de garde ou de surveillance de la voiture entreposée sur le hangar ou parking, il s'agit d'un dépôt. À l'inverse, si le contrat ne prévoit pas de telles obligations, il s'agira d'un contrat de bail.

III L'obligation de payer un prix

5. Distinction avec le contrat de prêt. Le prêt est celui par lequel l'une des parties livre une chose à l'autre pour s'en servir à charge de restitution (art. 1875., C. civ.). Il peut porter sur un immeuble dont la jouissance est remise à l'emprunteur. Dans ce cas, il ne se distingue du bail que par son caractère gratuit : l'essence même du prêt à usage est en effet sa gratuité (art. 1876., C. civ.).

Pour aller plus loin

1. Articles

- DAMAS, *Droit du bail et droit des obligations*, Mélanges Gross, PU Nancy, 2009, p. 167.

Exercice **QCM**

→ **Répondre aux questions suivantes. Une seule bonne réponse est possible.**

1 Le bail entraîne un transfert de propriété ?

a. Vrai.
b. Faux.

2 Le bail est louage :

a. D'ouvrage.
b. De vente.
c. De chose.

3 Le bail se distingue du contrat de dépôt :

a. Par son obligation de surveillance.
b. Parce qu'il porte sur une chose et non sur un service.
c. Par son critère translatif de propriété.

4 Le locataire a le droit d'user de la chose ?

a. Vrai.
b. Faux.

5 Le bail et le dépôt sont des contrats à titre gratuit ?

a. Vrai.
b. Faux.

Correction

1 Réponse b. *Faux.*

2 Réponse c. Louage de chose.

3 Réponse a. *Obligation de surveillance.*

4 Réponse a. Vrai.

5 Réponse b. Faux.

Exercice Cas pratique : « Nom de Zeus »

Énoncé

Posséder son propre cheval de loisir est le rêve de nombreux passionnés. C'est le cas de Aubin Sahalor un passionné d'équitation, qui décide d'acheter un superbe étalon du nom de Zeus pour vivre sa passion. Toutefois, Aubin Sahalor n'a pas de place pour garder Zeus. Après quelques recherches sur Internet, il trouve une annonce de location de box pas très loin de chez lui. Il contacte Claire Hyère la propriétaire qui accepte de lui louer le box. Après avoir établi la convention de location, Aubin Sahalor y installe l'étalon. Toutefois, au bout de quelques jours il constate que Zeus est en perte de vitesse et qu'il n'a pas bonne mine. Aubin Sahalor reproche à Claire Hyère qui habite la maison juste à côté de ne pas s'occuper de Zeus, de ne pas le nourrir ni de le brosser et de ne pas le sortir au minimum quelques heures par jour. Aubin Sahalor souhaite un dédommagement pour le préjudice que subit son cheval.

Qu'en pensez-vous ?

Correction

Rappel des faits et problème juridique

Un homme conclut une convention de location portant sur un box pour son cheval. Quelque temps plus tard, il s'aperçoit que son cheval va mal. Il reproche à la propriétaire du box de ne pas s'occuper de son cheval. Il souhaite obtenir un dédommagement. Toute la question de ce cas pratique réside dans la qualification du contrat conclu entre Aubin Sahalor et Claire Hyère. Il faut ainsi déterminer s'il s'agit d'un contrat de bail ou de dépôt.

Qualification juridique

Le contrat de bail se définit à l'article 1709 du Code civil comme « *un contrat par lequel l'une des parties s'oblige à faire jouir l'autre d'une chose pendant un certain temps, et moyennant un certain prix que celle-ci s'oblige de lui payer* ». Le dépôt est défini quant à lui à l'article 1915 du Code civil comme le contrat de dépôt par lequel on reçoit une chose appartenant à autrui, à charge de la garder et de la restituer en nature.

Règles de Droit

Le contrat de bail implique pour le bailleur d'assurer au preneur la jouissance paisible et temporaire de la chose louée. Autrement dit, le preneur peut utiliser la chose et doit la restituer à l'expiration du délai contractuel. Le contrat de dépôt qui peut être gratuit ou onéreux implique la garde et l'entretien de la chose. Par ailleurs, le contrat de dépôt d'animaux peut être librement révoqué par le déposant qui, pour des raisons légitimes, n'a plus confiance dans les compétences du dépositaire[1].

Application

En l'espèce il est indiqué que la convention conclue entre Aubin Sahalor et Claire Hyère porte sur la location du box et non le dépôt de Zeus à la charge de Claire Hyère. En tout état de cause, le contrat passé n'est pas un contrat de dépôt, la garde de l'étalon (c'est-à-dire la garde de la chose confiée) n'a pas été transférée. Il s'agit donc bien d'un contrat de bail d'un box et non d'un contrat de dépôt portant sur un animal. Aubin Sahalor ne pourra obtenir aucun dédommagement.

1. Cass. civ 1er, 14 nov. 2018, n° 17-21.287.

Fiche 12

La forme du contrat de bail

L'essentiel

Selon l'article 1709 du Code civil, le bail est un contrat selon lequel une partie, appelée le bailleur confère à une autre partie, appelée le locataire, le droit d'usage d'un bien mobilier ou immobilier pour un certain temps, moyennant le versement d'un loyer. Si le bail obéit au droit commun de la preuve, les articles 1715 et 1716 y dérogent. En ce sens, il n'est pas possible de faire la preuve par témoins d'un bail qui n'a pas été constaté par écrit et qui n'a pas encore reçu exécution. Pareillement, s'il y a une difficulté concernant le prix du bail dont l'exécution a commencé le propriétaire sera cru sur serment, auquel cas le locataire pourra demander l'estimation du prix par un expert dont les frais sont à sa charge. Un bail ne peut être perpétuel, mais il peut être d'une durée assez longue. La loi fixe une durée minimale afin que le contrat soit valable, tel est le cas par exemple du bail commercial qui doit être conclu pour une durée de neuf ans, ou encore du bail d'habitation qui doit être conclu pour une durée de trois ans. Par nature, le bail est un acte d'administration, c'est-à-dire un acte de gestion normale et courant du patrimoine. La loi n'exige donc de son auteur aucune autre condition que la capacité de contracter. Aucune difficulté n'est permise pour contracter un bail si le bailleur dispose de sa pleine capacité juridique. Il faudra se référer aux dispositions concernant les personnes sous tutelles. Enfin, le bail, n'étant pas en principe un acte de disposition, on admet généralement que le bail puisse porter sur la chose d'autrui. Le véritable propriétaire sera fondé à revendiquer la chose louée, le bail lui étant inopposable.

1. Définition. Comme nous l'avons déjà vu, l'article 1708 du Code civil réglemente les contrats de louage en distinguant d'une part le louage des choses et d'autre part celui des ouvrages. Les articles 1709 et 1710 du Code civil apportent davantage de précisions dans l'appréciation de la nature des contrats. Ainsi, le louage d'ouvrage encore dénommé contrat d'entreprise est défini à l'article 1710, tandis que l'article 1709 caractérise le bail comme « Le louage des choses est un contrat par lequel l'une des parties s'oblige à faire jouir l'autre d'une chose pendant un certain temps, et moyennant un certain prix que celle-ci s'oblige de lui payer ». Autrement dit, Il s'agit de mettre à disposition, du bénéficiaire la jouissance temporaire ce qui signifie qu'il peut utiliser la chose et qu'il doit la restituer à l'expiration du délai contractuel. En revanche, l'article 1713 prévoit de manière très lacunaire que l'« on peut louer toutes sortes de biens meubles ou immeubles ». Cette définition inclut tacitement les biens incorporels. Cela dit, c'est finalement, la politique du droit au logement qui l'a emporté à travers la réglementation du contrat de bail. Il s'agissait de protéger le locataire appelé encore preneur contre le bailleur. La loi définit une variété de contrats de louage de bien : bail d'habitation, bail commercial ou encore le bail rural. Néanmoins, bien qu'ils soient parfois confondus, nous traiterons que du bail de droit commun.

I L'objet du contrat de bail

2. Nature de la chose. Sauf exception, c'est-à-dire les choses hors commerce (tel est le cas par exemple de la « location » de la mère porteuse annulée par la Cour de cassation sur le fondement de l'objet illicite[1]), les biens meubles corporels ou incorporels (brevets, licences, etc.) et les immeubles peuvent faire l'objet d'un bail. Ainsi, est valable le bail d'animaux tels que le bail de chevaux, le bail d'abeilles relevant de la liberté contractuelle et de manière supplétive des règles du Code civil encadrant le louage. Cependant, la jurisprudence a déjà pu exclure du champ du bail la mise à disposition d'un coffre-fort par une banque[2]. Pareillement, ne peut être qualifié de bail un contrat de mise à disposition d'un bassin de piscine partagé avec d'autres utilisateurs et selon des horaires modifiables à tout moment[3]. Par ailleurs, le principe d'exclusion des choses consomptible s'explique par l'obligation de restitution de la chose louée qui est l'essence du contrat de bail. Les choses consomptibles sont éphémères, disparaissant du seul fait de leur usage (l'argent, les grains, les liqueurs). Par exemple, des bouteilles de vin ne procurent de jouissance qu'en raison de leur consommation, qui s'accompagne de leur disparition. Un bail portant sur des choses consomptibles sera qualifié de contrat de vente de meubles[4]. Enfin, la chose peut être présente ou future. Cependant, puisque la chose ne peut être mise à disposition tant qu'elle n'existe pas, on admet que la convention ne prendra pas effet tant que la chose n'existe pas.

4. durée du bail. Le contrat de bail est un contrat qui, par essence, s'inscrit dans la durée. Ainsi, le bail étant une convention à exécution successive, les parties doivent se mettre d'accord sur la durée de celle-ci. Néanmoins, l'article 1709 du Code civil pose une limite, puisqu'il prohibe les baux perpétuels. Cette interdiction est d'ordre public et les conventions contraires sont frappées de nullité. En ce qui concerne la durée du bail d'habitation, la loi indique clairement la durée légale minimale que le contrat de bail de location vide doit respecter. En principe, la durée légale d'un bail de location vide est de trois ans lorsque le bailleur est une personne physique, et de six ans lorsqu'il s'agit d'une personne morale. Une durée plus longue est donc parfaitement envisageable. Il a été jugé que la prorogation intervenue avant l'expiration du bail ne pouvait être considérée comme la conclusion d'un nouveau bail[5]. *A contrario* le bail commercial est conclu pour un minimum de 9 ans.

Enfin, lorsque cela n'est pas interdit légalement comme pour les baux spéciaux, le bail peut être à durée indéterminée. Il en va de même lorsque le bail a été fait sans écrit. Ainsi, chacune des parties peut y mettre fin à n'importe quel moment en respectant cependant un préavis (art. 1736 C. civ.). Ce principe rejoint celui consacré par le droit commun des contrats, où il est précisé par l'article 1211 du Code civil que « *Lorsque le contrat est conclu pour une durée indéterminée, chaque partie peut y mettre fin à tout moment, sous réserve de respecter le délai de préavis contractuellement prévu ou à défaut, un délai raisonnable.* À titre d'exemple, dans un bail à usage d'habitation, le locataire peut mettre fin au contrat en respectant un préavis de 3 mois contre 6 mois pour le bailleur.

---

1. Cass. ass. plén., 31 mai 1991.
2. Cass. com., 11 oct. 2005, n° 03-10.975.
3. Cass. 3e civ., 11 janvier 2006, Blaya c/SETH.
4. Cass. civ. 3e, 17 févr. 1955, D. 1955, 469.
5. Cass. civ. 3e, 15 juin 1983, n° 82-12.128.

II Le formalisme encadrant le contrat de bail

A La preuve du bail

5. Solennité. Aux termes de l'article 1714 du Code civil, « *on peut louer ou par écrit ou verbalement* ». Le bail peut être aussi bien écrit que verbal. En effet, l'écrit n'est pas une condition de forme requise pour la validité du contrat. Là encore, il s'agit d'un contrat consensuel qui se forme en principe par le seul échange des consentements, sans qu'un écrit ne soit requis. Néanmoins, le principe du consensualisme est assorti d'exceptions. D'une part, elle concerne les biens ruraux auquel ont fait application des règles particulières des baux à ferme et à métayage et d'autre part, elle concerne également le bail d'habitation. Toutefois, la sanction qui assortit cette exigence est généralement limitée.

Ainsi, concernant le bail rural, le preneur exploite les terres en échange d'une somme versée au bailleur. En ce sens, la Cour de cassation a récemment rappelé que l'article L. 411-4 du code rural et de la pêche maritime dispose que « *les contrats de baux ruraux doivent être écrits* »[1]. Cette exigence ne constitue cependant pas une condition de validité du contrat. Dans le même ordre d'idée, l'article 3 de la loi n° 89-462 du 6 juillet 1989 impose un écrit pour le bail d'habitation assorti de mentions obligatoires (le nom du bailleur et du locataire, la date de prise d'effet et la durée, le montant du loyer, la destination des locaux, etc.). Cela dit, l'absence d'écrit n'est pas sanctionnée. En effet, le texte dispose que chacune des parties doit pouvoir obtenir de l'autre, à tout moment, un écrit conforme aux dispositions de la loi du 6 juillet 1989. On peut donc en déduire que le bail a valablement pu être conclu sans écrit. Néanmoins, la doctrine s'accorde à penser que le bail d'habitation qui ne répond pas aux conditions formelles fixées par l'article 3 est frappé de nullité alors même que le texte ne l'indique pas expressément. Cependant il s'agit d'une nullité relative, pouvant être demandé par le seul locataire. Le locataire a donc le choix entre la nullité et la demande de régularisation.

5. Droit commun de la preuve. Conformément au droit commun de la preuve, énoncé à l'article 1359 du Code civil, le bail doit, en tant qu'acte juridique, être prouvé par une preuve écrite préconstituée si son montant dépasse 1 500 €. Un fax de confirmation émanant d'un courtier en vins ne permet pas de constituer la preuve d'un bail écrit[2]. L'existence du contrat de bail peut résulter d'un échange de lettres qui doivent cependant être suffisamment précises sur les éléments essentiels et permettre d'en déduire la formation d'un contrat[3]. L'on sait aussi que cette exigence d'une preuve préconstituée reçoit des exceptions, notamment dans les cas où une partie peut se prévaloir d'un commencement de preuve par écrit (art. 1362 C. civ.) ou bien d'une impossibilité morale ou matérielle de se procurer un écrit, ou encore d'un usage de ne pas établir un écrit (art. 1360 C. civ.).

B Dérogation au droit commun de la preuve

6. Dérogations. L'article 1715 du Code civil prévoit un cas particulier, celui du bail verbal. On rencontre un grand nombre de situations dans lesquelles les parties négligent

1. Cass. civ. 3e, 3 juin 2020, n° 20-40.004.
2. Cass. 3e civ., 15 oct. 2014, n° 12-28.767.
3. Cass. 3e civ., 18 juill. 1977, n° 76-11.043.

de conclure un bail écrit. Par persistance d'un droit oral coutumier, négligence, manque de temps, confiance dans la parole donnée ou ignorance. Toutefois, si le bail verbal n'est pas nul il doit malgré tout être prouvé. Il appartient au preneur d'établir l'existence et l'exécution du bail qu'il allègue. Cette exécution suppose, non seulement l'exercice des droits, mais aussi l'accomplissement des obligations résultant du prétendu bail, et en particulier l'existence et le payement d'un prix convenu.

Le bail connaît son propre mode de preuve. L'article 1715 du Code civil est un texte dérogatoire qui interdit de faire la preuve par témoins d'un bail qui n'a pas été constaté par écrit et qui n'a pas encore reçu exécution. *A contrario*, si un bail verbal a déjà été exécuté, la preuve du contrat peut être faite par témoins ou présomptions. Par ailleurs, la jurisprudence admet que le commencement d'exécution peut lui-même être prouvé par témoins ou présomptions, cela signifie en pratique que la personne qui occupe les lieux est recevable à faire la preuve du bail.

À noter

Attention ! Lorsque le bail porte sur un bien meuble le droit de la preuve est régi par les dispositions de droit commun des articles 1315 et suivants du Code civil, et non par celles spéciales de l'article 1715 du Code civil.

Les dérogations au droit commun de la preuve au sein de ses articles 1715 et 1716 envisagent également les éventualités dans lesquelles il y aurait une difficulté de preuve concernant, l'existence du prix. Aux termes de l'article 1715 du Code civil, « *si le bail fait sans écrit n'a encore reçu aucune exécution, et que l'une des parties le nie, la preuve ne peut être reçue par témoins, quelque modique qu'en soit le prix, et quoiqu'on allègue qu'il y a eu des arrhes données* ». Dans ces conditions, le texte impose la rédaction d'un écrit *ad probationem* lorsque le bail n'a pas reçu un commencement d'exécution ; et l'écrit s'impose, quel que soit le prix du bail (même inférieur à 1 500 euros), et sans possibilité de le prouver par tout moyen en cas de commencement de preuve par écrit. En revanche, si un bail verbal a déjà été exécuté, la preuve du contrat peut être faite par témoins ou présomptions[1].

Cependant, afin de ne pas élargir indéfiniment la possibilité de faire la preuve du bail par témoins, la jurisprudence exige que cette occupation des lieux implique par elle-même l'existence d'un titre locatif. Le fait purement matériel de l'occupation du local ou de l'immeuble doit s'accompagner d'actes du locataire prétendu rendant non équivoque cette occupation, en particulier le paiement d'un prix[2]. Dans ces conditions, la délivrance de quittances par le bailleur pourra également être de nature à prouver l'existence d'un bail[3]. *A contrario*, le simple entretien de parcelles ne saurait être considéré comme une contrepartie onéreuse, condition nécessaire à la reconnaissance d'un bail verbal soumis au statut du fermage[4].

L'article 1716, quant à lui, vise l'éventualité du bail verbal ayant déjà reçu un début d'exécution, mais dont le prix est contesté. Le texte donne alors un privilège singulièrement fort au propriétaire bailleur en énonçant : « *Lorsqu'il y aura contestation sur le prix du bail verbal dont l'exécution a commencé, et qu'il n'existera point de quittance, le propriétaire en sera*

1. Cass. 3e civ., 13 mars 2002, n° 00-15.194.
2. Cass. 3e civ., 4 mars 2008, n° 07-15.522.
3. Cass. 3e civ., 11 déc. 2007, n° 06-19.256.
4. Cass. 3e civ., 24 oct. 2019, n° 18-17.307.

cru sur son serment, si mieux n'aime le locataire demander l'estimation par experts; auquel cas les frais de l'expertise restent à sa charge, si l'estimation excède le prix qu'il a déclaré». Le propriétaire étant cru sur son serment, il lui suffira de jurer que le prix convenu verbalement est bien celui qu'il allègue pour triompher dans sa prétention, sauf à ce que le preneur sollicite une estimation par experts.

On constatera simplement que l'interdiction spéciale de prouver l'existence du bail par témoins (en l'absence de commencement d'exécution) atténue grandement l'absence de formalisme *ad validitatem*, puisqu'un écrit sera tout de même requis *ad probationem*. Les dispositions de l'article 1716 du Code civil sont d'ordre public. Autrement dit, le juge n'a pas le pouvoir de fixer le loyer en fonction d'autres éléments que ceux prévus par le texte.

III La capacité de contracter un bail

A La capacité du bailleur

1. Le bail de sa propre chose. Si le bailleur est propriétaire de la chose, la location est un acte d'administration c'est-à-dire de la vie courante et la capacité n'est donc pas requise. En outre, le bailleur n'aliène pas la chose donnée à bail. Cela est d'autant plus vrai lorsque la chose est un meuble. Cependant lorsqu'il s'agit d'un bien immeuble, le droit est autrement plus rigoureux. Il en va de même lorsqu'il s'agit d'un bail commercial. À la vérité, la protection du preneur est telle que la capacité du bailleur, qui désirerait qu'on lui restitue la jouissance de la chose, est distinctement restreinte. Dès lors, la capacité de contracter du bailleur est plus strictement appréciée. Si le bailleur dispose de sa pleine capacité juridique, aucune difficulté apparente n'interdit de contracter le bail. À l'inverse, il en va autrement. Les règles applicables à la tutelle des majeures sont globalement identiques à celles régissant la tutelle des mineurs. En ce sens, un certain nombre d'actes sont traditionnellement interdits au tuteur. Ils sont désormais énumérés à l'article 509 du Code civil. Dans ces conditions il faudra distinguer le bail en tant qu'acte d'administration et le bail en tant qu'acte de disposition. Traditionnellement, on considère que le bail est un acte d'administration, c'est-à-dire de gestion courante parce qu'il constitue une modalité de jouissance du bien et qu'il n'entraîne pas d'altération de sa substance. Il en sera ainsi du renouvellement d'un bail. Les actes de disposition sont des actes graves qui engagent le patrimoine d'une personne protégée. En ce sens, sera considéré comme un acte dangereux et donc prohibé celui d'acquérir un bien appartenant au mineur ou le prendre à bail ou à ferme.

2. Le bail de la chose d'autrui. Le bailleur doit-il être propriétaire du bien donné à bail ? Pour des raisons similaires à celles qui poussent à admettre le prêt de la chose d'autrui, on admet généralement que le bail puisse porter sur la chose d'autrui. Cela tient à ce que le bail, n'étant pas en principe un acte de disposition, n'a pas pour objet de conférer un droit réel sur la chose louée, mais simplement un droit personnel. La chose elle-même ne sera grevée d'aucun droit. Le bailleur ne cherche donc pas à transférer au preneur plus de droits qu'il n'en a. La validité du bail de la chose d'autrui doit donc être admise.

En conséquence, le preneur pourra engager la responsabilité du bailleur si sa jouissance est troublée, notamment par le véritable propriétaire. En revanche, la validité du contrat de bail n'implique pas son opposabilité au tiers, et notamment au véritable propriétaire. Ce dernier sera donc fondé à revendiquer la chose louée, le bail lui étant inopposable. En ce sens, la jurisprudence a jugé que « *le bail de la chose d'autrui, qui est inopposable au propriétaire, produit effet entre le bailleur et le preneur tant que celui-ci a la jouissance paisible des lieux* »[1]. En outre, des règles spécifiques de pouvoir et d'opposabilité sont prévues dans l'hypothèse où le bail porterait sur une chose dont la propriété est indivise ou démembrée entre usufruitier et nu-propriétaire. On ajoutera également que le bailleur ne rapportant pas la preuve d'une possession trentenaire non équivoque ne peut se prévaloir de la propriété de la chose louée, mais le locataire ne peut pour autant obtenir la restitution des loyers payés entre ses mains, le bail de la chose d'autrui produisant ses effets entre le bailleur et le preneur[2].

B La capacité du locataire

3. La capacité de prendre bail. À l'égard du preneur, le bail est un acte d'administration. Toute personne disposant de la capacité d'administrer peut prendre à bail. Par ailleurs, l'article 1751 du Code civil prévoir que « *Le droit au bail du local, sans caractère professionnel ou commercial, qui sert effectivement à l'habitation de deux époux, quel que soit leur régime matrimonial et nonobstant toute convention contraire et même si le bail a été conclu avant le mariage, ou de deux partenaires liés par un pacte civil de solidarité, dès lors que les partenaires en font la demande conjointement, est réputé appartenir à l'un et à l'autre des époux ou partenaires liés par un pacte civil de solidarité* ».

1. Civ. 3, 13 février 1985, n° 82-14220.
2. Cass. 3e civ., 5 mai 2010, n° 08-19.922.

Pour aller plus loin

1. Ouvrages

- GUILLOUARD, *Traité du contrat de louage*, 1887, Pedone.
- CAYRON, *La location de biens meubles*, 1999, PUAM.

Exercice QCM

→ Répondre aux questions suivantes. Une seule bonne réponse est possible.

1 La forme écrite du bail commercial est-elle nécessaire à sa validité ?

a. Vrai.
b. Faux.

2 Quelle est la durée minimum d'un bail commercial ?

a. 3 ans.
b. 6 ans.
c. 9 ans.

3 Le bail peut-il porter sur la chose d'autrui ?

a. Vrai.
b. Faux.

4 Le bail est :

a. Un acte d'administration.
b. Un acte de gestion.
c. Un acte mixte.

5 Jean Paul qui a conclu un bail oral avec baptiste et il n'a pas encore pris possession de l'appartement il se demande s'il peut le prouver grâce au témoignage de Emma ?

a. Oui.
b. Non.

Correction

1 **Réponse acommercial**. *Faux.*

2 **Réponse c**. *9 ans.*

3 **Réponse a**. *Vrai.*

4 **Réponse a**. Vrai.

5 **Réponse b**. *Non.*

Exercice

Cas pratique : « Jardinage et dépendance »

Énoncé

Il fait bon vivre à Beaugency-sur-Loiret, particulièrement au sein de l'immense propriété de Mme Marguerite Duraille, veuve d'un richissime agriculteur beauceron. C'est pourquoi Alex Térieur a conclu avec Mme Marguerite Duraille un contrat de location portant sur une dépendance de la demeure de la veuve. En effet, depuis cinq ans Alex Térieur y dépose du matériel de bricolage et de jardinage. D'ailleurs, Alex Térieur entretenait de temps en temps le jardin de la propriété de la veuve Duraille. Tous les mois il verse à Mme Marguerite Duraille la somme de 200 euros. Un beau jour et malgré son train de vie Marguerite Duraille réclame à Alex Térieur un loyer de 600 euros en certifiant qu'elle n'avait jamais été d'accord pour conclure ce bail, avec un loyer aussi faible et qu'en outre aucun écrit n'avait été rédigé. Alex Térieur refuse cette augmentation et en réponse Marguerite Duraille soutient que le bail portant sur la dépendance n'existe pas. Alex Térieur quant à lui souhaite la poursuite du bail au prix de départ.

Qu'en pensez-vous ?

Correction

Rappel des faits et problème juridique

Alex Térieur loue une dépendance à Mme Marguerite Duraille. Il y dépose du matériel et entretien également de temps en temps le jardin de Mme Marguerite Duraille. Il paie un loyer de 200 euros, mais Mme Marguerite Duraille souhaite augmenter ce loyer dont le bail n'est pas écrit. La question qui se pose est comment prouver l'existence du bail oral.

Qualification juridique

Selon l'article 1714 du Code civil, on peut louer ou par écrit ou verbalement. Ainsi, aucun écrit n'est donc nécessaire quant à la conclusion d'un bail, c'est un contrat consensuel qui se noue par la seule expression des volontés des parties. En l'espèce il s'agit bien d'un contrat de bail.

Règles de Droit

Cette preuve est libre, sauf concernant le montant du loyer et la durée du bail. Selon l'article 1716 du Code civil, si le montant du loyer est contesté et que l'exécution du bail a commencé, le loyer sera fixé selon le montant indiqué par le bailleur. Cependant, le preneur peut contester ce montant en soumettant le bailleur au serment décisoire, en recourant à un expert qui estimera alors le montant du loyer et dans ce cas les frais d'expertise sont à sa charge, ou en ayant recours aux quittances délivrées par le bailleur.

Application

Ainsi, Alex Térieur peut envisager de recourir à un expert pour que ce dernier évalue le prix de la dépendance. Si Mme Duraille n'obtient pas la possibilité d'augmenter le loyer à 600 euros, elle pourra alors attendre la fin de la durée du bail et de procéder à un renouvellement. Cependant, cela est possible dans le cas d'un bail à durée déterminée. Cependant dans cette affaire aucune précision n'est apportée.

Fiche 13

Le prix du contrat de bail

L'essentiel

Le contrat de bail est un contrat à titre onéreux qui ne peut donc exister que si la jouissance de la chose sur laquelle il porte est consentie en contrepartie du paiement d'un prix appelé loyer. Ce prix est en général une somme d'argent, mais il peut être également une contrepartie en nature. Les parties ont la possibilité d'indexer le loyer via des clauses d'indexations contractuelles. Les parties peuvent ainsi notamment stipuler des clauses d'indexation, qui feront évoluer le loyer en fonction d'un indice de référence. En cas de sous-location, le réajustement du loyer principal est possible que la sous-location soit totale ou partielle, dès lors que le locataire principal réalise un bénéfice sur le loyer.

I La détermination d'un loyer

1. L'exigence d'un loyer. Le contrat de bail transfère au locataire la jouissance temporaire d'un bien (meuble ou immeuble) moyennant un prix appelé le loyer que le preneur s'engage à payer. Par conséquent, le bail est toujours un contrat à titre onéreux. Le Code civil ne prévoit aucune réglementation dans la fixation du loyer sa fixation est donc laissée à la liberté contractuelle. L'obligation de paiement du prix du bail porte sur le loyer du bail, mais également sur les charges qui le plus souvent correspondent aux frais et dépenses résultant de l'occupation des lieux par le locataire et acquittés par le propriétaire (frais d'entretien, taxes diverses). En outre, on s'accorde à considérer que ce loyer doit être déterminé ou déterminable au jour de la conclusion du contrat, à peine de nullité. Si d'anciens arrêts semblaient permettre au juge de fixer le loyer du bail[1], la jurisprudence actuelle n'y est plus favorable[2]. D'ailleurs, l'article 1716 du Code civil dispose qu'en cas de contestation du prix d'un bail verbal, les parties peuvent faire appel à un expert.

Débat sur la nature du loyer

On le sait la majorité des paiements porte sur l'obligation de payer une somme d'argent. Cela dit, en matière de loyer il a été admis par la jurisprudence que les règlements en fourniture de denrées ou de prestations de services ne sont pas interdits. Ainsi, la charge d'assurer le gardiennage d'un local donné à bail constitue un paiement en nature[3]. Il en va de même de l'obligation de surveiller le bailleur âgé et malade le jour et la nuit. Toutefois, si l'exécution de l'obligation de faire en échange d'une partie du loyer devient impossible, elle ne peut être convertie en un complément de loyer[4].

1. Civ., 14 nov. 1892, DP 1893.
2. Cass. 3e civ.; 8 févr. 2006, n° 05-10.724.
3. CA Toulouse, 3e ch., sect. B, 27 mai 2003.
4. Cass. 3e civ., 18 mars 2009, n° 07-21.260.

Lorsque le loyer est stipulé payable en argent, celui-ci peut intervenir par chèque, par virement bancaire ou en argent liquide. Le règlement par chèque n'est obligatoire que pour les commerçants, lorsque le règlement excède la somme de 1 000 euros (C. mon. fin., art. L 112-6).

2. L'indexation du loyer. Les parties ont la possibilité d'indexer le loyer via des clauses d'indexations contractuelles. De manière générale, l'indice choisi par les parties doit être en rapport avec l'objet du contrat ou l'activité de l'une des parties. Les parties peuvent ainsi notamment stipuler des clauses d'indexation, qui feront évoluer le loyer en fonction d'un indice de référence, comme le coût de la construction. Lorsque le bail est à durée déterminée et n'offre une faculté de résiliation qu'à son terme, une demande anticipée impose le paiement des loyers jusqu'au terme[1].

II Le renouvellement du loyer

3. Fixation du loyer renouvelée. L'augmentation de loyer lors du renouvellement du bail peut s'appuyer sur la valeur locative par application de la méthode de comparaison. Cette méthode consiste à rechercher, dans le voisinage, des locaux de référence dont les caractéristiques soient aussi proches que possible de celles du local considéré. Toutefois, le loyer pourra être inférieur au prix du bail expiré[2].

4. Fixation du loyer en cas de sous-location. Lorsque le loyer de la sous-location apparaît supérieur au prix de la location principale, le propriétaire a la faculté d'exiger une augmentation correspondante du loyer principal. L'objectif est que le locataire dit principal ne puisse tirer de bénéfice de la sous-location. Si le Code civil laisse les parties libres de fixer le montant du loyer, il n'en est pas de même des textes spéciaux régissant les différents baux. En effet, pour la plupart des baux, des règles spéciales viennent encadrer très précisément la fixation des loyers et les conditions de sa révision. En ce qui concerne les baux commerciaux, ceci sont amenés à durer et à être renouvelés puisque le preneur dispose en principe d'un droit perpétuel au renouvellement de son bail. Dans ces conditions, la clause d'indexation insérée dans le bail initial est susceptible de trouver à s'appliquer dans le cadre des différents renouvellements, notamment lorsque les parties n'ont pas pu ou souhaité conclure un acte de renouvellement. Pareillement, « La stipulation selon laquelle le loyer d'un bail commercial est calculé sur la base du chiffre d'affaires du preneur, sans pouvoir être inférieur à un minimum équivalent à la valeur locative des lieux loués, n'interdit pas, lorsque le contrat le prévoit, de recourir au juge des loyers commerciaux pour évaluer, lors du renouvellement, la valeur locative déterminant le minimum garanti »[3].

---

1. Cass. 3e civ., 9 oct. 1996, n° 94-20.821.
2. Cass. 3e civ., 29 oct. 1986, n° 84-14.757.
3. Cass. 3e civ., 29 nov. 2018, n° 17-27.798.

Pareillement, les secteurs réglementés, où le loyer est encadré et ne peut pas dépasser un certain plafond correspondant à un loyer de référence. Cette mesure a été rétablie par la loi ALUR du 24 mars 2014; auparavant, la fixation des loyers avait été encadrée dans certains secteurs jusqu'en 1997, mais elle était ensuite redevenue libre, entre 1997 et 2014. Désormais, sont soumis à des plafonds encadrant la fixation des prix les baux consentis dans les communes de plus de 50000 habitants où il existe un déséquilibre marqué entre l'offre et la demande de logements, entraînant des difficultés sérieuses d'accès au logement (la liste précise des communes visées est fixée par décret).

Enfin, au sein des secteurs d'habitation à loyer modéré (secteur HLM), prévus par le Code de la construction et de l'habitation (art. L 441-1 CCH), les parties n'ont aucune liberté pour fixer le montant du loyer.

Pour aller plus loin

1. Articles

- MOLFESSIS, *Les exigences relatives au prix en droit des contrats*, LPA 2000, n° 90, p. 41.
- AUBERT DE VINCELLES, *Pour une généralisation, encadrée, de l'abus dans la fixation du prix*, D. 2006., Chron. 2629.
- VIATTE, *La détermination du loyer est-elle un élément constitutif du bail ?*, Rev. loyers 1969., 327.

Exercice QCM

→ Répondre aux questions suivantes. Une seule bonne réponse est possible.

1 Le loyer est librement fixé par les parties ?

a. Vrai.

b. Faux.

2 Mathilde assure le gardiennage de l'immeuble dont elle loue l'appartement à Samia :

a. Il ne s'agit aucunement d'un loyer.

b. Il s'agit d'un loyer en nature.

c. Il s'agit d'un complément de loyer en nature.

3 La méthode de comparaison permet :

a. Cette méthode consiste à rechercher, à l'étranger, des locaux de référence dont les caractéristiques soient aussi proches que possible de celles du local considéré.

b. Cette méthode consiste à rechercher, sur le territoire national, des locaux de référence dont les caractéristiques soient aussi proches que possible de celles du local considéré.

c. Cette méthode consiste à rechercher, dans le voisinage, des locaux de référence dont les caractéristiques soient aussi proches que possible de celles du local considéré.

4 Julien se demande s'il peut payer son loyer par chèque :

a. Non il ne peut pas payer par chèque.

b. Oui il peut payer par chèque.

c. Seul le virement bancaire est possible.

5 Lorsque le loyer de la sous-location apparaît supérieur au prix de la location principale :

a. Le propriétaire a la faculté d'exiger une augmentation correspondante du loyer principal.

b. Le propriétaire n'a pas la faculté d'exiger une augmentation correspondante au loyer principal.

c. le propriétaire a la faculté d'exiger une diminution correspondante du loyer principal.

Correction

1 Réponse a. *Vrai.*

2 Réponse b. *Il s'agit d'un paiement en nature.*

3 Réponse c. Cette méthode consiste à rechercher, dans le voisinage, des locaux de référence dont les caractéristiques soient aussi proches que possible de celles du local considéré.

4 Réponse b. Oui il peut payer par chèque.

5 Réponse a. *Le propriétaire peut demander une augmentation du loyer principal.*

Exercice Cas pratique : « La coloc »

Énoncé

Vivien Chezmoi est propriétaire d'un très bel appartement situé à Saint-Malo face à la mer qu'il loue à deux étudiantes en colocation Sarah Fréchit et Marie Tim. Les deux femmes sont amies de longue date. Elles se sont connues sur les bancs de l'école. Néanmoins, si Sarah Fréchit se laisse entretenir par sa famille, il n'en va pas de même pour Marie Tim. En effet, cette dernière travaille à mi-temps au sein de la société Grosbonnet, spécialisée dans la fabrication de bonnets de bain. Par un mauvais coup du sort, Marie Tim est engagée en CDD et son contrat se termine à la fin du mois. Sans emploi dans quelques semaines elle à toutefois, besoin de rester dans l'appartement qu'elle partage avec Sarah Fréchit pour poursuivre ces études. Marie Tim demande alors à sa colocataire de payer sa part du loyer le mois prochain ce que refuse Sarah Fréchit. En effet, Sarah Fréchit craint que Marie Tim ne prenne de mauvaises habitudes.

Qu'en pensez-vous ?

Correction

Rappel des faits et problème juridique

Une jeune femme en colocation avec une amie n'a plus de ressource financière pour payer sa part du loyer. Elle demande à sa colocataire de payer sa part, mais cette dernière refuse.

Qualification juridique

L'article 1728 du Code civil dispose que le preneur est tenu de deux obligations principales d'une part, d'user de la chose louée raisonnablement, et suivant la destination qui lui a été donnée par le bail, ou suivant celle présumée d'après les circonstances, à défaut de convention et d'autre part de payer le prix du bail aux termes convenus. Le paiement du loyer est donc l'une des obligations essentielles du preneur de payer le loyer du bail aux termes convenus. En ce sens, l'article 1716 du Code civil prévoit qu'en échange et à titre de preuve du paiement, le bailleur remet au locataire une quittance de loyer. En l'espèce, les deux jeunes femmes qui partagent l'appartement auront donc comme obligation principale de payer le loyer

Règles de Droit.

Il est important de souligner que chacun des colocataires a les mêmes droits et obligations vis-à-vis du bailleur. En principe, tous les signataires du bail sont tenus de façon conjointe au paiement de leur partie du loyer ; il existe alors autant d'obligations de paiement à l'égard du bailleur qu'il existe de locataire. Néanmoins, le bailleur peut intégrer une clause de solidarité des débiteurs dans le contrat de bail conformément aux dispositions de l'article 1313 du Code civil qui dispose que « *la solidarité entre les débiteurs oblige chacun d'eux à toute la dette. Le paiement fait par l'un d'eux les libère tous envers le créancier* ». En cas défaillance du défaut de paiement du loyer il sera possible pour le bailleur de refuser le renouvellement du bail ou de demander la résolution judiciaire du bail.

Application

En l'espèce, la situation ne sera donc pas la même selon les dispositions du bail de location de Sarah Fréchit et Marie Tim. En cas de clause de solidarité présente dans le bail, Sarah Fréchit sera responsable à l'égard du bailleur du non-paiement du loyer par Marie Tim. Mais elle estime avoir été injustement tenu au paiement solidaire du loyer, elle pourra agir en remboursement contre sa colocataire Marie Tim.

Section

II Les effets du contrat de vente

Le bail est un contrat qui a pour conséquence de mettre à la charge du bailleur et du locataire certaines obligations. L'obligation principale du bailleur est d'assurer au locataire des conditions de vie normales (Fiche n° 14) et un logement décent.

Le locataire quant à lui doit utiliser la chose raisonnablement, en payer le loyer et restituer la chose (Fiche n° 15).

Enfin le bail prend fin naturellement ou à la perte de la chose (Fiche n° 15).

Les obligations du bailleur

L'essentiel

L'obligation principale du bailleur est d'assurer au locataire l'entretien, la jouissance paisible du logement et le garantir contre des vices et défauts de nature à entraver cette jouissance. Le bailleur est tenu d'une garantie d'éviction par lui-même et par les tiers. Toutefois, le bailleur garantit seulement les troubles de droit, et non les troubles de fait.

I Les obligations principales du bailleur

1. Délivrance de la chose. Bien qu'il s'agisse de la même terminologie que pour la vente, la délivrance de la chose n'a pour effet que l'utilisation de cette dernière par le preneur. Ainsi, le bailleur doit mettre à la disposition du preneur une chose libre de toute occupation, et qui doit être en bon état (art. 1720 C. civ.). Cette obligation de délivrance porte non seulement sur la chose elle-même, mais aussi sur ses accessoires. Il s'agit des éléments qui permettent d'exploiter la chose, ainsi que les accessoires juridiques qui sont les moyens de protection de l'exploitant pendant l'exploitation. La chose délivrée doit être en bon état. Cela signifie que le bailleur doit avoir effectué les réparations nécessaires pour que le locataire puisse jouir de la chose. Par conséquent, une clause mettant à la charge du locataire ces réparations est réputée nulle[1]. En revanche, la jurisprudence a affirmé que « Les pratiques dictées par les convictions religieuses des preneurs n'entrent pas, sauf convention expresse, dans le champ contractuel du bail et ne font naître à la charge du bailleur aucune obligation spécifique »[2].

2. L'obligation d'entretien. L'obligation d'entretenir la chose louée pèse sur le bailleur et dure aussi longtemps que le bail lui-même. Cette obligation d'entretien du bailleur est très large puisque le bailleur peut être tenu de reconstruire la chose si elle devient impropre à son usage, sauf cas de force majeure (art. 1722 C. civ.). En effet, en vertu de cette obligation, le bailleur doit assurer les travaux nécessaires et mettre les lieux loués aux normes lorsque celles-ci évoluent[3]. Il faut également noter, que la clause selon laquelle les preneurs prennent les bâtiments dans l'état où ils se trouvent, lors de leur entrée en jouissance sans pouvoir faire aucune réclamation à ce sujet aux bailleurs ni exiger d'eux aucun travail préalable de réparations ou de remise en état ne dispense pas les bailleurs d'entretenir les bâtiments loués au cours de la location[4].

Âprement débattu par la doctrine, le débat porte sur la distinction entre les réparations locatives et non locatives. En effet, qui du preneur ou du bailleur doit assumer ces réparations ? De manière générale, l'article 1755 du Code civil prévoit que les petits travaux et remplacements de petites pièces dont le coût reste raisonnable sont à la charge du locataire, tandis que les

1. Cass. 3e civ., 1er juin. 2005, n° 04-12.200.
2. Cass. 3e civ., 18 déc. 2002, n° 01-00.519.
3. Cass. 3e civ., 10 mai 2001, n° 96-22.442.
4. Cass. civ. 3, 17-06-1987, n° 86-10.380.

réparations dues à la vétusté et les grosses réparations sont à la charge du bailleur. En réalité, si l'on peut s'appuyer sur l'annexe du décret n° 87-713 du 26 août 1987 fixant la liste des charges récupérables aucune définition n'est suffisante. La doctrine considère que l'on doit s'en référer à un critère financier. En ce sens, les parties pourraient avoir recours à une clause qui aurait pour effet de définir les petites et grosses réparations. Cela dit, les seules causes d'exonération du bailleur seront basées sur le fait d'une destruction totale ou partielle des lieux loués, pour une cause étrangère au bailleur. Dans ce contexte, à moins que la destruction ne lui soit imputable, le locataire peut seulement demander une diminution du prix ou résilier le bail.

Qu'en est-il des dommages causés à un tiers au contrat de bail ?

C'est une figure assez marginale : une personne A entrepose son véhicule dans le garage loué par sa compagne B à C propriétaire du garage. Une partie du mur du garage s'effondre sur la voiture de A par manque d'entretien. La jurisprudence a affirmé que les manquements contractuels du bailleur d'habitation peuvent également engager la responsabilité extracontractuelle de ce dernier en cas de dommages causés aux tiers si et seulement si le bien est utilisé conformément à sa destination[1]. Dans notre exemple A doit rechercher la responsabilité extracontractuelle de C.

Cette distinction entre les réparations locatives et les autres réparations se retrouve dans les règles spéciales. Ainsi, en matière de bail à usage d'habitation, l'article 7 d) de la loi de 1989 oblige le locataire à « prendre à sa charge l'entretien courant du logement, des équipements mentionnés au contrat et les menues réparations ainsi que l'ensemble des réparations locatives définies par décret en Conseil d'État, sauf si elles sont occasionnées par vétusté, malfaçon, vice de construction, cas fortuit ou force majeure ».

3. Jouissance paisible. La principale obligation du bailleur consiste à assurer la jouissance paisible de la chose par le preneur. Selon le classement opéré par les rédacteurs (art 1719 alinéa 3 °C. civ.), il s'agit d'éviter tout comportement susceptible de perturber la jouissance du locataire dans son usage de la chose. Ainsi, seront considérés comme un trouble de jouissance des travaux entrepris par le bailleur pendant la durée du bail entraînant une perte de récolte[2]. Il en va de même de l'installation d'une piste d'aérodrome par le bailleur sur le terrain loué par le preneur[3] ou bien les clauses tendant à porter atteinte à la libre jouissance des lieux. Tel sera le cas de l'interdiction d'utiliser un ascenseur.

II Les obligations de garanties

A La garantie des vices cachés

4. Garanties. Le bailleur supporte les mêmes obligations de garantie que le vendeur (garantie des vices cachés, garantie d'éviction). Ainsi, l'article 1721 du Code civil impose au

1. CA. Lyon, 12 mai 2020, n° 18/07219.
2. Cass. civ. 3, 24-03-1999, n° 97-11.376.
3. Cass. civ. 3, 09-12-1970, n° 69-12743.

bailleur de garantir le preneur «*pour tous les vices ou défauts de la chose louée qui en empêchent l'usage, quand bien même le bailleur ne les aurait pas connus lors du bail.*».

5. vices cachés. La difficulté comme pour la vente provient de la pluralité des conceptions envisageable du vice. Ainsi, l'article 1721 du Code civil impose au bailleur de garantir le preneur «pour tous les vices ou défauts de la chose louée qui en empêchent l'usage, quand même bien le bailleur ne les aurait pas connus lors du bail.» Comme en matière de vente, la garantie due par le bailleur ne couvre que les vices cachés, et non les vices apparents; elle ne couvre que les vices qui affectent l'usage de la chose et la rendent impropre à sa destination; elle est sanctionnée par une action en justice enfermée dans un délai de 2 ans. Mais, à l'inverse de la vente, la date d'origine du vice est indifférente: la garantie du bailleur sera due même si le vice apparaît postérieurement à la conclusion du bail.

B La garantie d'éviction

6. Garantie contre les troubles. On retrouve également la garantie d'éviction, par le bailleur lui-même et par les tiers. Ainsi, le bailleur doit garantir l'éviction du preneur contre le fait d'un tiers, étant entendu que, comme en matière de vente, le bailleur garantit seulement les troubles de droit (art. 1726 C. civ.), et non les troubles de fait (art. 1725 C. civ.). En effet, si le bailleur doit garantir le preneur contre son fait personnel comme par exemple comme le bien à un autre locataire ou en transformant la chose louée au cours du contrat, il ne peut en revanche «garantir le preneur du trouble que des tiers apportent par voie de fait à sa jouissance, sans prétendre d'ailleurs aucun droit sur la chose louée; sauf au preneur à les poursuivre en son nom personnel». La mise en jeu de cette garantie permet au preneur qui a été troublé dans sa jouissance par suite d'une action concernant la propriété du fonds, d'obtenir une diminution proportionnée sur le prix du bail, à condition toutefois qu'il ait averti le propriétaire de ce trouble (art. 1726 C. civ.).

- **Tempérament.** En revanche, l'article 1724 du Code civil pose un tempérament à cette interdiction de trouble la jouissance du preneur: si la chose louée a besoin de réparations urgentes, le bailleur pourra y procéder même si cela entrave la jouissance du preneur. Mais si les réparations en question durent plus de 21 jours, le loyer sera diminué à proportion du temps et de la partie du bien dont le preneur aura été privé. Et si les réparations rendent inhabitable le bien et que ce bien constitue le logement familial du preneur, le preneur pourra solliciter la résiliation du bail.

Pour aller plus loin

1. Ouvrage

- LE GALL, *L'obligation de garantie dans le louage des choses*, 1962, LGDJ.

2. Articles

- LATTER, *La délivrance de la chose louée et la responsabilité du bailleur*, Loyers et copr., nov. 2000., Chron. 1.
- ARCHER, *La responsabilité civile du propriétaire bailleur pour le trouble de voisinage causé par son locataire*, Defrénois 2001., 607.
- BRAULT, *Sur les modalités d'application de l'obligation de délivrance d'un logement décent à l'égard des < baux > commerciaux mixtes*, Loyers et copr. 2010., Étude 1.
- CORLAY, *L'obligation du bailleur en cas d'abus de jouissance d'un locataire au préjudice d'un autre locataire*, D. 1979., Chron. 27.

Exercice **QCM**

→ **Répondre aux questions suivantes. Une seule bonne réponse est possible.**

1 Le renouvellement du bail fait-il partie des droits du bailleur ?

a. Vrai.

b. Faux.

2 Les obligations principales du bailleur sont :

a. Délivrance, entretien, assurance d'une jouissance paisible.

b. Délivrance, récupérer le loyer, entretien.

c. Uniquement l'entretien.

3 La garantie d'éviction du bailleur concerne aussi les faits des tiers ?

a. Vrai.

b. Faux.

4 Franck le bailleur réalise des travaux dans l'appartement qui lui loue depuis 22 jours.

a. Sandrine peut obtenir une diminution du loyer.

b. Sandrine ne peut obtenir une diminution du loyer.

c. Sandrine peut ne pas payer le loyer.

5 Le bailleur peut-il voir sa responsabilité contractuelle engagée du fait d'un dommage à un tiers ?

a. Vrai.

b. Faux.

Correction

1 Réponse a. *Vrai.*

2 Réponse a. *Délivrance, entretien, assurance d'une jouissance paisible.*

3 Réponse b. *Vrai.*

4 Réponse a. Sandrine peut obtenir une diminution du loyer.

5 Réponse b. Faux.

Exercice Cas pratique : « Dernier étage »

Énoncé

André Céouver jeune retraité qui habite la jolie ville de Sète loue depuis plusieurs années un appartement se situant au sixième étage de l'immeuble. Malheureusement pour André Céouver cela fait six mois que l'ascenseur de l'immeuble est en panne. Le jeune retraité qui commence à souffrir d'arthrose du genou, peine à monter les escaliers tous les jours. Souhaitant éviter ce parcours du combattant, il reste le plus clair de son temps cloîtré chez lui. C'est ainsi qu'il remarqua des auréoles au plafond de sa salle à manger qui sont dues aux dégradations de la toiture de l'immeuble qui n'ont jamais été réparées. Pris de colère à cause de toutes ces détériorations André se demande s'il peut se prévaloir de l'absence d'entretien de son bailleur pour ne plus payer son loyer.

Qu'en pensez-vous ?

Correction

Rappel des faits et problème juridique

Un jeune retraité habitant aux 6e étage de son immeuble se plaint de la panne qui affecte l'ascenseur depuis six mois et des tâches qui apparaissent à son plafond de salle à manger et qui sont causées par la dégradation des toitures. Faute d'entretien de son bailleur, il envisage de ne plus payer son loyer. André Céouver doit-il cesser de payer les loyers ?

Qualification juridique

En vertu de l'article 1720 du Code civil « le bailleur est tenu de délivrer la chose en bon état de réparations de toute espèce. Il doit y faire, pendant la durée du bail, toutes les réparations qui peuvent devenir nécessaires autres que locatives ». Cette obligation perdure durant l'exécution du bail. Ainsi, l'obligation de délivrance du bailleur lui impose de maintenir les locaux conformes à la destination contractuelle, tant au moment de la prise d'effet du bail, que pendant le cours de son exécution[1]. En ce qui concerne le non-paiement des loyers souhaité par André, il s'agirait d'une action en exception d'inexécution. L'exception d'inexécution a vocation à être opposée dans presque tous les rapports synallagmatiques.

En ce sens, le contrat de bail est un contrat synallagmatique. Ainsi, aux termes de l'article 1219 du Code civil, une partie peut refuser d'exécuter son obligation, alors que celle-ci est exigible.

1. Cass. 3e Civ., 18 déc. 2012, n° 10-21.636.

Règles de droit

En l'espèce, l'ascenseur et la toiture font partie des obligations du bailleur. Le bailleur est tenu d'assurer une jouissance paisible des parties communes. Par ailleurs, le locataire peut invoquer un manquement contractuel du bailleur dès lors que ce manquement lui a causé un dommage. Il a déjà pu être jugé que les accès à l'immeuble tel qu'un portail d'entrée condamné, ou qu'un monte-charge ne fonctionnant pas ne permettait pas d'utiliser normalement les locaux loués[1].

Application

En l'espèce, il faudra tout d'abord déterminer la nature des réparations, c'est-à-dire si elles sont locatives ou pas afin de savoir si elles incombent au propriétaire ou au locataire. Le problème de toiture peut s'apparenter à une réparation locative, il en va de même pour les murs qui nécessitent un coup de peinture. Il reviendra donc au propriétaire de changer la toiture afin qu'il retrouve son usage dans le cadre du contrat de bail principal.

---

1. Cass. ass. plén., 6 oct. 2006, n° 05-13.255.

Fiche

15 Les obligations du locataire

L'essentiel

Le locataire doit user du logement paisiblement et respecte sa destination qu'il s'agisse d'un usage d'habitation, professionnel ou mixte.

Le locataire doit payer le loyer, assurer l'entretien courant du logement, réparer les dégradations survenues par sa faute. Il est en charge également d'exécuter les travaux d'amélioration et de maintien en l'état. En revanche, il ne peut pas transformer le logement sans l'accord écrit du bailleur.

I Les obligations concernant l'usage de la chose

A Le droit d'user de la chose

- **Occupation des lieux.** Si le locataire n'occupe pas effectivement et personnellement le logement loué et qu'il le laisse à la disposition de tiers, cette situation emporte résiliation du bail. Par exemple, il peut s'agir d'un locataire qui utilise le logement loué comme pied-à-terre, et le met à la disposition de sa sœur en son absence.

B L'usage suivant la destination de la chose

- **Usage raisonnable.** Le preneur est, en effet, tenu d'user de la chose louée « suivant la destination qui lui en a été donnée par le bail, ou suivant celle présumée d'après les circonstances, à défaut de convention » (art. 1729, 1. C. civ.,). Le preneur est tenu d'user de la chose raisonnablement. Il doit donc maintenir la destination de la chose comme prévu au contrat, sans pouvoir la modifier. Il ne peut, par exemple, exercer une activité commerciale dans des locaux dédiés au seul usage d'habitation.

Les clauses d'habitation bourgeoises

Si le règlement de copropriété doit déterminer la destination des parties privatives, des clauses d'habitation dites bourgeoises sont susceptibles d'être insérées dans le règlement de copropriété. Il convient de distinguer la clause simple d'habitation bourgeoise de la clause d'habitation bourgeoise exclusive. La première ne s'oppose pas à l'exercice de toute profession, sans discrimination. Ne sont exclues que les professions commerciales, industrielles ou artisanales à l'exception des professions libérales. Quant à la seconde, elle stipule que l'immeuble sera à usage exclusif d'habitation, interdisant par là tout autre mode d'occupation.

La destination de la chose louée est appréciée, en premier lieu, par les énonciations de l'acte. Lorsque ces énonciations sont claires, la destination ne fait aucun doute. En cas d'imprécision, le tribunal doit alors apprécier, d'après les indications ou indices de l'acte, la commune intention des parties. En l'absence de précision de l'acte ou d'indice suffisants, la destination doit être « présumée d'après les circonstances » il a toujours été admis que le respect de la destination de la chose impose au preneur de ne pas transformer le bien loué sans accord exprès ou tacite du bailleur. Néanmoins, l'attitude passive du bailleur n'est, cependant, pas suffisante pour valoir consentement de sa part[1]. En matière de bail d'habitation, sont admis les travaux de peu d'importance qui ont pour but d'améliorer le confort, la commodité ou l'esthétique des lieux loués (remplacer une chape formant support de moquette par une autre, changer le papier mural, poser simplement un parquet sur le revêtement initial, etc.). En revanche seront interdits sans autorisation expresse du bailleur des travaux dont la nature porte atteinte aux parties essentielles de la chose louée tels que les percements de gros murs[2] ou bien encore la suppression d'un escalier[3].

- **Comportement du locataire.** Plusieurs illustrations jurisprudentielles permettent de caractériser le trouble de jouissance de la part du locataire. Le trouble peut être ainsi caractérisé par des injures écrites et réitérées au bailleur[4] ou aux voisins[5]. Des violences physiques contre le bailleur[6] ou à l'égard des habitants de l'immeuble[7] sont constitutives d'un trouble de jouissance. Dans le même ordre d'idée, des troubles intempestifs tels que des comportements tapageurs et réitérés durant la nuit, des nuisances sonores, sont susceptibles de fonder une action en résiliation judiciaire pour manquement à l'obligation de jouissance paisible du locataire[8]. Si le locataire est responsable des actes de ses enfants même majeures qu'il héberge, l'agression du gardien de l'immeuble par son fils majeur constituant un délit et un fait isolé ne saurait motiver la résiliation du bail[9].

Le bailleur est tenu de garantir les tiers des nuisances occasionnées par son ou ses preneurs. Les tiers peuvent engager la responsabilité du bailleur en cas de dépassement des inconvénients normaux de voisinage. Tout abus de jouissance peut entraîner la résiliation judiciaire du bail si le bailleur démontre que la faute reprochée au locataire est suffisamment grave. Néanmoins, la Cour de cassation a affirmé solennellement en 1995 que les faits susceptibles d'être qualifiés de troubles de jouissance reprochés au preneur doivent avoir lieu dans l'immeuble loué et non en dehors[10]. Dans une décision récente la Cour de cassation a précisé qu'un copropriétaire peut obtenir la résiliation du bail de son voisin si le propriétaire n'exige pas de son locataire le respect de la réglementation de l'immeuble[11].

---

1. Cass. 1re civ., 6 janv. 1960, n° 58-11.700.
2. Cass. 3e civ., 16 nov. 1993, n° 92-11.516.
3. Cass. 1re civ., 14 oct. 1964, n° 62-13.824.
4. Cass. 3e civ., 3 juin 1992, n° 90-20.422.
5. CA Montpellier, 1re ch., 18 avr. 1991, n° RG : 87/1470.
6. Cass. 3e civ., 2 juill. 1997, n° 95-16.632.
7. Cass. 3e civ., 8 nov. 1995, n° 93-10.853.
8. CA Paris, 6e ch., sect. B, 19 oct. 2006, n° RG : 05/25089.
9. CA Aix-en-Provence, 11e ch. À, 4 oct. 2016, n° RG : 15/10202.
10. Cass. 3e civ., 8 nov. 1995, n° 93-10.853.
11. Cass. 3e civ, 8 avr. 2021, n° 20-18.327.

II Les obligations de payer le prix et de restituer la chose

- **Paiement du loyer.** Le locataire est tenu de payer le loyer selon les modalités du contrat et contre une quittance délivrée par le bailleur à la demande du locataire, c'est une obligation essentielle pour le locataire. L'obligation de paiement du prix du bail porte sur le loyer du bail, mais également sur les charges. La preuve du paiement du prix du bail incombe au preneur. Elle peut résulter, en premier lieu, des quittances délivrées par le bailleur[1]. Cela dit, un avis d'échéance ne vaut pas quittance, dès lors qu'il n'est pas délivré sous cet intitulé et qu'il ne porte pas le détail des sommes réclamées[2]. En ce sens, la loi du 6 juillet 1989 prévoit en matière de bail à usage d'habitation que le bailleur est tenu de transmettre gratuitement une quittance au locataire qui en fait la demande.

- **Conservation et restitution.** L'obligation de conservation découle de l'obligation de restitution. C'est parce que le preneur doit restituer la chose qu'il doit aussi la conserver. L'article 1730 du Code civil prévoit ainsi que le preneur doit restituer la chose telle qu'il a reçu. Il devra donc répondre des dégradations ou des pertes qui arrivent pendant sa jouissance, sauf à prouver qu'elles n'ont pas eu lieu par sa faute (art. 1732 C. civ.). En revanche, il ne doit pas les dommages subis par la chose du fait de sa vétusté, de son usage normal et des dommages causés par un cas de force majeure (art. 1730 C. civ.). Lorsque le contrat n'interdit pas la modification des lieux, la seule obligation du locataire est de remettre les lieux en l'état à la fin du bail[3]. C'est la raison pour laquelle on dresse un état des lieux au moment de l'entrée en possession du preneur : pour ménager la preuve de l'état de la chose. Si l'état des lieux n'est pas dressé, le preneur est présumé avoir reçu la chose en bon état, et doit la rendre telle qu'elle, sauf à rapporter la preuve contraire (art. 1731 C. civ.).

---

1. Cass. 3e civ., 23 juin 1998, n° 96-19.445.
2. Cass. 3e civ., 24 mars 2004, n° 01-14.439.
3. Cass. 3e civ., 13 janv. 1999, n° 97-12.581.

Pour aller plus loin

1. Ouvrages

- DERRUPPÉ, *Souvenir et retour sur le droit réel du locataire*, in Mélanges Boyer, 1996.

2. Articles

- COHET-CORDEY, *Le bail mixte, l'usage professionnel et le droit au renouvellement*, AJPI 1996., 573.
- DAGOT, *La clause d'habitation bourgeoise*, JCP 1967. I. 2108.
- SALVAT, *La résolution des baux d'habitation pour non-paiement du loyer et des charges depuis la réforme du droit des contrats*, D. 2017., 2049.
- YOUÉGO, *La responsabilité du locataire du fait des personnes de sa maison*, Gaz. Pal. 2009, n° 237, p. 2.

Exercice **QCM**

→ Répondre aux questions suivantes. Une seule bonne réponse est possible.

1 Le locataire peut user du lieu loué à une destination différente de celle prévue initialement sont ?

a. Vrai.

b. Faux.

2 Gabriel insulte ses voisins alors qu'il loue une maison à Roland.

a. Roland est responsable des nuisances occasionnées par Gabriel.

b. Roland n'est pas responsable du comportement de son locataire.

c. Roland doit demander aux voisins de Gabriel de fermer les yeux sur le comportement de son locataire.

3 Le locataire ne peut refuser de payer le loyer que dans un seul cas qui est :

a. Pour défaut d'entretien de la part du bailleur.

b. Parce que le bien est impropre à l'usage auquel il est destiné.

c. Du fait des nuisances de ses voisins.

4 La preuve du paiement du loyer incombe

a. Au locataire.

b. Au bailleur.

c. Aux voisins.

5 Morgane rend l'appartement qu'elle louait à Charlie son bailleur qui constate des dégradations.

a. Morgane est responsable des dégradations.

b. Charlie est responsable des dégradations.

c. Aucun des deux n'est responsable.

Correction

1 Réponse b. *Faux.*

2 Réponse a. *Roland est responsable des nuisances occasionnées par Gabriel.*

3 Réponse b. Par ce que le bien est impropre à l'usage auquel il est destiné.

4 Réponse a. Au locataire.

5 Réponse a. *Morgane est responsable sauf dégradation due à la vétusté.*

Exercice

Cas pratique : « Des murs et des lois »

Énoncé

Ella Lagingrat est une jeune qui loue un appartement à Elvire Horouge dont le contrat de bail stipule que Ella Lagingrat prendra à sa charge toutes les réparations à sa charge de façon à ce que (Elvire Horouge) ne soit jamais inquiété. C'est par une nuit froide que Ella Lagingrat découvre que le mur de sa chambre s'effrite à cause de la vétusté au point de laisser passer l'air froid de l'extérieur. Elle contacte Elvire Horouge pour régler ce problème. Mais la bailleresse lui rappelle que le contrat de bail indique que c'est au locataire de prendre en charge les réparations.

Qu'en pensez-vous ?

Correction

Rappel des faits et problème juridique

Une femme a signé un contrat de bail stipulant que tous les travaux d'entretien seront à sa charge. Elle découvre que son mur est vétuste et laisse passer l'air de l'extérieur. Elle sollicite sa bailleresse qui lui rappelle que les stipulations du bail indiquent que c'est au locataire de prendre en charge tous les travaux. Est-ce à la locataire ou à la bailleresse de s'occuper des murs ?

Qualification juridique

En l'espèce il s'agit bien d'un contrat de bail. Conclu entre Ella Lagingrat et Elvire Horouge. La première est la locataire la seconde la bailleresse.

Règles de Droit

L'article 1754 indique que le preneur doit entretenir la chose louée. Il résulte de l'article 1755 du Code civil « Aucune des réparations réputées locatives n'est à la charge des locataires, lorsqu'elles ne sont occasionnées que par vétusté ou force majeure ».

Application

En l'espèce, les murs de la chambre de Ella Lagingrat sont vétustes et il semblerait que par application de l'article 1755 du Code civil qu'elle puisse s'exonérer de la réparation de ces murs. Néanmoins, il a déjà été admis que le preneur ne peut s'exonérer de son obligation d'effectuer les réparations qui s'avèreraient nécessaires en invoquant la vétusté des lieux alors qu'il était engagé à « prendre toutes les réparations à sa charge de façon à ce que (le bailleur) ne soit jamais inquiété » et qu'il « reconnaissait connaître aux termes (d'une) correspondance et du bail » cette vétusté[1].

Néanmoins l'article 606 du Code civil énonce que « Les grosses réparations sont celles des murs et des voûtes, le rétablissement des poutres et des couvertures entières. Celui des digues et des murs de soutènement et de clôture aussi en entier. Toutes les autres réparations sont d'entretien ». En ce sens, le bailleur ne peut plus transférer au preneur les dépenses de travaux ayant pour objet de remédier à la vétusté de grosses réparations. Les réparations du mur seront donc à la charge de Elvire Horouge.

1. Cass. 3e civ., 12 oct. 2004, n° 03-13.745.

Les causes d'extinction du bail

L'essentiel

L'extinction du bail a pour cause l'échéance prévue par les parties selon qu'il soit à durée déterminée ou indéterminée. Néanmoins, le décès du bailleur n'entraîne pas la fin du bail, qui est transmis à ses héritiers. Enfin, la perte de la chose louée est une cause de l'extinction du bail.

1. Principe. L'existence de ce mécanisme d'extinction du bail à durée déterminé a pour principe la survenance de la date prévue. Ainsi, si le bail est consenti à durée déterminée, il doit cesser de plein droit à son expiration « sans qu'il soit nécessaire de donner congé »[1]. Conformément à la solution traditionnelle, le locataire ne peut mettre un terme de façon prématurée à un bail à durée déterminée sous peine de payer le loyer au bailleur jusqu'à la fin du contrat[2]. On le constate, le législateur refuse la possibilité de donner congé au cours du bail prématurément. Toutefois, il existe des tempéraments. En effet, une clause du contrat de bail peut permettre au contractant d'y mettre fin avant son expiration. Par ailleurs, si le bailleur laisse le locataire continuer sa jouissance des lieux après la fin du bail, il se forme un nouveau contrat qui est un bail à durée indéterminée.

I Extinction naturelle du bail

2. Le décès du bailleur. L'article 1742 du Code civil dispose que « le contrat de louage n'est point résolu par la mort du bailleur ni par celle du preneur ». Le décès du bailleur entraîne alors transmission du bail à ses héritiers et a pour conséquences la jouissance partagée dudit contrat.

L'article 6 de la loi n° 75-1351 du 31 décembre 1975 précise, qu'une convention « tendant à la résiliation du bail en cours afin de permettre la libération des lieux pour démolition ou reconstruction d'un immeuble d'une surface supérieure ou pour travaux ayant pour objet d'augmenter la surface d'habitation ou le confort de l'immeuble ne peut être signée, à peine de nullité, qu'au terme d'un délai de trente jours après réception de la demande de résiliation adressée par le propriétaire par lettre recommandée avec demande d'avis de réception ». Par ailleurs, la demande de résiliation doit reproduire, à peine de nullité, les dispositions de l'article 6 de loi du 31 décembre 1975.

3. Le bail arrivant à son terme. L'article 1211 du Code civil précise que « *Lorsque le contrat est conclu pour une durée indéterminée, chaque partie peut y mettre fin à tout moment, sous réserve de respecter le délai de préavis contractuellement prévu ou, à défaut, un délai raisonnable. Le contrat de bail consenti à durée indéterminée répond à ces dispositions.*

1. Cass. 3e civ., 15 janv. 1992, n° 90-15.514.
2. Cass. 3e civ., 3 avr. 2001, n° 99-17.738.

En effet, Lorsqu'aucun terme n'est fixé par les parties, le contrat sera à durée indéterminée, et le congé pourra alors être donné à tout moment, sous réserve du préavis d'usage (art. 1736 C. civ.). Cette règle s'applique dans un cas particulier : celui du bail verbal. Sur ce point, l'article 1736 du Code civil prévoit que « *si le bail a été fait sans écrit, l'une des parties ne pourra donner congé à l'autre qu'en observant les délais fixés par l'usage des lieux* ». Autrement dit, en cas de désaccord des parties sur la durée du bail verbal, le contrat sera réputé conclu à durée indéterminée. Cette règle est la conséquence logique de celle qui exige qu'on prouve par écrit le contrat de bail, même verbal. De même, dans le cas d'un bail prévoyant l'obligation pour le preneur de confirmer le préavis, il a été jugé que le fait pour un preneur de ne pas l'avoir confirmé laissait subsister le bail[1].

II L'extinction du bail par la perte de la chose

4. Notion. La perte de la chose louée est une cause d'extinction du contrat de bail. Elle est prévue par l'article 1722 du Code civil. Cette hypothèse est à rapprocher de l'article 1741 du Code civil aux termes duquel le contrat de louage se résout par la perte de la chose louée (et par le défaut respectif du bailleur et du preneur de remplir leurs engagements. Ce texte invite à opérer une distinction, selon que la perte de la chose est totale ou partielle.

5. Perte totale. En cas de destruction ou disparition totale de la chose, l'article 1722 du Code civil prévoit la résiliation automatique du bail (« *Si, pendant la durée du bail, la chose louée est détruite en totalité par cas fortuit, le bail est résilié de plein droit* »). Le texte précise alors qu'il n'y a lieu à aucun dédommagement. Ajoutons cependant que si la perte n'est pas fortuite, et qu'elle est causée par la faute de l'une ou l'autre des parties, l'extinction du contrat s'accompagnera d'une indemnisation versée par la partie fautive[2].

6. Perte partielle. En cas de destruction ou disparition partielle de la chose, le preneur dispose d'une option : il peut, suivant les circonstances, demander ou une diminution du prix, ou la résiliation même du bail. Là encore, aucun dédommagement ne sera dû par l'une ou l'autre partie, sauf si la perte a été causée par la faute de l'une d'elles. Si le logement est inhabitable en l'état, le locataire peut demander la résiliation du bail en se fondant sur la destruction partielle de la chose louée[3]. Seule la perte totale emporte résiliation de plein droit du bail, la perte partielle autorise seulement le locataire à demander la résiliation judiciaire s'il le juge utile, et le juge aura à estimer si, compte tenu des destructions partielles, les locaux subsistants présentent encore un intérêt économique pour le preneur[4].

7. Exceptions. De manière générale on ne peut imputer une faute à l'une des parties lorsque celle-ci est due à la vétusté qui résulte de la seule usure du temps et que rien n'aurait permis d'entraver ou par la force majeure. Toutefois, l'article 1722 du Code civil sera inapplicable si le propriétaire avait pu combattre la vétusté par des réparations et qu'il ne l'a pas fait[5].

---

1. CA Paris, 6e ch., sect. À, 19 déc. 1983.
2. Cass. 3e civ., 8 mars 1978, n° 76-14.954.
3. Cass. 3e civ., 11 avr. 2019, n° 18-12.635.
4. Cass. 3e civ., 19 mars 1997, n° 95-16.719.
5. Cass. 3e civ., 3 oct. 1978, n° 77-11.120.

Pour aller plus loin

1. Articles

- BRÉMOND, *Réflexions autour du transfert à cause de mort du contrat de bail d'habitation*, JCP N° 2002. 1234 et 1240.
- VIAL-PEDROLETTI, *Poursuite du bail à son terme et sort des garanties de paiement*, ibid. 2001., Chron. 1.

Exercice QCM

→ **Répondre aux questions suivantes. Une seule bonne réponse est possible.**

1 Le décès du bailleur entraîne l'extinction du bail?

a. Vrai.

b. Faux.

2 Le preneur peut demander une diminution ou la résolution du bail:

a. En cas de perte totale de la chose.

b. En cas de perte partielle de la chose.

c. Jamais.

3 Il est nécessaire de donner congé lorsque le bail à durée déterminée arrive à son terme?

a. Vrai.

b. Faux.

4 le bailleur laisse le locataire continuer sa jouissance des lieux après la fin du bail, il se forme:

a. Un nouveau bail à durée déterminée.

b. Un nouveau bail à durée indéterminée.

c. Un bail perpétuel.

5 Victoire souhaite mettre fin à son bail avant son terme. Doit-elle continuer malgré tout à payer son bailleur?

a. Oui.

b. Non.

Correction

1 **Réponse b**. *Faux.*

2 **Réponse b**. *Perte partielle.*

3 **Réponse b**. *Faux.*

4 **Réponse b**. Un nouveau bail à durée indéterminé.

5 **Réponse a**. *Oui.*

Exercice Cas pratique : « Bail et décès »

Énoncé

Laurent Gina, jeune acteur de théâtre, et Julie Danstépensé, podologue, se sont rencontrés à l'âge de 22 ans grâce à des amis communs. Au cours de leurs fréquentes sorties, les liens d'amitié entre Laurent et Julie deviennent de plus en plus étroits jusqu'à se transformer en amour. Ils emménagent tous les deux dans l'appartement du grand-père de Julie Danstépensé. Seule Julie Danstépensé figure sur le bail de location. Malheureusement quelques mois plus tard le grand-père de Julie Danstépensé propriétaire de l'appartement décède. Julie Danstépensé se demande ce qu'il va advenir du contrat de bail et de la colocation des deux amoureux.

Qu'en pensez-vous ?

Correction

Rappel des faits et problème juridique

Laurent Gina et Julie Danstépensé habitent ensemble dans l'appartement du grand-père de Julie. Celui décède et seule sa petite fille figure au bail. Elle s'interroge sur l'avenir de contrat de bail.

Qualification juridique

L'article 1709 du Code civil dispose que le bail est "le contrat par lequel l'une des parties s'oblige à faire jouir l'autre d'une chose pendant un certain temps, et moyennant un certain prix que celle-ci s'oblige à lui payer". L'article 1742 du Code civil dispose que "le contrat de louage n'est point résolu par la mort du bailleur ni par celle du preneur". Le décès du bailleur entraîne alors transmission du bail à ses héritiers et a pour conséquences la jouissance partagée dudit contrat. En l'espèce, il est possible d'en déduire qu'un contrat de bail a été conclu entre Julie et son grand-père. Toutefois, Laurent Gina n'ayant pas fait régulariser le bail, la colocation ne peut être retenue en l'espèce. Julie demeure la seule preneuse de ce contrat de bail.

Règles de Droit

L'article 1742 du Code civil dispose que "*le contrat de louage n'est point résolu par la mort du bailleur ni par celle du preneur*". Le décès du bailleur entraîne alors transmission du bail à ses héritiers et a pour conséquences la jouissance partagée dudit contrat. Néanmoins, les héritiers, en application de l'article 15 de la loi du 6 juillet 1989, peuvent donner congé au locataire pour des motifs tels que la vente de l'appartement, la reprise pour y habiter ou encore pour un motif « *légitime et sérieux* ».

Application

Dans les faits, Julie pourra donc continuer de jouir de son appartement, mais le bail sera transmis aux héritiers de son grand-père. Le décès du bailleur n'a donc en principe aucune incidence sur le contrat de location qui se poursuit avec les héritiers.

Chapitre

3

Le contrat de prêt

Section

I Le contrat de prêt à usage

On distinguera deux types de contrat de prêt, d'une part celui à usage et d'autre part celui de consommation. Le contrat de prêt encore appelé commodat se distingue de différents contrats (Fiche n° 17).

Le prêt à usage, que l'on retrouve à l'article 1875 du Code civil, permet d'user d'une chose sans destruction par la suite et l'emprunteur sera tenu de rendre la chose prêtée. Le prêt à usage est un service gratuit qui ressemble en fait à un simple service d'ami et essentiellement gratuit (Fiche n° 18). Il génère des effets et des obligations autant pour le prêteur que pour l'emprunteur (Fiche n° 19).

Les critères de qualification du contrat de prêt

L'essentiel

Le contrat de prêt se distingue du contrat de dépôt par la possibilité pour l'emprunteur d'utiliser la chose. Il se démarque également du contrat de bail par son caractère gratuit et non onéreux. L'obligation de restitution du prêt le distingue également du contrat de consommation dont la restitution se fait par équivalence et non en nature. Enfin, il se distingue de la donation qui implique un dépouillement irrévocable sans possibilité de restituer la chose.

I Le transfert et l'usage de la chose

1. Contrat de prêt et contrat de dépôt. Le contrat de prêt suppose qu'une chose soit mise à la disposition d'autrui pour qu'il s'en serve. Ce critère permet de distinguer le contrat de prêt du contrat de dépôt, dans lequel une chose est remise à une personne, non pas pour qu'elle en use, mais pour qu'elle la conserve, à charge de la restituer. Ainsi, dans le dépôt, c'est le détenteur de la chose qui rend un service à celui qui la lui confie ; à l'inverse, dans le prêt, le service est rendu au détenteur par celui qui confie la chose.

2. Contrat de prêt et contrat de bail. Ce critère du transfert de l'usage d'une chose rapproche le contrat de prêt du contrat de bail, qui implique également qu'une chose soit mise à la disposition d'une personne. Toutefois, ces deux contrats de distinguent par une caractéristique supplémentaire : le contrat de bail est un contrat par essence onéreux, tandis que le prêt est un contrat en principe gratuit.

II L'obligation de restitution

3. Contrat de prêt à usage et contrat de consommation. L'emprunteur n'a l'usage de la chose que pendant un temps limité : il devra restituer la chose aux termes du contrat. Dans le prêt à usage, il devra restituer la chose même qu'il a empruntée ; dans le prêt de consommation, il devra restituer une chose équivalente à celle prêtée et consommée. Cette obligation de restitution rapproche le contrat de prêt du contrat de bail et du contrat de dépôt.

4. Contrat de prêt et donation. Pareillement, cette obligation de restitution permet de distinguer le prêt de la donation, qui implique un dépouillement irrévocable du donateur et ne fait peser sur le donataire aucune obligation de restitution.

Pour aller plus loin

1. Ouvrages

- MICHAUX, ***Le contrat de prêt***, in Les contrats spéciaux, 2002, Larcier.

2. Articles

- LEVENEUR, ***Classification des contrats, le rétrécissement de la catégorie des contrats réels et engagé***, JCP, 2000.

Exercice QCM

→ Répondre aux questions suivantes. Une seule bonne réponse est possible.

1 Le contrat de prêt se distingue de la donation :

a. Par sa gratuité.
b. Par son obligation de restitution.
c. Par L'absence de consentement.

2 Le contrat de prêt permet d'user de la chose ?

a. Vrai.
b. Faux.

3 Le contrat de prêt est parfois considéré comme :

a. Un petit contrat.
b. Un grand contrat.
c. Un contrat moyen.

4 La restitution du contrat de prêt se fait par :

a. Nature.
b. Équivalence.
c. Les deux.

5 Le contrat de prêt et le contrat de bail se rapprochent :

a. Par l'obligation de restitution.
b. Par la capacité à contracter.
c. Aucun des deux.

Correction

1 **Réponse b**. Obligation de restitution.

2 **Réponse a**. Vrai.

3 **Réponse a**. Petit contrat.

4 **Réponse c**. Nature.

5 **Réponse a**. Obligation de restitution

Exercice Cas pratique : « Pas touche »

Énoncé

Alain Verse est en plein déménagement, il quitte son appartement pour s'installer dans une petite maison en banlieue parisienne. Il demande à son ami Camille Zole s'il peut déposer quelques cartons chez elle le temps de son emménagement dans sa nouvelle demeure. Camille Zole accepte avec plaisir d'aider son ami. Quelques jours après que Alain Verse soit passé chez elle déposer les cartons, Camille Zole regarde de plus près les paquets et découvre une jolie boîte à musique à manivelle. Curieuse d'entendre la mélodie de la petite boîte mécanique Camille Zole actionne la manivelle, mais celle-ci lui reste dans les mains. Alain Verse est furieux la boîte à musique appartenait à sa grand-mère. Il demande à Camille Zole de le dédommager.

Qu'en pensez-vous ?

Correction

Rappel des faits et problème juridique

Alain Verse dépose au cours d'un déménagement des cartons chez Camille Zole qui y trouve une boîte à musique qu'elle casse en voulant la faire fonctionner. La question de cette espèce réside dans la qualification de l'entreposage des cartons à savoir s'il s'agit d'un dépôt ou d'un prêt.

Qualification juridique

La distinction entre le contrat de prêt et de dépôt peut être plus difficile dans le cas où la remise a lieu à titre gratuit. Si la personne utilise les biens, la licéité de cette utilisation dépendra de la qualification du contrat. Le prêt à usage est défini comme la convention par laquelle l'une des parties livre une chose à l'autre, pour s'en servir, à charge pour cette dernière de la rendre après s'en être servie (art. 1875., C. civ.). Le dépôt quant à lui de dépôt est le contrat par lequel on reçoit une chose appartenant à autrui, à charge de la garder et de la restituer en nature. (art. 1915., C. civ.).

Règles de Droit

Afin d'éviter toute ambiguïté, il convient de rappeler que le contrat de dépôt se distingue du contrat de prêt qui, à l'inverse du dépôt, permet l'utilisation, voire la consommation, de la chose reçue. Par ailleurs, l'absence d'usage s'accompagne également d'une obligation de discrétion qui interdit au dépositaire de rechercher à savoir le contenu d'une chose déposée.

Application

En l'espèce, Alain verse n'avait fait que déposer les cartons chez Camille Zole qui à autoriser à ce dernier à titre gratuit à les entreposer. Toutefois, il n'était pas convenu qu'elle utilise les choses se trouvant à l'intérieur. Il ne s'agit donc pas d'un contrat de prêt, mais bien d'un contrat de dépôt. Par ailleurs, Camille Zole n'avait pas le droit de prendre connaissance du contenu des cartons. En ce sens, Alain Verse pourra engager la responsabilité de Camille Zole.

Fiche

18 La forme du contrat de prêt à usage

L'essentiel

Le contrat de prêt à usage se définit par la remise d'une chose, il s'agit donc d'un contrat réel. Le prêt à usage est un contrat d'amis donc il est le plus souvent à titre gratuit. Le contrat de prêt à usage est valable que si le prêteur à la capacité de prêter. En revanche, il n'est pas nécessaire pour le prêteur d'être le propriétaire de la chose. En revanche, le contrat de prêt à usage n'emporte pas transfert de propriété. Le prêt à usage ne peut porter que sur ce qui est dans le commerce et qui ne se consomme pas par l'usage. En matière de preuve de contrat de prêt à usage, la preuve est libre est peut-être rapporté par tout moyen : présomptions, témoignages, etc.

I Définition et nature du prêt à

1. Définition. À l'origine, le Code civil de 1804 employait le terme de « commodat » pour désigner le prêt à usage. La loi du 12 mai 2009 de simplification et de clarification du droit et d'allègement des procédures[1] a supprimé purement et simplement cette appellation. Aussi, le prêt à usage est défini comme la convention par laquelle l'une des parties livre une chose à l'autre, pour s'en servir, à charge pour cette dernière de la rendre après s'en être servie (art. 1875 C. civ.).

2. La gratuité de la convention. Le prêt à usage est essentiellement gratuit, l'emprunteur devant rendre la chose prêtée en bon état. En ce sens, le prêt à usage se distingue du contrat de bail par la mise à disposition sans contrepartie d'une chose à un emprunteur. Par un arrêt de la troisième chambre civile de la Cour de cassation il a pu être décidé que l'occupation sans contrepartie financière d'un appartement qui appartenait au défunt par l'un de ses héritiers peut constituer un prêt à usage, alors incompatible avec la qualification d'avantage indirect rapportable[2]. Ce dont il se déduit que le contrat doit être qualifié de prêt à usage et non de bail. Dès lors, le prêt à usage n'entraîne aucun transfert d'un droit patrimonial au profit de l'emprunteur, notamment de propriété sur la chose et ses fruits, de sorte qu'il n'en résulte aucun appauvrissement du prêteur[3]. Une Cour d'appel a pu décider que « La convention par laquelle un propriétaire donne gratuitement en jouissance à son fils un immeuble pour l'aider à implanter et développer son activité commerciale de vente et réparation de véhicules d'occasion répond à la définition du prêt à usage prévu par l'article 1875 du Code civil. Cette qualification, dont l'essence est la gratuité selon l'article 1876 dudit code répond plus exactement à la

1. L.n° 2009-526 du 12 mai 2009.
2. Cass. 1er civ., 11 oct. 2017, n° 16-21. 419.
3. Cass. 1er civ., 11 oct. 2017, n° 16-21. 419.

situation de fait que celle de convention d'occupation précaire retenue par le premier juge »[1]. Néanmoins, la Cour de cassation considère qu'« en l'absence de contrepartie équivalant au service reçu », le versement de sommes modiques et l'entretien de l'immeuble n'écartent pas la qualification de prêt[2].

II Conditions de forme

3. Solennité du prêt à usage. Conformément à la tradition venue du droit romain, le prêt à usage était un contrat d'amis excluant de ce fait toute contrepartie lucrative. Néanmoins, le seul échange des consentements ne suffit pas à former le contrat de prêt à usage[3]. Ainsi, le prêt à usage est un contrat réel qui nécessite une tradition de la chose. La tradition se définissant comme la remise de la chose, le contrat de prêt à usage est un contrat réel. Par conséquent, sa formation ne se fait pas au jour de l'échange des consentements, mais au jour de la remise de la chose.

Les modalités de la tradition ne font l'objet d'aucune condition particulière. En effet, la loi n'exige pas qu'elle soit postérieure à l'échange des consentements ni que la tradition soit faite par le prêteur lui-même entre les mains de l'emprunteur. Néanmoins, la jurisprudence relative à la distinction entre contrat de prêt à usage et contrat de location à déjà pu affirmer que la gratuité ne se présume pas et qu'en l'absence d'écrit un prestataire informatique qui assure la maintenance d'un logiciel et qui a mis temporairement à disposition de son client un serveur informatique peut a posteriori le lui facturer[4].

La tradition n'opère pas transfert de propriété ni de possession, mais simplement transfert de la détention de la chose. Il suffit donc que l'emprunteur soit mis en mesure d'accomplir des actes matériels sur la chose empruntée.

4. Le consentement des parties. Nous préciserons simplement que pour que le prêt à usage soit formé, les parties doivent exprimer un consentement libre et non vicié.

Les parties doivent s'entendre sur la chose objet du prêt. Par ailleurs, la durée du prêt n'est pas un élément essentiel du contrat. En effet, aux termes des dispositions de l'article 1888 du Code civil, le contrat de prêt à usage peut avoir une durée déterminée et dans ce cas, le prêteur n'a pas de congé à adresser à l'emprunteur pour récupérer son bien. Il peut aussi avoir une durée indéterminée, le prêteur pouvant alors récupérer la chose après qu'elle a servi à l'usage pour lequel elle a été empruntée.

---

1. CA Paris, 16e ch., sect. À, 9 juin 2004, Manchelin c/Valarcher, AJDI 2004, p. 814.
2. Civ. 1, 14 avr. 2016, n° 15-14.620.
3. Cass. 1re civ., 12 juill. 1977, n° 75-11925.
4. CA Bourges, ch. civ., 15 oct. 2009, n° 09/00356, JCP G 24 mai 2010, p. 1054 note Leroy J.

Débat à propos de la durée du prêt à usage

La loi est assez ambiguë sur la durée du contrat de prêt à usage. En effet, l'article 1888 du Code civil précise que « le prêteur ne peut retirer la chose prêtée qu'après le terme convenu, ou à défaut de convention, qu'après qu'elle a servi à l'usage pour lequel elle a été empruntée ». Certains ont pu penser que le prêt à usage avait une durée quasi éternelle. Autrement dit, lorsque le besoin de la chose n'était pas limité dans le temps, le prêt à usage était infailliblement permanent. C'est sans compter sur un arrêt de la première chambre civile de la Cour de cassation en date du 12 novembre 1998[1] que ce contrat a cessé d'être immortel. En effet, les juges de cassation ont affirmé que le prêt d'une chose satisfaisant un besoin permanent à une durée déterminée. C'est au juge de déterminer un terme à la convention.

Lorsque la chose est d'un usage permanent et que la durée du prêt n'est pas fixée, c'est au tribunal qu'il appartient, à défaut d'accord amiable, de fixer la date de la restitution (C. civ., art. 1889). À titre d'exemple, un délai de à trois mois a été jugé raisonnable s'agissant d'un prêt à usage portant sur un local[2]. Lorsque le prêt à usage porte sur une chose d'un usage permanent, sans aucun terme prévisible habituel, le prêteur peut mettre fin à la convention à tout moment en respectant un délai de préavis raisonnable sans avoir à justifier d'un besoin pressent et imprévu de la chose prêtée. Il convient également de noter qu'il se peut que le prêteur souhaite conserver une partie de l'usage de la chose[3], ou qu'il se réserve la possibilité de la prêter aussi à d'autres personnes. En effet, il se peut qu'une même chose puisse avoir des codétenteurs.

5. La capacité à contracter. Le décret n° 2008-1484 du 22 décembre 2008[4] classe le prêt à usage parmi les actes d'administration, que le prêt porte sur un meuble ou un immeuble. L'emprunteur, tout comme le prêteur, doit donc avoir la capacité d'accomplir des actes d'administration pour pouvoir valablement souscrire un contrat de prêt à usage. Bien que le majeur sous curatelle et le majeur sous sauvegarde de justice seront à même d'accomplir seuls cette convention, il n'en va pas de même en ce qui concerne le majeur sous tutelle et le mineur non émancipé qui ne pourront souscrire au prêt à usage que par l'intermédiaire de leur représentant. La défaillance de la condition entraîne la nullité du prêt à usage. Le prêteur incapable peut donc réclamer la restitution de la chose avant le terme convenu ; l'emprunteur incapable, quant à lui, demeurerait tenu de restituer la chose.

6. La chose prêtée. Il existe trois conditions d'existence du prêt usage :

- Le prêt à usage ne peut porter que sur ce qui est dans le commerce et qui ne se consomme pas par l'usage (art. 1878 C. civ.). Par conséquent, le prêt à usage ne peut porter sur des biens fongibles qui s'entendent comme des « biens interchangeables parce qu'ils sont identiques, peu importe qu'ils soient ou non identifiables »[5]. Les dispositions du Code civil excluent donc le prêt à usage d'une somme d'argent. À défaut, il s'agira d'un prêt de consommation. De manière générale le prêt à usage porte sur les immeubles, et notamment les immeubles ruraux (terres, bâtiments d'exploitation ou bâtiments

1. Civ., 1er, du 12 nov. 1998, n° 96-19.549.
2. Cass. 1re civ., 10 oct. 2019, n° 18-21457.
3. Civ., 1er, 19 mars 1975, n° 73-13.436, Bull. I, n° 116.
4. Décr. n° 2008-1484 du 22 déc. 2008, relatif aux actes de gestion de patrimoine des personnes placées en curatelle ou en tutelle.
5. F. Pérochon, Entreprises en difficulté, LGDJ, 10e éd., 2014, n° 1619.

d'habitation). Le prêt à usage peut également porter sur des choses corporelles ou incorporelles. Ce dernier point peut paraître surprenant du fait que le prêt à usage est un contrat réel et nécessite une tradition de la chose ce qui semble exclure les choses incorporelles. Cela dit, la Cour de cassation a déjà validé le prêt à usage de clientèle commerciale[1] alors même qu'une réponse ministérielle semble s'y opposer en déclarant : « Il n'apparaît pas (...) possible d'admettre la licéité d'une convention de prêt à usage portant sur un fonds de commerce »[2]. Depuis que la première chambre civile de la Cour de cassation a reconnu l'existence d'un fond libéral dans un arrêt du 7 novembre 2000, la question s'est posée de la possibilité de convenir d'un prêt à usage portant sur une clientèle civile. Certains auteurs estiment qu'il est désormais possible d'envisager cette convention alors que d'autres estiment que le caractère incorporel de la clientèle ne permet pas d'envisager sa tradition.

- Si certains auteurs ont pu critiquer l'existence des contrats réels en soutenant que la remise de la chose ne serait pas une condition de formation de ces conventions, il convient de préciser que l'existence future de la chose ne permet pas la conclusion du prêt à usage. En effet, le contrat n'est formé que par la tradition de la chose, il ne peut prendre pour objet une chose future. Ainsi, la chose qui n'a pas encore d'existence ne peut, par conséquent, être physiquement transmise à l'emprunteur. Les choses futures ne peuvent donc faire l'objet que d'une promesse de prêt, et non d'un contrat de prêt définitif.
- La chose prêtée doit-elle appartenir au prêteur ? En réalité, il est admis que le prêteur n'a pas nécessairement besoin d'être propriétaire de la chose pour que le contrat de prêt soit valable. Cela s'explique par le fait que le contrat de prêt n'emporte aucun transfert de droit réel au profit de l'emprunteur. En effet, l'existence d'une véritable possession, comportant animus domini (l'intention de se comporter en véritable propriétaire de la chose), n'est pas exigée. À titre d'exemple, la clause interdisant le prêt des lieux par un locataire à un tiers sans le consentement exprès et par écrit du propriétaire est licite[3]. Néanmoins, s'il n'est pas nul, le contrat de prêt consenti sur la chose d'autrui ne sera pas pour autant opposable au véritable propriétaire. Celui-ci conservera la faculté de réclamer son bien. Dans la majorité des cas, le procès se ficelle autour de la preuve du droit de propriété, pour cette simple raison que celui qui est en possession de la chose prétendra lui aussi en être le véritable propriétaire.

7. La preuve de la convention. De manière générale, la charge de la preuve du prêt incombe à celui qui réclame à son profit la restitution de la chose (art. 1353. Code civil). La preuve obéit au droit commun avec quelques particularités L'orsque le prêt concerne des opérations immobilières, le recours à l'acte authentique est exigé. En ce qui concerne les choses mobilières, une présomption de titre au profit du possesseur est posée sur le fondement de l'article 2276 du Code civil. Pratiquement, ces dispositions jouent à la défaveur du prêteur qui se prétend propriétaire. Le demandeur ne peut pas uniquement rapporter la preuve du contrat de prêt, qui constitue l'unique fondement de son action. Il doit également, rapporter la preuve de la remise de la chose. D'une part, doit être prouvé la remise de la chose et d'autre part l'obligation de la restituer. En effet, La preuve de la remise de fonds à une personne ne

1. Cass. com., 12 nov. 1986, n° 85-10.617.
2. Civ., 1er, 19 mars 1975, n° 73-13.436, Bull. I, n° 116.
3. Cass. 3e civ., 10 mars 2010, n° 09-10.412.

suffit pas à justifier l'obligation pour celle-ci de les restituer sans qu'il n'ait pas été prouvé que cette remise de fonds a été consentie à titre de prêt[1].

8. Les modes de preuves admissibles. En matière de preuve de contrat de prêt à usage, la preuve est libre est peut-être rapporté par tout moyen : présomptions, témoignages etc. Par exception, il n'en demeure pas moins que sur une chose excédant la somme de 1 500 € le contrat de prêt à usage est soumis à la preuve littérale exigée par l'article 1359 du Code civil. Toutefois, le prêteur peut d'être dans l'impossibilité morale de prouver l'existence du prêt par un écrit notamment quand celui-ci a lieu dans le cercle de famille et d'amitié[2]. Dans ce contexte, la jurisprudence admet facilement la présentation de tout mode de preuve. Par exemple, la jurisprudence a déjà pu admettre que la remise d'un bijou de famille à titre de cadeau de fiançailles s'analyse en un prêt à usage[3]. Dans le même sens, lorsque des époux mariés sous le régime de la séparation des biens divorcent, un bijou de famille « ne saurait trouver sa source dans un contrat de dépôt mais dans un prêt à usage » de sorte que l'ancienne épouse est tenue de le restituer[4].

---

1. Cass. 1re civ., 8 avr. 2010, n° 09-10.977.
2. Cass. 1re civ., 6 sept. 2017, n° 15-20.710.
3. CA Versailles, 4 déc. 2008, n° 08/01502.
4. CA Agen, 26 mars 2008, n°07/00875.

Pour aller plus loin

1. Ouvrages

- Pont, *Explication du Code Napoléon*, t. 8, Des petits contrats, 1867, Delamotte.
- Michaux, *Le contrat de prêt*, in Les contrats spéciaux, 2002, Larcier.
- Guillouard, *Traité du prêt*, du dépôt et du séquestre, 1892, Pédone.

2. Articles

- Bénos, *L'altruisme dans le contrat de prêt à usage*, D. 2013., 2358.

Exercice QCM

→ **Répondre aux questions suivantes. Une seule bonne réponse est possible.**

1 Le contrat de prêt à usage est :

a. Un contrat réel.
b. Un contrat consensuel.
c. Un contrat d'adhésion.

2 Le contrat de prêt à usage est un contrat essentiellement :

a. Onéreux.
b. Gratuit.
c. À un euro symbolique.

3 La tradition symbolise :

a. La remise de la chose.
b. Le paiement de la chose.
c. La volonté des parties.

4 Le prêt à usage porte sur des biens :

a. Qui se consomment à l'usage.
b. Qui ne se consomment pas à l'usage.
c. Aucun des deux.

5 Le prêteur doit-il être le propriétaire de la chose ?

a. Oui.
b. Non.

Correction

1 **Réponse a**. Le contrat de prêt est un contrat réel.

2 **Réponse b**. *Gratuit.*

3 **Réponse a**. *La remise de la chose.*

4 **Réponse b**. Qui ne se consomme pas par l'usage.

5 **Réponse b**. Non.

Exercice Cas pratique : « Entre cousins »

Énoncé

Gaspard Alizan demande à son cousin Jacques Sonne s'il peut lui prêter sa console de jeux pour le week-end. En effet, Jacques Sonne organise une fête chez lui avec plusieurs de ses amis et compte bien sur la console de son cousin pour mettre de l'ambiance. Gaspard Alizan accepte, mais seulement pour le Week-end en effet, lui aussi reçoit dans la semaine des amis et compte bien essayer sur sa console le dernier jeu vidéo qu'il a acheté récemment. Néanmoins, le jour où doit se dérouler la soirée chez Gaspard Alizan son cousin Jacques Sonne ne lui a toujours pas rendu la console. Il se demande ce qu'il peut faire.

Qu'en pensez-vous ?

Correction

Rappel des faits et problème juridique

Un homme prête sa console de jeux à son cousin pour une période déterminée. Toutefois, son cousin ne lui rend pas au terme convenu ladite console de jeux.

Qualification juridique

En l'espèce, il s'agit bien d'un contrat de prêt. En effet, l'article 1875 du Code civil définit le prêt comme étant « *un contrat par lequel l'une des parties livre une chose à l'autre pour s'en servir, à la charge du preneur de la rendre après s'en être servi* ». Ainsi, le prêt est gratuit et n'entraîne pas de transfert de propriété. Il s'agit bien d'un contrat réel qui s'opère par la remise de la chose. En l'espèce, il s'agit de la console de jeux. Il s'agit bien d'un prêt gratuit qui s'opère entre cousins.

Règles de Droit

En effet, l'article 1888 du Code civil dispose que « le prêteur ne peut retirer la chose prêtée qu'après le terme convenu, ou à défaut de convention, qu'après qu'elle a servi à l'usage pour lequel elle a été empruntée ». Dès lors, si un terme est convenu entre les parties, le prêteur ne peut (sauf exception mentionnée à l'article 1889 du Code civil), se voir restituer la chose avant son échéance. Or en l'espèce, Gaspard Alizan a fixé une échéance à son cousin qui devait lui rendre la chose une fois le Week-end passé.

Application

En l'espèce, il y a donc bien un contrat de prêt et Gaspard Alizan peut réclamer la console de jeux à son cousin qui doit la lui restituer.

Les effets du contrat de prêt à usage

L'essentiel

L'emprunteur ne peut qu'user de la chose comme elle a été définie par le contrat. L'emprunteur a également un devoir de conservation (c'est-à-dire en faire un usage raisonnable) si des modifications doivent être apportées à la chose pour son entretien c'est sous réserve d'avoir prévenu le propriétaire de la chose. L'emprunteur à évidemment un devoir de restitution de la chose et de ses fruits.

Le prêteur à une obligation de remboursement des dépenses. L'emprunteur doit supporter les frais des entretiens courants. En revanche en ce qui concerne les entretiens nécessaires pour éviter la dégradation de la chose l'emprunteur doit avancer les frais pour être remboursé par le prêteur.

En cas défaut de la chose, le prêteur doit avertir l'emprunteur. En cas de défaillance de cette obligation, le prêteur sera responsable.

Enfin, le contrat de prêt à usage prend fin aux termes convenus. S'il a été conclu avec une durée déterminée, il sera possible pour l'emprunteur de rendre l'objet avant la fin du terme. À l'inverse, si le contrat est conclu pour une durée indéterminée, la restitution pourra être demandée et faite à tout moment. La restitution met fin au contrat de prêt à usage.

I Le droit d'usage

1. Droit personnel. Le contrat de prêt donne évidemment à l'emprunteur un droit d'usage sur la chose. Il s'agit d'un droit personnel et non d'un droit réel. Il ne s'agit donc pas un droit direct sur la chose mais un droit qui n'existe que par l'engagement personnel du prêteur de le respecter. À cet égard, le prêteur ne doit rien faire qui trouble l'usage qu'il a concédé. Il doit garantir l'emprunteur de l'éviction de son fait personnel et ne peut donc apporter aucun trouble de fait ni de droit qui vienne entamer l'usage qu'il a consenti.

2. L'usage auquel est destinée la chose. L'article 1880 du Code civil précise que l'emprunteur ne peut se servir de la chose « *qu'à l'usage déterminé par sa nature ou par la convention* ». Ainsi le prêt d'un chien ouvre le droit de le promener, mais pas de l'inscrire à un concours de beauté ; le prêt d'un bateau pour naviguer sur le Rhin n'ouvre pas le droit de s'en servir pour naviguer sur le Rhône. Un chariot d'une grande surface peut être prêté pour faire ses courses et non pour faire une course de chariot. L'emprunteur a également obligation d'entretenir la chose pour être en mesure de la restituer dans l'état où elle avait été mise à sa disposition en début de jouissance. On a l'habitude de dire que l'emprunteur à une obligation de veiller en bon père de famille à la garde et à la conservation de la chose prêtée. Aujourd'hui, l'expression du bon père de famille ayant été remplacé a disparu à la suite de l'adoption de la loi n° 2014-873 du 4 août 2014 pour l'égalité réelle entre les femmes et les hommes. Désormais, l'emprunter doit user de la chose « raisonnablement ».

3. Frais liés à l'usage. Le preneur est tenu aux dépens ordinaires ayant pour objet le fonctionnement ou la conservation de la chose prêtée (taxes d'occupations, charges de copropriété dites locatives) jusqu'à la libération effective des lieux[1].

L'article 1890 du Code civil dispose que « *si pendant la durée du prêt, l'emprunteur a été obligé, pour la conservation de la chose, à quelque dépense extraordinaire, nécessaire, est tellement urgente qu'il n'ait pas pu en prévenir le prêteur, celui-ci sera tenu de la lui rembourser* ». Néanmoins, le prêteur ne peut donc être condamné à rembourser à l'emprunteur les travaux exécutés dans l'immeuble litigieux au seul motif que les dépenses extraordinaires doivent être supporté par le prêteur[2].

Les dépenses nécessaires à la conservation de la chose sont-elles contraires au principe de gratuité du prêt ?

« Le petit contrat » comme le décrivait M. Troplong est-il devenu grand ? Sortie du cercle familiale et amicale, le prêt à usage intègre désormais les contrats d'affaires complexes ce qui n'est pas sans poser quelques difficultés. Tel est le cas des travaux effectués sur un immeuble prêté engendrant une plus-value sur l'immeuble. En ce sens il a déjà pu être jugé que la stipulation de « prise en charge par l'emprunteur de toutes taxes et impôts afférents aux biens prêtés ne contrevient pas au principe de gratuité du prêt à usage »[3]. En ce sens, « l'emprunteur peut demander remboursement au prêteur des dépenses utiles et nécessaires, c'est-à-dire les dépenses de conservation et d'amélioration ».[4]

4. La garde de la chose. La garde est définie dans l'arrêt Franck rendu par la Cour de cassation le 2 décembre 1941[5]. Ainsi, la garde se définit par celui-ci qui a l'usage, le contrôle et la direction de la chose. Ainsi, parce qu'il se voit conférer l'usage de la chose prêtée, l'emprunteur en devient-il pour autant le gardien, au sens du droit de la responsabilité civile aux termes de l'article 1242 du Code civil ? La réponse apportée à cette question dépend de la portée qu'il convient d'assigner au gardien de la chose.

- 1er opinion : La qualité de propriétaire fait présumer la qualité de gardien. En pratique, la propriété et l'utilisation, ainsi que le pouvoir de direction et celui de contrôle concordent. Suivant cette position, le prêteur à la garde de la chose.
- 2e opinion : Le prêteur propriétaire de la chose ayant causé un dommage peut toujours établir, afin d'échapper à la mise en cause de sa responsabilité, qu'il y a eu transfert de la garde au profit de l'emprunteur. Il a ainsi été reconnu par exemple, que la garde n'avait pas été transférée au locataire et que celle-ci était demeurée entre les mains du propriétaire[6]. Cette jurisprudence ne fait pas l'unanimité dans la mesure où la qualité de gardien implique que l'on puisse s'opposer à la réalisation du dommage. Or, celui

1. Cass. civ. 1re, 17 janv. 2018, n° 16-15.233.
2. Cass. civ. 1re, 13 juillet 2016, n° 15-10.474.
3. CA Poitiers, 15 oct. 2019, n° 17/033525.
4. CA Rennes, 1er avr. 2008, n° 06/07757.
5. Cass. ch. réunies, 2 déc. 1941, S. 1941, 1, p. 217, note Mazeaud H.
6. Cass., 1er Civ., 6 juin 1990.

qui n'a pas la chose entre les mains ne peut réaliser un tel empêchement. Cela dit, il a pourtant été admis que le transfert des clefs matérialisant le contrat de dépôt et le transfert de la garde qui s'en suit[1].

5. L'emprunteur garant des vices cachés. Selon l'article 1891, « *Lorsque la chose prêtée a des défauts tels qu'elle puisse causer du préjudice à celui qui s'en sert, le prêteur est responsable s'il connaissait les défauts et n'en a pas averti l'emprunteur* ». Autrement dit, la responsabilité du prêteur ne sera engagée que si le défaut est caché et qu'il n'en a pas averti l'emprunteur sous réserve qu'il en ait eu connaissance. On retrouve dans ce texte des similitudes avec l'engagement de la responsabilité du vendeur en cas de vices cachés. Cela dit, le prêteur n'est tenu des vices cachés de la chose qu'à condition qu'il soit de mauvaise foi puisqu'il n'est pas irréfragablement présumé connaître les vices[2]. Pendant longtemps, on traduisait l'idée que le contrat de prêt était un contrat amical et gratuit. Pour ces raisons la responsabilité du prêteur pour vices cachés de la chose n'était pas soulevée. Aujourd'hui, avec la libéralisation du commodat d'affaire, la solution retenue par la Cour de cassation en ce qui concerne le prêteur professionnel et qu'il est irréfragablement présumé connaître les vices[3]. À cet égard, la doctrine a pu distinguer selon que le prêt soit véritablement gratuit ou qu'il relève d'une gratuité « d'affaires ».

II L'obligation de restitution

6. Obligation principale. L'obligation principale de l'emprunteur est de restituée la chose. Toutefois, qu'en est-il des bijoux de famille au jour de la rupture des fiançailles ? L'intention du futur mari, était-elle de donner, ou bien de prêter pendant le temps où la future épouse était prête à se marier ? La jurisprudence a admis qu'il s'agit d'un prêt : les bijoux de famille ne sont donc remis qu'à charge de restitution[4].

Les difficultés de la restitution des cuves pétrolières

Les contrats de pompistes prévoyaient la mise à disposition de cuves de stockage de produits pétroliers par les fournisseurs à leurs clients, ont posé certaines difficultés. En effet, il s'agit de prêt à usage portant sur des cuves de pétrole, en contrepartie de l'engagement d'approvisionnement exclusif souscrit par le concessionnaire aux termes du contrat, les fournisseurs pouvaient-ils solliciter la restitution en nature des cuves, en dépit des frais démesurés occasionnés (cela supposait en pratique de les extraire de la station-service qui avait été construite au-dessus d'elles.). Le coût prohibitif de la restitution décourageait les pompistes de changer de compagnie, ce qui portait atteinte au libre jeu de la concurrence. La jurisprudence a longtemps été dans ce sens en ordonnant la restitution en nature des cuves par peur d'une réutilisation d'un concurrent[5]. Au final, la jurisprudence a admis que « l'obligation de restitution en nature du matériel impose des travaux coûteux au revendeur de carburant, non justifiés par des nécessités techniques en raison de la durée de vie des cuves, et qu'elle est susceptible de le dissuader de traiter avec un autre fournisseur ; qu'elle est ainsi disproportionnée avec la fonction qui lui a été fixée de faire

1. CA rennes, 22 nov. 1995.
2. Civ. 1, 26 oct. 1960, n° 58-11.123.
3. Com., 24 nov. 1980, n° 79-10.233.
4. Cass. 1re civ., 30 oct. 2007, n° 05-14258.
5. Cass. com., 10 févr. 1987, n° 85-14.458.

respecter l'exclusivité d'achat du carburant et constitue un frein à la concurrence d'autres fournisseurs »[1]. Autrement dit, la restitution en nature pouvait être exclue parce qu'elle était disproportionnée par rapport à l'objectif visé, et contraire à un intérêt supérieur. C'est donc une restitution par équivalent qui était privilégié. Dorénavant, l'article 1352 du Code civil prévoit que « *la restitution d'une chose autre que d'une somme d'argent a lieu en nature ou, lorsque cela est impossible, en valeur, estimée au jour de la restitution* ».

7. Détérioration ou perte de la chose prêtée. L'article 1880 du Code civil dispose que l'emprunteur de la chose est tenu d'une obligation de moyens quant à la conservation de la chose et d'une obligation de résultat quant à sa restitution[2]. En cas de perte ou de dégradation de la chose prêtée, l'emprunteur est tenu d'indemniser le prêteur, sauf s'il rapporte la preuve de l'absence de faute de sa part ou d'un cas fortuit[3]. Néanmoins, l'emprunteur peut se voir libérer de son obligation dans certaines éventualités. Ainsi, l'article 1351 du Code civil énonce que « *l'impossibilité d'exécuter la prestation libère le débiteur à due concurrence lorsqu'elle procède d'un cas de force majeure et qu'elle est définitive, à moins qu'il n'ait convenu de s'en charger ou qu'il ait été préalablement mis en demeure* ». D'autre part la présomption pesant sur l'emprunteur sera écartée lorsqu'il y aura usage en commun de la chose[4].

8. Le moment de la restitution. L'article 1888 du Code civil prévoit que « le prêteur ne peut retirer la chose prêtée qu'après le terme convenu, ou à défaut de convention, qu'après qu'elle a servi à l'usage pour lequel elle a été empruntée ». Dans ces conditions, le preneur doit rendre la chose prêtée après s'en être servi au terme convenu. En l'absence de terme convenu, le prêteur est en droit d'obtenir la restitution de la chose à tout moment sauf à respecter un délai raisonnable[5]. Le prêteur n'a pas à justifier d'un besoin pressant et impérieux de la chose prêtée[6]. À titre d'exemple, un délai de trois mois a été jugé raisonnable s'agissant d'un prêt à usage portant sur un local. Une assignation en référé valant mise en demeure de restituer les locaux peut mettre fin à un prêt à usage[7].

Néanmoins, la restitution de la chose peut être anticipée dès lors qu'il surviendrait au prêteur un besoin pressant et imprévu de sa chose, en cas de décès de l'emprunteur, mais seulement si le prêt n'avait été consenti qu'en considération de sa personne ou bien en cas de résolution du contrat pour manquement de la part de l'emprunteur de ses obligations, par exemple s'il ne respecte pas l'usage convenu.

1. Cass. com., 18 févr. 1992, n° 87-12.844.
2. Cass. 1re civ., 29 avr. 1985, n° 84-13.286.
3. Cass. 1re civ., 1er mars 2005, n° 02-17537.
4. Cass. 1re civ., 20 mai 2020, n° 19-10.559.
5. Cass. civ. 3e, 4 avr. 2007, n° 06-12.195.
6. Cass. civ. 1re, 14 sept. 2015, n° 15-25.709.
7. Cass. civ. 3e, 28 sept. 2009, n° 08-17.654.

Pour aller plus loin

1. Ouvrages

- Leveneur, *Classification des contrats, le rétrécissement de la catégorie des contrats réel et engagé*, JCP, 2000.
- Alleaume, *Le prêt des œuvres*, thèse, Caen, 1997.
- POTIER, *L'obligation de restitution dans les contrats de mise à disposition temporaire*, déc. 2013.

2. Articles

- Bihr, *Le temps de la restitution dans le prêt à usage*, in Propos sur les obligations et quelques autres thèmes fondamentaux du droit, in Mélanges offerts à Jean-Luc Aubert, 2005, Dalloz, p. 33.

Exercice QCM

→ **Répondre aux questions suivantes. Une seule bonne réponse est possible.**

1 L'emprunteur peut faire des réparations de la chose sans prévenir le prêteur?

a. Vrai.
b. Faux.

2 Sébastien prête son Piano à Esla pour un concert mais celle-ci à des problèmes à l'accorder. Doit-il prévenir Elsa?

a. Oui.
b. Non.

3 Si le contrat de prêt est à durée déterminée, la restitution:

a. Ne peut avoir lieu de manière anticipée.
b. Peut avoir lieu de manière anticipée.
c. Il ne peut y avoir aucune restitution.

4 Si Clémentine prête sa voiture à Mario peut-il la prêter à Magalie si elle en a besoin urgent?

a. Vrai.
b. Faux.

5 Le prêteur n'est pas obligé de rembourser les dépenses faites par l'emprunteur?

a. Vrai.
b. Faux.

Correction

1 **Réponse b**. Faux.

2 **Réponse a**. *Oui mais uniquement un devoir d'avertissement.*

3 **Réponse b**. *Peut avoir lieu de manière anticipée.*

4 **Réponse b**. Faux.

5 **Réponse B**. Faux.

Exercice Cas pratique : « Bijoux de famille »

Énoncé

Gwendoline Dupont est une jeune femme cultivée et brillante. Elle partage sa vie entre sa passion pour la littérature anglaise et son chien Oscar, un bichon maltais gentil et affectueux. Un jour elle rencontre Thibault Gemanti, un jeune homme sympathique et séduisant, amateur de golf et de cerf-volant. Thibault Gemanti, éperdument amoureux de Gwendoline, la demande en mariage et lui offre, une semaine après sa demande, une magnifique bague qui appartenait à sa grand-mère qu'il fait monter sur une monture crée sur commande par un bijoutier de renom, ce qui a d'ailleurs sévèrement endetté Constant. Gwendoline est comblée. Le mariage est prévu pour l'été suivant. Peu de temps après la publication des bans et à quinze jours du mariage, Gwendoline s'aperçoit avec effroi que Thibault Gemanti, la trompe. Se sentant blessée et trahie, elle demande des explications à Thibault Gemanti. Le ton monte et les deux fiancés finissent par se disputer. Thibault rompt immédiatement les fiançailles en téléphonant le lendemain à Gwendoline. Il lui parle assez froidement et ne tient pas compte des supplications de la jeune femme. Le temps passe, et Thibault, criblé de dettes, décide de récupérer la bague et de la rendre au joaillier afin d'assainir une situation financière plus que catastrophique.

Qu'en pensez-vous ?

Correction

Rappel des faits et problème juridique

Gwendoline Dupont se fiance à Thibault Gemanti, il la demande en mariage et lui donne une bague qui appartient à sa grand-mère. Toutefois, quelque temps avant le mariage Gwendoline apprend que Thibault la trompe. Ils se disputent les fiançailles sont rompues et Thibault Gemanti veut récupérer la bague de sa grand-mère. La question réside dans le fait de savoir si la bague de la grand-mère de Thibault peut être considérer comme un prêt ou une donation.

Qualification juridique

Le fait de se fiancer peut donner lieu à l'échange de cadeaux entre fiancés. L'article 1088 du Code civil, précise que « toute donation faite en faveur du mariage sera caduque, si le mariage ne s'ensuit pas ». Les donations faites en vue du mariage tombent sans qu'il soit besoin de distinguer selon que la donation profite à l'un ou l'autre des fiancés ou au couple, ou selon que le bénéficiaire est ou non à l'origine de la rupture. En ce qui concerne la bague de fiançailles, est-ce une donation ou un prêt ?

Règles de Droit

En ce qui concerne, la bague de fiançailles il convient de distinguer s'il s'agit d'un bijou de famille ou non. S'il ne s'agit pas d'un bijou de famille alors la jurisprudence semble l'assimilé à un cadeau d'usage. Elle peut donc être conservée dans tous les cas, à partir du moment où la valeur du bijou est en relation avec le train de vie du donateur. En revanche s'il s'agit d'un bijou de famille la bague est censée être remise à la fiancée à titre de prêt. En cas de rupture, elle doit, en conséquence, toujours revenir à la famille du fiancé, quelles qu'en soient les circonstances.

Application

En l'espèce Thibault pourra récupérer la bague de famille. Même s'il est en tort en ce qui concerne sa rupture avec Gwendoline.

Section

II

La formation du contrat de prêt de consommation

Le prêt de consommation se distingue du prêt à usage. Le prêt de consommation, consacré par l'article 1892 du Code civil, porte sur une chose qui sera détruite, donc un bien consomptible. On soulignera que le prêt de consommation est surtout utilisé pour les prêts d'argent. (Fiche n° 20). Enfin, il génère des effets pour le prêteur et l'emprunteur (Fiche n° 21).

Fiche

20 La forme du prêt de consommation

L'essentiel

Le contrat de prêt de consommation a un caractère translatif de propriété se distinguant du prêt à usage. Il peut être gratuit ou onéreux. Il s'agit d'un contrat réel qui se forme au moment que la chose a été remise.

Le contrat de prêt de consommation ne peut porter que sur des choses fongibles qui peuvent être remplacées par n'importe quelle chose du même genre. Ainsi, la restitution s'exécute par équivalent. Certaines choses non consomptibles peuvent toutefois être soumises au régime du prêt de consommation par la loi ou la volonté des parties.

Il obéit aux conditions de preuve du prêt à usage. Néanmoins, la reconnaissance de dette fait présumer la remise des fonds.

1. Définition. Le prêt de consommation « est un contrat par lequel l'une des parties livre à l'autre une certaine quantité de choses qui se consomment par l'usage, à la charge par cette dernière de lui en rendre autant de même espèce et qualité » (C. civ., art. 1892).

I Nature de la chose prêtée

A Choses naturelles et titres

2. Choses naturelles. Le contrat de consommation ne porte que des choses fongibles, c'est-à-dire les choses qui peuvent être remplacées par n'importe quelle chose du même genre. À tire d'exemple on citera : une bouteille de vin, du sel, le carburant, etc. Par conséquent, l'obligation de restitution s'exécute par équivalent. Cette dernière remarque, distingue le prêt à la consommation et le prêt à usage étudié précédemment puisque le prêt à la consommation a pour conséquence que l'emprunteur devient le propriétaire de la chose prêtée. L'emprunteur est tenu de rendre les choses prêtées, en même quantité et qualité, et au terme convenu. L'autre distinction de taille avec le contrat de prêt à usage réside dans l'absence d'obligation du respect de l'usage de la chose convenue ainsi que de l'obligation de conservation. Néanmoins, l'article 1894 du Code civil dispose qu'on « *ne peut pas donner, à titre de prêt de consommation, des choses qui, quoique de mêmes espèces diffèrent individuellement, comme des animaux : c'est alors un prêt à usage* ».

3. Les titres. Certaines choses non consomptibles peuvent toutefois être soumises au régime du prêt de consommation par la loi ou la volonté des parties. Par exemple, la loi n° 87-416 du 17 juin 1987 est venue qualifier expressément le prêt de titres de contrat de prêt de consommation et le soumet aux articles 1892 et suivants du Code civil. Par ailleurs, on soulignera que le prêteur n'a nullement besoin d'être propriétaire de la chose empruntée. En effet, la jurisprudence a pu décider que l'objet de l'obligation du prêteur de titres, tel qu'il était stipulé aux termes du contrat-cadre et des confirmations, résidait dans la mise à disposition de titres qui existaient et étaient identifiés lors de la signature de ces conventions, et non dans le transfert de propriété de ces titres qui n'était qu'un effet de leur remise »[1].

B Spécificité du prêt d'argent

4. Prêt d'argent consenti par un professionnel. Le prêt d'argent consenti par un professionnel se forme par le seul échange des volontés. Autrement dit, avant la remise de la chose. Par conséquent il ne s'agit pas d'un contrat réel qui nécessite la remise de la chose pour se former[2]. À l'inverse, le prêt d'argent consenti par un non professionnel reste un contrat réel nécessitant la remise des fonds[3].

La qualification juridique du prêt de bitcoin

Le tribunal de commerce de Nanterre a décidé dans un jugement en date du 26 février 2020[4] que le bitcoin est un actif incorporel fongible et consomptible. Autrement dit, il s'agit d'un bien interchangeable et non individualisable tel que la monnaie légale. Par conséquent, le prêt de bitcoin s'entend comme un prêt de consommation obligeant l'emprunteur à rendre la même qualité et quantité. Cette décision n'est pas surprenante sachant que le prêt d'argent est le modèle même du prêt de consommation.

5. Ouverture de crédit à la consommation. Attention toutefois à ne pas confondre le prêt de consommation avec le crédit à la consommation. Il s'agit d'un contrat de prêt d'argent qui obéit aux conditions générales de validité des contrats et aux conditions particulières définies pour le prêt d'argent, que ce soit par le Code civil ou par le Code monétaire et financier. L'article L. 313-1 du Code monétaire et financier définit le crédit à la consommation comme « *tout acte par lequel une personne agissant à titre onéreux met ou promet de mettre des fonds à la disposition d'une autre personne ou prend, dans l'intérêt de celle-ci, un engagement par signature tel qu'un aval, un cautionnement, ou une garantie* ». À cet égard, la Cour de cassation a précisé que l'ouverture de crédit constitue une simple promesse de prêt, qui ne donne naissance à un prêt que lorsque le client utilise les fonds, et à concurrence des fonds qu'il utilise[5].

6. Prêt à intérêt. L'article 1905 du Code civil prévoit qu'« *il est permis de stipuler des intérêts pour un simple prêt soit d'argent, soit de denrées, ou autres choses mobilières* ». Ainsi, la stipulation de l'intérêt doit être distinguée du contrat de prêt lui-même et doit être appréhendée comme une modalité. Toutefois, le taux d'intérêt est soit légal soit conventionnel. Le taux d'intérêt conventionnel peut être soit un taux fixe soit un taux variable alors que le taux de l'intérêt légal est déterminé par l'article L. 313-2 du Code monétaire et financier comme

1. Cass. com., 24 mai 2016, n° 14-25.921.
2. Cass. civ. 1er, 28 mars 2000, n° 97-21.422.
3. Cass. civ. 1er, 7 juin 2006, n° 05-16.905.
4. T. com Nanterre, 26 févr. 2020, Paymium c./ BitSpread.
5. Cass. com., 21 janv. 2004, n° 01-01.129.

« *le taux de l'intérêt légal est, en toute matière, fixé par décret pour la durée de l'année civile. Il est égal, pour l'année considérée, à la moyenne arithmétique des douze dernières moyennes mensuelles des taux de rendement actuariels des adjudications de bons du Trésor à taux fixe à treize semaines* ». L'article 1907 du Code civil dispose que « *le taux de l'intérêt conventionnel doit être fixé par écrit* », cette exigence étant requise à peine de nullité de la stipulation d'intérêt[1]. Néanmoins, la nullité de la stipulation d'intérêt conventionnel n'emporte pas la gratuité du prêt.

7. **La détermination du taux.** Le taux légal se substituera au taux conventionnel[2]. Lorsque les parties stipulent une convention d'intérêt, le taux d'intérêt doit être déterminé ou déterminable au jour de la conclusion du contrat. Pareillement, il peut être fixé à un pourcentage ou basé sur un indice. De manière générale, les intérêts se calculent par référence à un pourcentage annuel. On parle alors d'année lombarde. Cela dit, la jurisprudence a déjà admis que « si le taux effectif global doit être calculé sur la base de l'année civile, rien n'interdit aux parties de convenir d'un taux d'intérêt conventionnel calculé sur une autre base ; qu'ayant relevé qu'il était expressément mentionné dans l'acte de prêt que les intérêts conventionnels seront calculés sur la base de 360 jours, l'arrêt retient, à bon droit, que ces modalités, qui ont été librement convenues entre les parties, ne peuvent être remises en cause »[3]. En ce qui concerne l'indice de référence, il est souvent choisi en référence par ceux appliqués par les banques.

Néanmoins, l'article L. 314-6 du Code de la consommation prévoit que « *constitue un prêt usuraire tout prêt conventionnel consenti à un taux effectif global qui excède, au moment où il est consenti, de plus d'un tiers, le taux effectif moyen pratiqué au cours du trimestre précédent* ». Autrement dit, l'usure est sanctionnée, dans ce cas, par une sanction civile se manifestant par la réduction du droit des intérêts perçus au taux maximal autorisé (art. L. 341-48., C. conso.) Mais le prêt n'est pas frappé de nullité. L'usure est pénalement condamnable de deux ans d'emprisonnement et de 300 000 euros d'amende (art. L. 341 – 51., C. conso.).

Clause d'anatocisme

La clause d'anatocisme, dite aussi clause de capitalisation des intérêts permet d'ajouter au capital prêté le montant des intérêts impayés, de façon à ce qu'ils produisent à leur tour des intérêts. Attention, toutefois à ne pas confondre la clause d'anatocisme avec une clause pénale qui aurait pour but de contraindre l'emprunteur à l'exécution spontanée, ni à évaluer forfaitairement et à l'avance le préjudice subi par le prêteur. En ce sens, la clause d'anatocisme ne peut faire l'objet d'une révision au sens de l'article 1231-5 du Code civil[4]. Par ailleurs, les clauses d'anatocisme sont soumises à deux conditions : elle doit résulter d'une stipulation expresse et la période de calcul des intérêts capitalisés doit être d'au moins une année (art.1343-2., C. civ.).

1. Cass. 1re civ., 14 févr. 1995, n° 92-17.061.
2. Cass. 1re civ., 9 févr. 1988, 86-11.557.
3. Cass.com. 24 mars 2009, n° 08-12.53.
4. CA Caen, 2e Ch, 10 oct. 2019, n° 17/03397.

II Formalisme du contrat de prêt de consommation

7. Propriété de la chose prêtée. Le prêt de consommation portant sur la chose d'autrui ne devrait pas être valable, puisqu'il est censé emporter transfert de propriété de la chose prêtée. Néanmoins, la validité même du contrat de prêt n'est pas soumise à la qualité de propriétaire du bien du prêteur au moment de la conclusion du contrat, il est cependant nécessaire qu'il le devienne ensuite, pour satisfaire à son obligation de mise à disposition[1].

8. Preuve du contrat de prêt de consommation. En ce qui concerne la preuve du prêt de consommation, il s'agit des mêmes que celles applicables au contrat de prêt à usage. Ainsi, par exemple, en ce qui concerne la réclamation du remboursement d'une somme prêtée, c'est en application de l'article 1315 que le prêteur doit prouver la remise de la somme d'argent et son intention de prêter[2].

En ce qui concerne les preuves admissibles, les principes obéissent au droit commun des contrats. Ainsi, la remise de la chose, en tant que fait juridique, peut être prouvée par tout moyen, tandis que l'obligation de restitution est un acte juridique soumis à l'exigence d'une preuve écrite préconstituée lorsqu'elle porte sur une somme supérieure à 1 500 euros. Il convient cependant de signaler la particularité de l'apport d'une reconnaissance de dette. En effet, la reconnaissance de la dette fait présumer la remise des fonds[3]. En outre, la reconnaissance de dette permet de rapporter la double preuve nécessaire : « *matière de prêt, contrat réel lorsqu'il a été consenti par un particulier, la reconnaissance de la dette fait présumer la remise des fonds, de sorte qu'il incombe à celui qui a signé la reconnaissance de dette litigieuse et prétend, pour contester l'existence de la cause de celle-ci, que la somme qu'elle mentionne ne lui a pas été remise, d'apporter la preuve de ses allégations* »[4].

1. Cass. com., 24 mai 2016, n° 14-25.921.
2. Cass. 1re civ., 7 mars 2006, n° 02-20.374.
3. Cass. 1re civ., 30 oct. 2008, n° 07-12.638.
4. Cass. 1re civ., 19 févr. 2014, n° 12-35.275.

Pour aller plus loin

1. Ouvrages

– Cosse et Marchal, *Traité du prêt de consomption*, 1861.

2. Articles

– Grua, *Prêt. Distinction entre prêt à usage et prêt de consommation*, J.-Cl. Civ., art. 1874.

Exercice QCM

→ Répondre aux questions suivantes. Une seule bonne réponse est possible.

1 Le contrat de prêt de consommation a-t-il un caractère translatif de propriété ?

a. Vrai.
b. Faux.

2 Le contrat de consommation est :

a. Réel.
b. Consensuel.
c. Ni l'un ni l'autre.

3 Le contrat de consommation porte sur :

a. Des biens qui se consomment à l'usage.
b. Des biens qui ne se consomment pas à l'usage.
c. Aucun des deux.

4 Le contrat de consommation est :

a. Un contrat à titre gratuit.
b. Un contrat onéreux.
c. Peut-être les deux.

5 Le bitcoin est :

a. Un actif corporel fongible.
b. Un actif incorporel fongible.
c. Un actif incorporel non fongible.

Correction

1 Réponse a. Vrai.

2 Réponse a. *Réel.*

3 Réponse a. *Qui se consomment à l'usage.*

4 Réponse c. Peut-être les deux.

5 Réponse b. Un actif incorporel fongible.

Exercice Cas pratique : « Chèque en bois »

Énoncé

Jean Bambois, jeune étudiant, décide de se rendre au grand magasin de bricolage, le B.A.V, afin d'acheter des planches en bois pour réaliser une étagère. Elle lui sera bien utile, il manque cruellement de rangements. Après beaucoup d'hésitations, il prend deux planches de 2,40 m et six planches de 70 cm. Pierre pense également à acheter des vis et une vrille : certes il lui faudra faire plus de 50 trous, mais une perceuse est trop chère… Il prend soin de faire solidement attacher ensemble les planches. N'ayant pas d'argent pour payer la livraison, il demande à son ami Justin Ptipeu qui l'accompagne s'il peut lui prêter la somme de 150 euros pour payer le prix de la livraison. En effet, Jean Bambois ne se voit pas prendre le bus avec toutes ces planches. Justin Ptipeu d'abord hésitant se décide à aider son ami en lui avançant la somme. Plusieurs mois après et malgré les réclamations de Justin Ptipeu, Jean Bambois n'a toujours pas remboursé son ami.

Qu'en pensez-vous ?

Correction

Rappel des faits et problème juridique

Une personne prête de l'argent à un ami qui fait ces courses. Mais cet ami ne lui rend pas l'argent. La question est de savoir quel est le contrat qui lie les deux amis.

Qualification juridique

Il s'agit d'un prêt non d'usage mais de consommation en l'espèce. En effet, il s'agit d'un prêt sur une chose fongible, c'est-à-dire les choses qui peuvent être remplacées par n'importe quelle chose du même genre. Tel est le cas d'une somme d'argent.

Règles de Droit

Il s'agit d'une somme d'argent. Aux termes de l'article 1892 du Code civil, la restitution doit donc se faire par équivalence.

Application

Jean Bambois devra rembourser par équivalence c'est-à-dire la même somme d'argent à Justin Ptipeu. A défaut, Jean Bambois engagera sa responsabilité. Néanmoins, c'est en application de l'article 1315 que Jean Bambois doit prouver la remise de la somme d'argent et son intention de prêter. En l'espèce l'emprunteur est de mauvaise foi. Jean Bambois, pour prouver la réalité du prêt, doit compléter le commencement de preuve par tous moyens tels que des témoignages ou des présomptions. Il pourra peut-être s'agir du témoignage de l'agent de caisse.

Jean Bambois aurait dû établir une reconnaissance de dette qui permet au particulier qui a prêté une somme d'argent d'en obtenir le remboursement sans avoir à prouver la remise des fonds au débiteur, celle-ci étant présumée et de solliciter judiciairement, le cas échéant, le paiement des sommes dues.

Fiche

21 Les effets du prêt de consommation

L'essentiel

Au sein du contrat de prêt de consommation, l'emprunteur acquiert la propriété donc il en supporte les risques. L'emprunteur à une obligation de restitution en équivaut.

Le prêteur doit garantir l'emprunteur des défauts. En revanche, le prêteur est responsable que si le défaut était caché et qu'il n'en avait pas connaissance. Enfin le prêteur n'a pas à rembourser les dépenses, ce qui le distingue du prêt à usage.

Le contrat se termine à la fin du terme convenu. Si le contrat est conclu à durée indéterminée, l'article 1900 du Code civil dispose que la restitution peut se faire à tout moment. En revanche, si le contrat de consommation a été conclu pour une durée déterminée, le prêteur ne peut demander la restitution anticipée.

1. Principes. Les effets du prêt de la consommation sont inspirés des effets du prêt à usage.

I Les obligations du prêteur

2. Délivrance. Le prêt de consommation est un contrat consensuel, il fait naître une obligation de délivrance à la charge du prêteur. Cette obligation doit s'exécuter suivant les modalités prévues contractuellement. En matière d'argent, les parties conviennent que les fonds prêtés seront affectés à un investissement particulier, cette affectation conventionnelle des fonds s'imposera non seulement à l'emprunteur, tenu d'utiliser les fonds conformément à ce qui a été prévu dans le contrat, mais également au prêteur.

3. Garantie des défauts. En ce qui concerne la garantie des défauts, l'article 1898 du Code civil prévoit que « *Dans le prêt de consommation, le prêteur est tenu de la responsabilité établie par l'article 1891 pour le prêt à usage* ». Autrement dit, « *lorsque la chose prêtée à des défauts tels qu'elle puisse causer du préjudice à celui qui s'en sert, le prêteur est responsable s'il connaissait les défauts et n'en a pas averti l'emprunteur* ».

II Les obligations de l'emprunteur

A Usage et restitution de la chose

4. Usage. La consomptibilité simplifie grandement la manière dont doit être utilisée la chose. En effet, l'emprunteur est propriétaire de la chose, il lui est loisible de l'utiliser comme il le souhaite. Que ce soit un livre, une tablette de chocolat, de l'argent, etc.

5. Restitution. Comme on l'a vu, l'emprunteur a l'obligation de restituer non pas ces choses mêmes, mais d'autres choses de la même espèce en équivalente quantité et qualité. Ainsi, en présence d'un prêt de somme d'argent, l'article 1895 du Code civil dispose que « *le débiteur doit rendre la somme numérique prêtée et ne doit rendre que cette somme dans les espèces ayant cours au moment du paiement* ». Le transfert de la propriété met les risques à la charge de l'emprunteur. Autrement dit, l'emprunteur est tenu à restitution quand bien même une perte fortuite l'aurait empêché de profiter des choses prêtées. Tel sera le cas si l'emprunteur s'est fait voler l'argent emprunter.

Le principe du nominalisme monétaire

L'ordonnance du 10 février 2016 consacre le principe du nominalisme monétaire exprimé à l'article 1343 du Code civil disposant que « *Le débiteur d'une obligation de somme d'argent se libère par le versement de son montant nominal.* ». Avant la réforme ce principe était précisé à l'article 1895 du Code civil : « *l'obligation qui résulte d'un prêt en argent n'est toujours que de la somme numérique énoncée au contrat. S'il y a eu augmentation ou diminution d'espèces avant l'époque du paiement, le débiteur doit rendre la somme prêtée, et ne doit rendre que cette somme dans les espèces ayant cours au moment du paiement* ». Ce texte ne concernait que le prêt de consommation. Aujourd'hui, il s'agit d'un principe général applicable à tous les contrats. Cela signifie que le débiteur ne doit payer à l'échéance que le montant de la dette, tel qu'il figure numériquement dans sa créance.

B Paiement des intérêts

6. Les intérêts. Les parties au prêt de consommation peuvent stipuler un intérêt que l'emprunteur aura l'obligation de payer. Ainsi, l'article 1906 du Code civil prévoit que celui qui a payé volontairement un intérêt non stipulé ne peut le répéter. Autrement dit, il ne peut en demander le remboursement. Ces dispositions ne jouent que dans le cas où le débiteur a payé des intérêts en l'absence de toute stipulation d'intérêts[1].

---

1. Cass. com., 18 juin 1996, n° 94-20.413.

7. Le moment de la restitution. De manière générale, l'emprunteur est tenu de rentrer les choses prêtées « *au terme convenu* » (art. 1902 C. civ.). Autrement dit, la durée du prêt dépend donc de la volonté des parties, qui s'imposera à l'emprunteur comme au prêteur. La différence de taille avec le prêt à usage résulte de l'interdiction faite au préteur de « *redemander les choses prêtées avant le terme convenu* ». Ce terme peut être certain (date précise) ou incertain (date de réalisation inconnue). Les parties peuvent prévoir une clause de retour à meilleure fortune. Il s'agit d'une clause indiquant que l'emprunteur payera quand il le pourra, ou quand il en aura les moyens. C'est au juge qu'est confié le pouvoir de fixer « *un terme de paiement suivant les circonstances* ». En cas de terme indéterminé, le juge est autorisé à « accorder à l'emprunteur un délai suivant les circonstances » (art. 1900 C. civ.).

Pour aller plus loin

1. Ouvrages

- Collart Dutilleul Fr. et Delebecque Ph., *Contrats civils et commerciaux*, Dalloz, 10e éd., 2015.
- Brèthe de La Gressaye J., *Essai de classification des contrats spéciaux*, LGDJ, tome 91, 1969.
- Grillet-Ponton D., *Essai sur le contrat innomé*, th. Lyon, 1982.
- Terré Fr., *L'influence des volontés individuelles sur les qualifications*, LGDJ, 1957.

2. Articles

- Grillet-Ponton D., *Nouveau regard sur la vivacité de l'innommé en matière contractuelle*, Recueil Dalloz 2000.
- Gautier P.-Y., *Régime juridique de l'innommé: à partir de la modification unilatérale du prix dans le contrat de coffre-fort*, RTD Civ. 2004.

Exercice QCM

→ Répondre aux questions suivantes. Une seule bonne réponse est possible.

1 Dans le contrat de consommation, le prêteur supporte-t-il les risques de la chose ?

a. Vrai.

b. Faux.

2 Dans le contrat de consommation, la restitution :

a. Se fait par équivalence.

b. Ne se fait pas par équivalence.

c. Se fait en nature.

3 Dans le contrat de consommation, le prêteur n'est pas censé rembourser les dépenses liées à la somme prêtée ?

a. Vrai.

b. Faux.

4 Estelle se demande si elle doit assurer les bouteilles de vin qu'elle à prêter à Lisandro comme pour un contrat de vente ?

a. Oui.

b. Non.

5 Dans le contrat de prêt de consommation à durée déterminée, la demande de restitution peut se faire :

a. Avant la fin du terme.

b. Au terme.

c. À n'importe quel moment.

Correction

1 Réponse b. Faux.

2 Réponse a. *Se fait par équivalence.*

3 Réponse a. *Vrai.*

4 Réponse b. Non.

5 Réponse c. Au terme.

Exercice

Cas pratique : « Un roman tout neuf »

Énoncé

Marc Book passe son temps à lire. Il a tous les derniers prix Goncourt et renaudot chez lui. Un dimanche après-midi sa voisine Nancy Narien sonne à sa porte et lui demande si elle peut lui emprunter le dernier livre de Marc Mussa intitulé un cœur à prendre. Sans hésiter, Marc lui prête l'ouvrage qui est tout neuf puisqu'il n'a pas encore eu l'occasion de le lire. Un mois plus tard, Nancy revient avec le livre, mais la couverture est tachée et les coins écornés. Marc qui est très minutieux demande à sa voisine Nancy de lui acheter un exemplaire neuf de l'ouvrage de Marc Mussa refusant d'avoir dans sa bibliothèque un livre en mauvais état. Nancy refuse en lui disant qu'il ne s'agit que d'un livre après tout.

Qu'en pensez-vous ?

Correction

Rappel des faits et problème juridique

Un homme prête un livre tout neuf à sa voisine qui lui rend en mauvais état. Il exige qu'elle lui achète un exemplaire tout neuf de l'ouvrage ce qu'elle refuse. Toute la question repose sur la qualification du contrat.

Qualification juridique

En l'espèce il s'agit bien d'un prêt portant sur une chose fongible, c'est-à-dire les choses qui peuvent être remplacées par n'importe quelle chose du même genre. En l'espèce un ouvrage qui peut être acheté de nouveau en librairie. Il s'agit donc d'un prêt de consommation.

Règles de Droit

La question est délicate concernant le livre car on pourrait penser qu'il s'agit d'une restitution en nature puisqu'il s'agit d'un bien (le même) que l'on rend à son propriétaire. Toutefois, un livre est un bien interchangeable puisqu'il est loisible d'acheter un nouvel exemplaire. L'emprunteur est donc tenu de rendre la chose par équivalence.

Application

Le livre de Marc étant abîmé du fait du mauvais entretien de Nancy elle devra en l'espèce lui rendre par équivalence un nouvel exemplaire.

Chapitre

4

Le contrat de dépôt

Section

I La formation du contrat de dépôt

Le dépôt de droit commun est un contrat où une partie (le déposant) demande à une autre partie (le dépositaire) de conserver la chose afin qu'elle puisse lui être restituée ultérieurement dans le même état. S'il s'agit d'un contrat réel et d'un « petit contrat », il se distingue du prêt à usage que nous avons étudié dans le chapitre précédent du fait que l'emprunteur ne peut utiliser la chose (Fiche n° 22). Sa formation obéit au droit commun des contrats (Fiche n° 23).

Fiche

22

Les critères de qualification du contrat de dépôt

L'essentiel

Le contrat de dépôt est parfois confondu avec d'autres types de convention tels le contrat de transit, le contrat d'entreprise ou encore le contrat de mandat sous couvert d'une vente. Enfin certains dépôts sont dits nécessaires bénéficiant d'un régime spécial.

I La conservation et déplacement de la chose

1. Contrat de transit et dépôt. La qualification du contrat passe par la commune intention des parties quand elle est décelable. Quelle est la qualification du contrat en vertu duquel une entreprise stocke des marchandises à l'issue d'un transport dans l'attente d'un nouveau transport. La qualification de contrat de transit suppose que l'entreprise assume les obligations caractéristiques d'un transitaire, soit réceptionner les marchandises et les remettre au transporteur suivant. Le transitaire n'est pas responsable des dommages subis par les marchandises déposées. À l'inverse, si le contrat est qualifié de dépôt, le dépositaire sera tenu responsable.

2. Contrat de dépôt et contrat de transport. Lorsqu'un expéditeur adresse ou remet des marchandises à une entreprise de transport en vue de leur expédition sur instructions ultérieures, il s'agit d'un contrat de transport et non d'un contrat de dépôt[1]. Néanmoins, le contrat de transport se transformera en un contrat de dépôt lorsque le destinataire a demandé au transporteur de conserver les colis dans ses entrepôts et payé les frais pour une année[2].

3. Contrat de déménagement et dépôt. Lorsqu'un déménagement est entrecoupé d'un dépôt, il convient soit d'y voir une seule prestation comportant une prestation accessoire soit il convient de diviser l'opération en deux en y voyant d'un côté un contrat de dépôt et de l'autre un déménagement.

II La vente de la chose

4. Contrat de dépôt-vente. Le dépôt-vente consiste, pour un commerçant (ou un particulier), à confier en dépôt des marchandises à un distributeur qui les vendra ou, s'il ne parvient pas à les vendre, les restituera au déposant (le commerçant étant rémunéré par une commission calculée en fonction du montant des ventes). Le dépôt-vente ne peut être restreint à l'association des règles du dépôt et de la vente. Si le dépositaire est chargé de vendre la chose appartenant au déposant, il ne peut le faire que pour le compte de ce dernier : c'est dire que

1. Cass. com., 22 avr. 1997, n° 94-19.040.
2. Cass. 1re civ., 6 déc. 1965, n° 64-11.056.

le contrat de dépôt est alors doublé entre les parties non pas d'un contrat de vente, mais d'un contrat de mandat.

III Dépôt nécessaire

5. Dépôt forcé. Le dépôt nécessaire est un dépôt « forcé par quelque accident » : l'oubli, le naufrage, le pillage, la ruine, l'incendie… ou tout autre événement involontaire. C'est un contrat très particulier : il n'y a pas accord de volonté entre les parties

6. Le dépôt hôtelier. Le dépôt hôtelier est un dépôt entre un déposant voyageur (celui qui loge à titre temporaire et passager) et un dépositaire le faisant coucher (ce qui exclut les restaurants, bars, boîtes de nuit, hôpitaux qui bénéficient d'un régime spécial : ils ne sont tenus d'indemniser que les choses « utiles »). L'article 1952 du Code civil définit le dépôt hôtelier comme un contrat et un dépôt nécessaire, ce qui est contestable : il ne semble pas logique de qualifier le fait de laisser des bagages et objets divers dans une chambre d'hôtel de « contrat » (il n'y a pas vraiment de consentement), ni de « dépôt » (le régime du dépôt hôtelier est très dérogatoire à celui du dépôt de droit commun, par exemple il n'y a pas remise de la chose entre les mains de l'hôtelier : le dépôt hôtelier n'est pas un contrat réel), ni de « nécessaire » (le dépôt hôtelier n'a pas un caractère accidentel, involontaire).

Pour aller plus loin

1. Ouvrages

- I. AVANZINI, *Les obligations du dépositaire*, 2007, Litec.
- G. BAUDRY-LACANTINERIE et A. WAHL, *De la société, du prêt et du dépôt*, t. 1, 3e éd., 1907.
- L. GUILLOUARD, *Traité du prêt, du dépôt et du séquestre*, 2e éd., 1879.

2. Articles

- Dossier AJ contrat déc. 2016, Le dépôt, un contrat à redécouvrir, avec la participation de : G. PIGNARRE, Le contrat de dépôt éclairé par le prisme de l'opération de qualification, p. 508 s.

Exercice QCM

→ **Répondre aux questions suivantes. Une seule bonne réponse est possible.**

1 Le dépôt nécessaire ?

a. Est un dépôt forcé.
b. Est un dépôt non nécessaire.
c. Est un dépôt volontaire.

2 Le dépôt-vente est assimilé traditionnellement à :

a. Une vente.
b. Un contrat d'entreprise.
c. Un contrat de mandat.

3 Le contrat de dépôt transport est un contrat de dépôt ?

a. Vrai.
b. Faux.

4 L'oubli est :

a. Un contrat nécessaire.
b. Un contrat forcé.
c. c Les deux.

5 Dans le contrat de transit, le transitaire est responsable des dommages causés aux marchandises ?

a. Vrai.
b. Faux.

Correction

1 **Réponse b**. Nécessaire.

2 **Réponse c**. Un contrat de mandat.

3 **Réponse b**. Faux.

4 **Réponse c**. Les deux.

5 **Réponse b**. Faux.

Exercice Cas pratique : « Vache à lait »

Énoncé

M. Jean-Paul Strate est médaillé au tout récent Salon de l'Agriculture pour ses étonnantes vache laitière. L'agriculteur conclut avec Alex Pyration travaillant dans la vente une convention au sein de laquelle il lui confiera les bouteilles de lait pour les vendre. S'il ne parvient pas à vendre ces bouteilles, Alex Pyration restituera ces dernières à M. Jean-Paul Strate. Malheureusement, alors que les bouteilles de lait sont déposées dans le hangar du magasin de Alex Pyration, celle-ci se brise à cause d'une mauvaise manipulation d'un chariot élévateur. L'image champêtre M. Jean-Paul Strate est troublée. Il veut engager la responsabilité de Alex Pyration

Qu'en pensez-vous ?

Correction

Rappel des faits et problème juridique

Un agriculteur confie ses bouteilles de lait à un vendeur pour qu'il lui écoule son stock. À charge pour lui de lui restituer les bouteilles s'il n'arrive pas à les vendre. Malheureusement, une fois arrivé dans le hangar les bouteilles sont victimes d'un accident et se brisent. L'agriculteur veut engager la responsabilité du vendeur. Toute la question réside dans la qualification du contrat unissant les deux hommes.

Qualification juridique

Ce type de contrat mêle contrat de dépôt et contrat de vente. Toutefois leurs qualifications ont été âprement débattues par la jurisprudence. En effet, il s'agit de la combinaison de trois contrats. D'une part, le dépôt puisque le vendeur conserve la chose pour en user. D'autre part, la vente puisqu'il doit écouler en contrepartie d'un prix les produits qui lui ont été confiés. Enfin, d'un mandat puisqu'il y a eu accord pour vendre au nom et pour le compte d'un mandant.

Règles de Droit

La jurisprudence a déjà pu admettre que dès lors qu'ils n'acquièrent pas les marchandises du fournisseur, mais les reçoivent avec obligation de restituer les invendus, les commerçants sont qualifiés de « dépositaires »[1].

1. Cass. com., 8 oct. 1963, n° 61-12.971.

C'est cette hypothèse qui sera privilégiée au sein de ce cas pratique, car le commerçant n'a pas pu ni eu le temps de mettre à la vente les bouteilles de lait. Par ailleurs, on rejettera également la qualification de contrat de mandat qui se définit par l'accomplissement d'actes juridiques et non matériels.

Application

En M. Jean-Paul Strate l'espèce, pourra engager la responsabilité de dépositaire de Axel Pyration qui était tenu d'une obligation de conservation des bouteilles de lait.

La formation du contrat de dépôt

L'essentiel

L'article 1915 du Code civil prévoit que le contrat de dépôt est celui par lequel on reçoit une chose appartenant à autrui, à charge de la garder et de la restituer en nature. Il s'agit d'un contrat réel essentiellement gratuit, mais qui peut être également onéreux. Le déposant n'est pas nécessairement le propriétaire des choses remises en dépôt. La preuve obéit au droit commun de la preuve.

I Les éléments caractéristiques du contrat de dépôt

1. Principes L'article 1915 du Code civil prévoit que le contrat de dépôt est celui par lequel on reçoit une chose appartenant à autrui, à charge de la garder et de la restituer en nature. Le contrat de dépôt ne porte que sur des choses mobilières corporelles. Il faut néanmoins, une intention de conserver la chose d'autrui. La question ne soulève pas *a priori* de véritable difficulté dès lors qu'il y a remise volontaire. Dans ces conditions, la jurisprudence ne retient pas la qualification de dépôt au profit de la qualification de gardiennage lorsqu'une cliente oublie ses boucles d'oreilles chez le coiffeur, ou bien encore lorsqu'un manteau a été oublié dans une voiture. Dans le même ordre d'idée, on opérera une distinction entre le contrat de dépôt et le dépôt dit nécessaire qui oblige les aubergistes et les hôteliers à être dépositaires des vêtements, bagages et objets divers que les voyageurs qui logent chez eux ont apportés (art. 1952. C. civ.).

2. Nature du contrat. Le contrat de dépôt est un contrat dit « réel ». À cet égard, la doctrine a pu le qualifier de « plus réel des contrats réels». En effet, il se forme par la remise de la chose et au moment de celle-ci. D'ailleurs il convient de noter que ne sera pas considéré comme un contrat de dépôt, mais une promesse synallagmatique de dépôt la convention selon laquelle une partie s'engage à remettre des marchandises à un dépositaire qui les accepte.

3. La propriété. Le déposant n'est pas nécessairement le propriétaire des choses remises en dépôt. En ce qui concerne, la qualité de propriétaire du déposant, il faut souligner que le dépositaire n'a pas à réclamer cette preuve. En effet, le déposant peut agir pour le compte d'autrui. En ce sens, le dépositaire n'engage pas sa responsabilité vis-à-vis des contentieux relatifs à la propriété des biens déposés. Néanmoins, il doit en informer le propriétaire s'il découvre que les biens déposés proviennent d'un vol (art. 1938, al. 2., C. civ.). En pratique le dépôt ne transfère pas au dépositaire la propriété des biens sauf dans l'éventualité d'un dépôt-vente où les biens déposés sont des biens fongibles, non individualisés.

4. Preuve du dépôt La preuve obéit au droit commun de la preuve. Ainsi, la preuve du dépôt volontaire, c'est-à-dire de source conventionnelle par opposition à ceux imposés par la loi, dépendra de la valeur de l'objet déposé. Si l'objet a une valeur inférieure à 1 500 €, la preuve est libre. À l'inverse, si l'objet vaut plus de 1 500 €, la preuve doit être faite par écrit, avec les exceptions traditionnelles, preuve libre face à un commerçant ou encore preuve libre en présence d'un commencement de preuve par écrit. L'article 1924 du Code civil prévoit qu'à défaut d'écrit « *celui qui est attaqué comme dépositaire en est cru sur sa déclaration soit pour le fait même du dépôt, soit pour la chose qui en faisait l'objet, soit pour le fait de sa restitution* ».

En ce qui concerne l'existence même du contrat de dépôt, c'est au déposant qu'il incombe de prouver la remise de la chose et son état à ce moment. La preuve du contrat de dépôt peut se faire par tous moyens et ainsi résulter de la présentation d'un récépissé ou d'un bon de dépôt délivré par le dépositaire. En cas de contestation, il appartient au dépositaire de dresser un inventaire lors de l'entrée en entrepôt et d'enregistrer les apports et les sorties. L'inventaire du dépositaire faisant foi jusqu'à preuve du contraire (art. 1924 C. civ.). Le dépositaire peut préciser par des réserves l'état des choses remises. À défaut le dépositaire n'est pas présumé avoir reçu des marchandises en bon état. Il appartiendra alors au déposant de prouver les dommages que la chose a subis

II Le prix du contrat de dépôt

5. Contrat à titre gratuit. L'article 1917 du Code civil précise que le dépôt proprement dit est « un contrat essentiellement gratuit ». Cette définition le rapproche de ce qui a pu être dit sur le mandat en le considérant comme un contrat d'amis (à titre d'exemple X et ami avec Y et gara sa voiture chez Y gratuitement) faisant ainsi présumer que le dépôt à titre onéreux n'existe pas.

Toutefois, la gratuité du dépôt peut être écartée dès lors qu'il est qualifié de dépôt salarié. Là encore il s'agit d'une terminologie trompeuse, car en effet, il ne s'agit pas d'un contrat de travail, mais bien d'un contrat de dépôt conclu à titre onéreux. Ce développement des contrats de dépôt est devenu onéreux du fait que très souvent les dépôts sont reçus par des professionnels. Ils sont par conséquent rémunérés.

De manière générale, les parties fixent dans le contrat le prix du dépôt. L'absence d'écrit peut toutefois poser des problèmes de preuve. En effet, en l'absence de pouvoir de fixer un prix le déposant est susceptible de ne pas percevoir de rémunération. En outre, le caractère essentiellement gratuit du dépôt s'oppose, en effet, à la fixation d'un prix par le juge, de même qu'il interdit d'invoquer l'absence de prix pour obtenir la nullité du contrat. Il en va de même en cas de circonstance exceptionnelle venant impacter la prestation de dépôt, le juge ne pourra intervenir.

Pour aller plus loin

1. Ouvrages

- R.-T. TROPLONG, Le droit civil expliqué suivant l'ordre des articles du Code depuis et y compris le titre de la vente. Du dépôt et du séquestre et des contrats aléatoires. Commentaire du Titre XI et XII du livre III du Code civil, 1845.

2. Articles

- Ph. RÉMY, *Le dépôt est un contrat comme les autres* (une relecture de Flexible droit), Dossier RDC 2014/1 p. 143 s.
- Ph. BIHR, *La notion de dépôt hôtelier*, JCP 1974. I. 2616.
- P.-Y. GAUTIER, *Le dépôt : exercices de qualification*, Dossier RDC 2014/1 p. 149.

Exercice QCM

→ Répondre aux questions suivantes. Une seule bonne réponse est possible.

1 Le but principal du contrat de dépôt et la restitution de la chose?

a. Vrai.
b. Faux.

2 Le contrat de dépôt suppose le transfert de propriété pour:

a. Un certain temps.
b. Seulement le transfert de garde.
c. Pour une durée perpétuelle.

3 Le contrat de dépôt est un contrat réel?

a. Vrai.
b. Faux.

4 Le déposant doit-il être le propriétaire de la chose?

a. Oui.
b. Non.

5 Le dépôt est traditionnellement:

a. Onéreux.
b. Gratuit.
c. Peut-être les deux.

Correction

1 **Réponse a**. Vrai.

2 **Réponse b**. Seulement le transfert de garde.

3 **Réponse a**. Vrai.

4 **Réponse b**. Non.

5 **Réponse C**. Peut-être les deux.

Exercice Cas pratique : « Les palettes »

Énoncé

Une société dénommée Paper French fabrique des articles en papier à usage sanitaire et domestique conclu un contrat avec un voiturier dénommé Carstar. Il s'agit d'un contrat non écrit portant sur la gestion de palettes de transport. La société Paper French met en dépôt des palettes dans les locaux du voiturier qui gère leurs stocks et qui doit les restituer à la demande de Paper French. Depuis quelque temps le voiturier ne restitue pas les palettes à Paper French en invoquant qu'il n'a pas été payé. La société Paper French invoque n'avoir jamais conclu de contrat avec la société Carstar et qu'il s'agit d'un dépôt à titre gratuit. Carstar invoque que le contrat de dépôt existe et appui ces dires en présentant les décomptes réguliers du nombre de palettes retournées à l'expéditeur et les échanges de courriels relatifs à ces décomptes.

Qu'en pensez-vous ?

Correction

Rappel des faits et problème juridique

Une société de fabrication de palette conclut un contrat non écrit de gestion des stocks de palette avec un voiturier. Cependant depuis quelque temps le voiturier ne restitue pas les palettes en invoquant un non-paiement de la part de la société de fabrication de papier. La question porte sur l'existence d'un contrat de dépôt.

Qualification juridique

D'après les faits de l'espèce, on peut en déduire qu'il s'agit d'un contrat de dépôt. Toutefois, en l'absence d'écrit il est difficile d'en déduire qu'il s'agit d'un dépôt gratuit ou onéreux. Le contrat de dépôt obéit au droit commun des contrats. Si l'objet a une valeur inférieure à 1 500 €, la preuve est libre. À l'inverse, si l'objet vaut plus de 1 500 €, la preuve doit être faite par écrit, avec les exceptions traditionnelles, preuve libre face à un commerçant ou encore preuve libre en présence d'un commencement de preuve par écrit.

Règles de Droit

C'est au déposant qu'il incombe de prouver la remise de la chose et son état à ce moment. Néanmoins, la jurisprudence a déjà refusé comme force probante certains documents qui ne rapportaient pas véritablement la preuve de l'existence du contrat de dépôt : décomptes n'étaient accompagnés d'aucune réclamation financière ou demande de restitution des palettes manquantes en nature[1]. Il appartient au dépositaire de dresser un inventaire lors de l'entrée en entrepôt et d'enregistrer les apports et les sorties

Application

En l'espèce c'est donc à la société Carstar de prouver l'existence du contrat de dépôt. Tout repose sur la présentation des documents présentés par le voiturier.

1. CA Nancy, 25 nov. 2020, n° 19/00924.

Section

II

Les effets du contrat de dépôt

Le dépositaire s'engage tout d'abord à garder la chose confiée sans en faire usage et à le restituer au déposant (Fiche n° 24). Le déposant quant à lui à rembourser les dépenses et indemniser les pertes (Fiche n° 25).

Fiche

24 Les obligations du dépositaire

L'essentiel

Le dépositaire doit conserver la chose sans l'utiliser plus que nécessaire à la conservation. L'obligation de conservation n'est pas une obligation purement passive : le dépositaire doit faire en sorte que la chose soit entretenue, ne se détériore pas. Si la chose s'est détériorée, le dépositaire est responsable à condition qu'il ne se soit pas comporté avec la chose déposée comme il s'occupe habituellement de ses affaires.

Le dépositaire a l'obligation de restituer la chose du dépôt en l'état ainsi que ses éventuels fruits, sauf cas de force majeure, au déposant. Il est exonéré de cette obligation s'il sait que la chose a été volée et connaît le véritable propriétaire (dans ce cas, le dépositaire doit préalablement lui demander s'il souhaite récupérer son bien). La restitution s'effectue au terme extinctif ou à la demande du déposant (sauf si le dépositaire a des raisons légitimes de s'opposer à la restitution anticipée), au lieu du dépôt.

I Les obligations du dépositaire lié à la remise de la chose

A L'obligation de gardiennage

1 Les obligations afférentes à la garde

1. Notions. On ne reviendra pas sur l'historique de la notion de garde institué par l'arrêt Franck déjà évoqué dans l'étude du contrat de prêt. L'article 1927 du Code civil rappelle l'importance de l'obligation de garde de la chose mobilière objet du contrat. Il s'agit d'une obligation essentielle[1].

2. Obligation de conservation. Ainsi, le dépositaire est tenu d'assurer la conservation des biens déposés. Le dépositaire à prendre toutes les précautions nécessaires afin d'assurer la conservation des marchandises (protection contre le dépérissement, les dégradations ou les vols). Elle l'oblige, également, à donner à la marchandise les soins nécessaires pour assurer sa conservation.

Les diligences requises par le dépositaire varient en fonction de l'objet déposé, le dépôt d'un animal vivant imposant des soins, un nourrissage, et une attention particulière afin qu'il soit maintenu et restitué en bonne santé.

2. Gratuit ou onéreux ? Il convient de distinguer selon que le contrat de dépôt est à titre gratuit ou à titre onéreux. Dans la première hypothèse, le dépositaire dit désintéressé doit

1. Cass. Crim 5 mars 1987.

apporter, dans la garde de la chose déposée, les mêmes soins qu'il apporte dans la garde des choses qui lui appartiennent (art. 1927., C. civ.). À l'inverse, lorsque le contrat de prêt est onéreux, le dépositaire dit intéressé est tenu d'une obligation de moyen renforcée (art. 1928., C. civ.).

2 Les agencements conventionnels de l'obligation de garde

3. Entretien. Par conséquent, le dépositaire devra apporter à la chose déposée le même soin qu'il apporte à ses propres choses. En cas de défaillance de son obligation, la charge de la preuve n'incombera plus au déposant, mais au dépositaire; le dépositaire doit être exonéré de toute responsabilité dès lors qu'il établit la cause étrangère, la faute du déposant et, plus simplement, son absence de faute. Les parties peuvent néanmoins convenir de préciser dans le contrat le contenu de l'obligation de conservation, éventuellement en la limitant ou en l'élargissant à des prestations essentielles.

4. Tempéraments. En revanche, les clauses excluant l'existence d'une obligation de conservation sont incompatibles avec la qualification de dépôt. Ainsi, les clauses excluant la responsabilité du dépositaire en cas d'inexécution de l'obligation de conservation sont nulles, le dépositaire ne pouvant s'affranchir de toute responsabilité consécutive à l'inexécution d'une obligation essentielle d'un contrat.

B L'interdiction d'user de la chose

5. L'interdiction d'user de la chose. L'article 1930 du Code civil interdit au dépositaire d'utiliser la chose remise, sauf permission du déposant. En cas de manquement à cette obligation, le dépositaire engage certainement sa responsabilité civile à l'égard du déposant.

6. Obligation de discrétion. L'obligation de discrétion est un corollaire de l'obligation de non-usage. Elle interdit au dépositaire de rechercher à savoir le contenu d'une chose déposée. En ce sens, le dépositaire n'a pas à connaître ce qui est caché et il n'a pas à garder le mobilier encapsulé dans un conteneur fermé, mais seulement le conteneur.

II Les obligations du dépositaire lié à la restitution de la chose

7. Règles encadrant la restitution. La seconde obligation du dépositaire est la restitution. Il s'agit d'une obligation de résultat. Le dépositaire commet donc une faute du seul fait qu'il ne restitue pas les biens conformément à ses engagements. L'article 1937 du Code civil précise que le dépositaire doit restituer la chose au déposant ou à celui au nom duquel le dépôt a été fait ou, enfin, à la personne indiquée par le déposant.

A Le créancier de la restitution

8. Propriétaire de la chose. S'il n'a pas à rechercher la qualité de propriétaire de celui à qui il doit remettre la chose (art. 1938., C. civ.), il doit, en revanche, vérifier s'il s'agit bien d'une personne habilitée à la recevoir. En ce sens, lorsque le propriétaire est tiers au contrat de dépôt, le dépositaire doit restituer la chose au déposant et non au propriétaire, à peine de devoir indemniser le déposant. Toutefois, il est possible que le déposant soit également le propriétaire de la chose. Dans une telle hypothèse, il pourra solliciter la restitution de la chose tant sur le fondement du contrat de dépôt que sur le fondement d'une action en revendication, laquelle a le mérite d'être imprescriptible.

B L'objet de la restitution

9. Nature de la restitution. En principe, le dépositaire doit restituer la chose même qu'il a reçue (C. civ., art. 1932). S'il a reçu des choses de genre non individualisées (vins, chocolat, fruits), il doit restituer des choses de même nature, quantité et qualité. Le dépositaire doit restituer la chose dans l'état où elle se trouve au moment de la restitution. Il est envisageable également que le dépositaire, ne pouvant restituer la chose en nature doit procéder à une restitution par équivalent. Il s'acquitte donc de son obligation de restitution en versant une indemnité correspondant à la valeur de la chose.

10. Les fruits. Le dépositaire a l'obligation de restituer la chose du dépôt en l'état ainsi que ses éventuels fruits, sauf cas de force majeure, au déposant.

C Moment et lieu de la restitution

11. Moment de la restitution. Lorsqu'il s'agit d'un dépôt comportant une date déterminée, la restitution a en principe lieu à la date prévue.

12. Lieux de la restitution conformément à l'article 1943 du Code civil la restitution s'opère au lieu du dépôt. Néanmoins, les parties peuvent convenir d'un lieu différent pour la restitution, l'article 1942 du Code civil assimile le transport dans ce lieu à la charge du déposant.

Seule la restitution effective peut le délivrer de son obligation de garde.

D La détermination de la chose

13. Preuve. Il incombe au dépositaire de prouver la restitution des biens conformément à l'article 1315 du Code civil. Cette preuve peut être apportée par tous moyens. En revanche, c'est au déposant qu'il incombe d'établir que les choses restituées ne sont pas celles remises en dépôt

Pour aller plus loin

1. Articles

– A. BÉNABENT, *Dépôt : la marginalité par la preuve*, Dossier RDC 2014/1, p. 147.

Exercice QCM

→ **Répondre aux questions suivantes. Une seule bonne réponse est possible.**

1 Louis met sa voiture en dépôt en faveur d'Antoine. Il se demande s'il pourra la reprendre en cas d'urgence ?

a. Oui.

b. Non.

2 Le dépositaire : n'a aucun droit de rétention de la chose :

a. N'a aucun droit de rétention de la chose en cas de non-paiement du déposant.

b. À un droit de rétention de la chose en cas de non-paiement du déposant.

c. N'a aucun droit de rétention de la chose En cas de destruction de la chose.

3 Le dépositaire a :

a. Le droit d'user de la chose.

b. Le droit d'user des fruits de la chose.

c. N'a pas le droit d'user de la chose.

4 La restitution s'opère :

a. N'importe où.

b. Au lieu du dépôt.

c. Dans un lieu autre que celui du dépôt.

5 Le dépositaire se doit de restituer la chose ainsi que les fruits ?

a. Oui.

b. Non.

Correction

1 Réponse a. Non.

2 Réponse b. À un droit de rétention de la chose en cas de non-paiement du déposant.

3 Réponse c. N'a pas le droit d'user de la chose.

4 Réponse b. Non.

5 Réponse a. Oui.

Exercice

Cas pratique : « L'affaire du collier »

Énoncé

Céline Évitable confie le collier de sa grande tante à un bijoutier Eddy Scylla pour une réparation du fermoir. Mais alors qu'il n'avait pas encore opéré la réparation Eddy Scylla est victime d'un vol et le collier de Céline Évitable en fait partie. Céline Évitable souhaite engager la responsabilité de Eddy Scylla pour son manquement aux précautions nécessaires afin d'assurer la conservation du collier.

Qu'en pensez-vous ?

Correction

Rappel des faits et problème juridique

Une femme confie un bijou de famille à un bijoutier pour réparation, mais celui est victime d'un vol et le collier a disparu. La cliente veut engager la responsabilité du bijoutier. En l'espèce il s'agit de qualifier la nature du contrat qui unit Céline Évitable et Eddy Scylla et d'étudier s'il y a responsabilité de ce dernier, suite au vol du collier.

Qualification juridique

Traditionnellement la réparation de bijoux est qualifiée de contrat d'entreprise. Le dépôt du bijou étant accessoire au contrat d'entreprise. Le problème en l'espèce est que Eddy Scylla n'avait fait que récupérer le bijou et n'avait pas commencé à le réparer. En ce sens, on peut en déduire qu'il s'agit davantage d'un contrat de dépôt et non un contrat d'entreprise. Cette qualification de contrat de dépôt a déjà pu être établie par la Cour de cassation dans une affaire aux faits similaires[1].

Règles de Droit

En ce sens, le dépôt implique que le dépositaire accepte de conserver la chose en y apportant les mêmes soins qu'à la garde des choses lui appartenant. Plus particulièrement lorsque le contrat est à titre onéreux. On peut en déduire que la réparation du bijou avait un coût. L'obligation est donc renforcée. Toutefois, le dépositaire peut s'exonérer de toute responsabilité dès lors lorsqu'il rapporte la preuve de l'absence de faute ou de négligence de sa part.

1. Cass. cvi. 1er, 1er juin 2017, n° 16-20.780.

Application

En l'espèce si Eddy Scylla démontre qu'il a pris toutes les précautions de surveillance de la chose et que le vol n'est pas de son fait ou de son manque de vigilance, il pourra s'exonérer de toute responsabilité.

Les obligations du déposant

L'essentiel

Le déposant doit rembourser le dépositaire des éventuelles dépenses engendrées par le dépôt. Il doit indemniser le dépositaire des éventuelles pertes causées par le dépôt (par exemple en cas de vice caché de la chose).

I L'objet des obligations du déposant

1. Principes. L'article 1947 du Code civil fait peser sur le déposant deux obligations : celle de rembourser les dépenses engagées par le dépositaire et celle de l'indemniser de ses pertes.

2. Le remboursement des dépenses. La loi oblige le déposant uniquement qu'à rembourser au dépositaire les dépenses de conservation de la chose. Ces dépenses sont les dépenses nécessaires, celles sans lesquelles la chose aurait été détruite ou détériorée. Toutefois, les parties peuvent prévoir que plus de dépenses seront indemnisées.

3. L'indemnisation des pertes. Après un long débat, il a fini par être admis que le déposant doit indemniser le dépositaire des pertes qu'il a subi sur le fondement d'une action contractuelle. Pour ce faire, le dépositaire devra démontrer l'existence d'un préjudice résultant directement du contrat de dépôt. Le déposant sera alors débiteur de l'obligation d'indemniser toutes sortes de pertes, et non pas seulement le préjudice prévisible. Néanmoins, il est tout à fait possible d'insérer une clause limitant la réparation des dommages. L'indemnisation des pertes n'étant pas une obligation caractéristique du dépôt, il est tout à fait possible de prévoir des aménagements conventionnels à son encontre.

4. Rémunération. Traditionnellement, le dépôt est un contrat à titre gratuit. Il n'y aura donc de rémunération que si les parties l'ont expressément prévu dans le contrat de dépôt. Le côté onéreux est souvent présumé lorsque le contrat de dépôt est l'accessoire d'un autre contrat, plus précisément lorsqu'il est l'accessoire d'un contrat d'entreprise. Lorsque le contrat de dépôt est onéreux, la détermination du prix est faite par les parties au contrat. À défaut de précision, les juges peuvent fixer le prix du contrat, à condition pour eux d'expliciter les éléments retenus pour fixer le montant. *A contrario*, si le prix est fixé par les parties, le juge n'a plus aucune prise pour le réviser.

II Les garanties de paiement du dépositaire

5. Le droit de rétention. Le droit de rétention, constitue le droit accordé à toute personne qui détient légitimement une chose, de retenir la chose jusqu'à obtenir le complet paiement de ses prestations. À cet égard, s'il souhaite exercer son droit de rétention, le dépositaire doit être titulaire d'une créance certaine liquide et exigible et que cette créance soit en lien direct avec le dépôt. Ainsi le dépositaire ne peut retenir une chose pour obtenir le paiement d'une créance née d'un dépôt antérieur. Toutefois, par convention, les parties peuvent créer cette connexité nécessaire à l'exercice du droit de rétention, conformément à l'article 2286 alinéa 1er du Code civil.

6. Le privilège du conservateur. Ainsi, l'article 2332 3° du Code civil qui confère un privilège pour garantir le paiement des « *frais faits pour la conservation de la chose* ». Ce privilège garantit le dépositaire, pour les dépenses de conservations qui incluent sa rémunération, sur l'assiette de la chose déposée.

7. Vente aux enchères des meubles délaissés. Les garde-meubles et autres dépositaires de véhicules automobiles peuvent lorsqu'un contrat de dépôt est l'accessoire d'un contrat d'entreprise, sur ordonnance judiciaire, procéder à la vente aux enchères de la chose déposée lorsque celle-ci a été abandonnée entre leurs mains depuis un an à compter de la fin du contrat d'entreprise ou trois mois pour les véhicules automobiles et les motocycles.

Pour aller plus loin

1. Articles

– J. P. PUIG, *Dépôt d'une chose détériorée : nouvelle illustration du risque de la preuve*, RDC 2009., 1135.

Exercice QCM

→ **Répondre aux questions suivantes. Une seule bonne réponse est possible.**

1 Le déposant est obligé de rembourser les dépenses engagées par le dépositaire ?

a. Vrai.
b. Faux.

2 Lorsque le contrat de dépôt est onéreux, le prix est :

a. Fixé par un expert.
b. Fixé par les parties.
c. Fixé par le juge.

3 Dans le contrat de dépôt à durée déterminée, le déposant peut restituer la chose avant la fin du terme :

a. Restituer la chose avant la fin du terme s'il ne peut plus s'en occuper.
b. Ne peut pas restituer la chose avant la fin du terme.
c. Peut détruire la chose avant la fin du terme.

4 Dans un contrat de dépôt à durée indéterminée, le déposant peut récupérer sa chose :

a. Quand il le souhaitera.
b. Non pas avant un certain temps.
c. Quand le dépositaire le souhaitera.

5 Si le déposant ne vient pas récupérer sa chose et que celle-ci périt après la fin du terme le dépositaire restera responsable ?

a. Vrai.
b. Faux.

Correction

1 **Réponse a**. Vrai.

2 **Réponse b**. Par tout moyen.

3 **Réponse b**. Ne peut pas restituer la chose avant la fin du terme.

4 **Réponse a**. Quand il le souhaitera.

5 **Réponse b**. Faux.

Exercice Cas pratique : « Aire d'autoroute »

Énoncé

Gilles De Sauvetage rêve de partir avec son épouse dans les quatre coins de la France à abord d'un camping-car. C'est décidé ! Dès le début des vacances d'été, il achète le camping-car de ses rêves. Néanmoins, à la fin de la première semaine le camping-car présente divers dysfonctionnements qui obligent le couple à mettre en dépôt dans un garage le véhicule. Ils continueront leur tour de France en train. Trois ans après avoir laissé en dépôt le camping-car, Gilles De Sauvetage se présente au garage pour le récupérer. Toutefois, Henri Poste le garagiste demande de rembourser des dépenses faites pour la conservation du camping-car à Gilles De Sauvetage. Ce dernier refuse.

Qu'en pensez-vous ?

Correction

Rappel des faits et problème juridique

Un couple part en vacances en camping-car. Cependant, le véhicule présente des dysfonctionnements et ils décident de laisser le véhicule en dépôt dans un garage. Trois ans plus tard, l'époux décide de récupérer le camping-car, mais le garagiste lui demande le remboursement des frais d'entretien du véhicule. Si la qualification du contrat ne pose pas de difficulté puisqu'il nous est indiqué qu'il s'agit d'un dépôt, la question résidera dans l'éventuel remboursement des frais d'entretien qui sont dus par le déposant.

Qualification juridique

L'article 1947 du Code civil indique que le déposant doit uniquement rembourser au dépositaire les dépenses de conservation de la chose.

Règles de Droit

En l'espèce, il est également possible que le dysfonctionnement du camping-car qui a été laissé en dépôt puisse être qualifié de dépôt nécessaire selon les termes de l'article 1951 du Code civil. En effet, la jurisprudence a admis que « née d'un dépôt nécessaire, l'intervention du garagiste implique de lui rembourser les dépenses engagées pour la conservation du véhicule »[1].

1. CA Douai, 2e ch., 7 sept. 2017, n° 15/05126.

Application

Sont des dépenses nécessaires, celles sans lesquelles la chose aurait été détruite ou détériorée. La jurisprudence a d'ailleurs rappelé ce principe dans un arrêt en date du 20 mai 2020 : « l'obligation pour le déposant de rembourser au dépositaire les dépenses qu'il a engagées pour la conservation de la chose déposée »[1]. Ces dépenses bien évidemment ne doivent pas être abusives. S'il ne nous est rien indiqué en l'espèce sur le montant demandé par Henri Poste le garagiste, les dépenses sont sans doute élevées puisque le véhicule a été lassé en dépôt durant trois ans. Gilles De Sauvetage devra donc payer les frais déboursés par le garagiste pour l'entretien du camping-car.

1. Cass. civ 1er, 20 mai 2020, n° 18-19.829.

Chapitre

5

Le contrat de mandat

Section

I La formation du contrat de mandat

En droit français, le mandat est un contrat prévu par l'article 1984 du Code civil, par lequel une personne, le mandant, donne à une autre personne, le mandataire, le pouvoir de faire un ou des actes juridiques en son nom et pour son compte (Fiche n° 27). La principale caractéristique du contrat de mandat est que le mandataire doit exercer sa mission en toute indépendance. Il existe un certain risque de confusion avec d'autres contrats tels que le contrat de travail ou le contrat d'entreprise (Fiche n° 26). Sa formation obéit au droit commun des contrats (Fiche n° 28).

Les critères de qualification du contrat de mandat

L'essentiel

Le contrat de mandat se distingue des autres contrats du fait qu'il permet d'accomplir des actes juridiques et non des actes matériels. Enfin, il peut être confondu avec d'autre contrat de représentation comme le contrat de commission, les conventions de prête-nom ou encore la convention de courtage.

I L'accomplissement d'actes juridiques

1. Contrat de mandat et contrat d'entreprise. Le mandat repose sur l'accomplissement d'actes juridiques, ce qui constitue un élément déterminant de sa qualification : le mandataire est donc chargé de réaliser des actes juridiques (et non pas de simples actes matériels, qui caractérisent le contrat d'entreprise). Ces actes juridiques peuvent être de différentes natures : actes unilatéraux (donner congé), actes collectifs (constituer une société), contrats.

II La représentation

2. Notion. La représentation consiste à faire un acte au nom et pour le compte d'autrui, en vertu d'un pouvoir. Le résultat de la représentation aboutit à ce que le représenté soit engagé envers les tiers par les actes souscrits par le représentant en son nom et pour son compte. Ce critère permet de distinguer le mandat de contrats qui lui sont proches.

3. Le contrat de commission. Il s'agit d'un contrat dans lequel le commissionnaire agit en son propre nom ou sous un nom social pour le compte d'un commettant (art. L. 132-1 C. com.). Le commissionnaire est un intermédiaire commerçant qui agit en son nom propre, mais pour le compte d'un client, lui-même commerçant. Il ne dissimule pas agir pour autrui mais ne dévoile pas l'identité du donneur d'ordre. Il se distingue du mandataire, qui agit non seulement pour le compte d'autrui, mais aussi au nom d'autrui. C'est la raison pour laquelle, à l'égard des tiers, le contrat de commission engage personnellement le commissionnaire pour ses actes (art. L. 132-6, C. com.). En revanche, entre les parties, les règles du mandat s'appliquent (art. L. 132-1, al. 2, C. com.).

4. La convention de prête-nom. Il s'agit d'une convention qui fait intervenir une personne qui s'engage à agir pour le compte d'autrui, mais en son propre nom. À la différence du contrat de commission, elle ne dit pas au tiers contractant agir pour le compte d'autrui et, *a fortiori*, elle n'en révèle pas l'identité. Cette convention se distingue du mandat, dans lequel le mandataire agit au nom d'autrui. Le contrat de prête-nom est régi par les dispositions relatives à la simulation. Entre les parties, seul l'acte occulte, prouvé, est censé produire ses effets. La jurisprudence applique habituellement, entre elles, les règles du mandat. À l'égard des tiers, en revanche, le prête-nom sera personnellement engagé, sauf si les tiers souhaitent se prévaloir de l'acte secret.

5. La convention de courtage. Il s'agit d'un contrat dans lequel un intermédiaire agissant en toute indépendance est chargé par son client, donneur d'ordres, de lui trouver un partenaire contractuel. Contrairement au mandataire et au commissionnaire, le courtier ne peut pas conclure l'acte juridique qu'il négocie pour son client. Toutefois, parce que le courtier agit pour le compte de son client, la question reste débattue de savoir si cette convention peut être qualifiée de mandat.

Pour aller plus loin

1. Articles

- TRISSON-COLLARD, *Tentative de distinction des contrats d'entreprise et de mandat fondée sur l'objet du contrat*, LPA 7 févr. 2001, n° 27.
- LEDUC, *Deux contrats en quête d'identité. Les avatars de la distinction entre le contrat de mandat et le contrat d'entreprise*, in Études offertes à Geneviève Viney, 2008, LGDJ, p. 595 s.
- GRIMALDI, *Mandat et courtage, Le mandat : un contrat en crise ?*, 2011, Economica, p. 79 s.

Exercice QCM

→ **Répondre aux questions suivantes. Une seule bonne réponse est possible.**

1 Le contrat de mandat consiste en l'accomplissement :

a. D'un acte matériel.
b. D'un acte juridique.
c. D'un acte mixte.

2 Dans le contrat de mandat il y a lien de subordination entre le mandataire et le mandant ?

a. Vrai.
b. Faux.

3 3 Traditionnellement le mandat est un contrat :

a. Réel.
b. Consensuel.
c. Mixte.

4 Le mandat peut être :

a. Gratuit.
b. Onéreux.
c. Les deux.

5 La nécessité des capacités du mandataire et du mandant sont les mêmes ?

a. Vrai.
b. Faux.

Correction

1 **Réponse b**. Le contrat de mandat consiste en l'accomplissement d'actes juridiques.

2 **Réponse b**. Faux.

3 **Réponse b**. Le contrat de mandat est un contrat consensuel.

4 **Réponse c**. Le contrat de mandat peut être à titre gratuit ou à titre onéreux.

5 **Réponse b**. Faux.

Exercice Cas pratique : « échec et mat »

Énoncé

Igor Dehors est joueur échecs de renom à tel point que certains clubs le payent pour qu'il vienne jouer contre leurs adhérents. Igor Dehors doit aller jouer un tournoi dans un club réputé durant un Week-end. Cependant, ne se sentant pas en forme il conclut une convention avec un de ses frères pour qu'il joue en son nom et pour son compte. Igor Dehors a toute confiance en son frère moins brillant que lui mais assez bon pour disputer ce type de tournoi. Bien entendu si son frère gagne, le prix reviendra à Igor Dehors. Son frère se demande s'il s'agit d'un contrat de mandat.

Qu'en pensez-vous ?

Correction

Rappel des faits et problème juridique

Un grand joueur d'échecs conclut une convention avec son frère pour qu'il joue en son nom et pour son compte à sa place. Son frère se demande s'il s'agit d'un contrat de mandat. Toute la question repose sur la qualification de cette convention.

Qualification juridique

Selon l'article 1984, le mandat se définit comme un acte par lequel une personne donne à une autre le pouvoir de faire quelque chose pour le mandant et en son nom. En l'espèce, au sein de la convention le frère d'Igor Dehors doit jouer en son nom et pour son compte il s'agit d'une convention de représentation.

Règles de Droit

Toutefois, le contrat de mandat a pour objet l'accomplissement d'actes juridiques. Un acte juridique est un acte créateur de normes. En l'espèce, il ne s'agit pas d'accomplir un acte juridique, mais d'accomplir un acte matériel et intellectuel. En l'occurrence, jouez aux échecs. Il semble qu'il s'agisse davantage d'un contrat d'entreprise. En effet, l'article 1710 du Code civil précise que « *le louage d'ouvrage est un contrat par lequel l'une des parties s'engage à faire quelque chose pour l'autre, moyennant un prix convenu entre elles* ». Par ailleurs, le contrat ne contient pas de prix. Si au sein du contrat d'entreprise le prix est essentiel, il n'a pas à être déterminé ou déterminable. Il peut donc être déterminé à la fin de la prestation.

Une autre qualification possible serait un contrat de représentation gratuite.

Application

Le contrat unissant Igor Dehors et son frère n'est pas un contrat de mandant, puisqu'il ne s'agit pas d'accomplir des actes juridiques mais des actes matériels et intellectuels. Il peut également s'agir d'une représentation à titre gratuite

La forme du contrat de mandat

L'essentiel

Le mandat est le contrat de représentation par excellence. En effet, il se caractérise d'une part, par l'accomplissement d'un acte juridique pour autrui et d'autre part, par l'absence de subordination. Le mandat peut être à titre gratuit ou onéreux. Il est le plus souvent onéreux dès lors que le mandataire est un professionnel.

L'article 1985 du Code civil, dispose que le contrat de mandat est un contrat consensuel, nécessitant seulement l'accord des parties. En ce qui concerne la capacité du mandataire, elle s'apprécie sur l'acte projeté et non pas sur le mandat en lui-même. Pour le mandant, il doit avoir la capacité sur le mandat lui-même.

I La nature et les critères du contrat de mandat

A La nature du contrat de mandat

1. Définition. L'article 1984 du Code civil dispose que «*le mandat ou procuration est un acte par lequel une personne donne à une autre le pouvoir de faire quelque chose pour le mandant et en son nom*». Le mandat fait encore l'objet de vives critiques dans des études récentes. Leurs auteurs dénoncent une définition mystérieuse aux mille visages. Ainsi si l'on s'en tient aux stipulations du Code civil, le contrat de mandat est perçu comme une opération en deux temps: D'une part, un acte par lequel le mandant donne pouvoir et d'autre part ce «*pouvoir*» est conférer en vue de «*faire quelque chose*». Si la formulation «faire quelque chose» reste obscure et ambiguë, elle pourrait dès lors laisser croire que le mandat permettrait de réaliser, à titre principal, des actes matériels. Cela dit, la majorité de la doctrine se rallie pour définir ce «quelque chose» aux seuls accomplissements d'actes juridiques. En ce sens, la Cour de cassation a déjà pu juger que «*l'impresario ou agent artistique, qui a pour mission d'opérer le placement de l'artiste, agit non* comme mandataire de ce dernier, mais en qualité d'intermédiaire et, comme tel, est seul tenu des engagements qu'il prend à l'égard des tiers»[1].

1. Cass.com., 16 avr. 2013, n° 11-24.018, F-D, Sté Concerts de Valmalete c/Assoc. Culture loisirs musique.

> **Débat sur la nature et portée juridique du « mandat d'entremise »**
>
> De façon générale, les agents immobiliers interviennent en qualité de mandataires dans le cadre de leurs activités d'entremise des immeubles. Ce mandat d'entremise est avant tout régi par le droit général des contrats et de manière supplétive par les dispositions du mandat. Néanmoins, si la formule est aussi bien admise dans la pratique professionnelle que par la doctrine et la jurisprudence elle n'en est pas moins une source d'inquiétude. Il faut dire que la confusion est entretenue par une terminologie sournoise puisqu'elle renvoie d'une part au régime du mandat et d'autre part à celui du contrat de louage que compose l'entremise ou le courtage. L'entremetteur ou le courtier se limitant à rapprocher d'éventuelles parties sans signer lui-même l'acte juridique. D'une façon générale, la Cour de cassation énonce que *« le mandat d'entremise donné à une personne se livrant ou prêtant son concours de manière habituelle à une opération (d'agent immobilier) ne lui permet pas d'engager son mandant pour l'opération envisagée à moins qu'une clause de ce mandat ne l'y autorise expressément »*[1]. En conclusion, le « mandat d'entremise » ne constitue, en l'absence d'une clause spéciale et expresse, qu'un simple courtage ne conférant juridiquement, qu'une mission de recherche de clients et de négociation du contrat projeté.

B Les critères du contrat de mandat

2. Les critères de représentation. Le législateur ne s'est pas référé à un modèle unique pour exprimer la notion de représentation. En effet, la réforme du droit des contrats ne se contente pas de consacrer la notion de représentation, puisqu'elle distingue deux hypothèses au sein du nouvel article 1154 du Code civil : d'une part le représentant peut agir au nom et pour le compte du représenté (al. 1er), ou pour le compte d'autrui, mais en son propre nom de sorte qu'il sera *« le seul engagé à l'égard du contractant »* (al. 2). Il n'y aura donc mandat que dans l'hypothèse du premier alinéa alors que le second alinéa serait susceptible de faire valoir une représentation sans mandat si celui-ci peut avoir comme objet autre chose que des actes juridiques. Dans les autres cas, l'appellation usuelle de « mandat sans représentation » est dépourvue de sens. Cela dit, l'élément décisif qui permet de distinguer le mandat des d'autres techniques de représentation volontaire résident dans le fait que le mandataire agit pour le compte du mandant. Dès lors, les dispositions de l'article 1984 permettent ainsi au mandataire d'agir au nom du mandant. Par conséquent, le mandat est marqué par l'idée de « transparence » puisque les relations entre le représentant et le représenté sont organisées de telle sorte que les tiers puissent connaître l'identité et la qualité du représenté qui est leur véritable et seul cocontractant.

3. L'absence de subordination. Le principe étant que le mandataire dispose d'une large marge de manœuvre. De façon générale le mandataire n'est pas lié au mandant par un lien de subordination. Le lien de subordination ne joue que pour les salariés. L'existence d'un lien de subordination juridique suppose de dissocier les fonctions de mandataire de celles que l'on voudrait voir qualifier de salariées et rechercher, pour ces dernières, si elles sont bien exercées dans un lien de dépendance. Ainsi, il convient de noter que la Cour de cassation a déjà requalifié un contrat de mandat en contrat de travail conclu avec un agent commercial,

1. Cass. 1re civ., 27 juin 2006, n° 04-20.693.

dès lors que l'exercice effectif des fonctions du représentant correspond aux exigences fixées par les dispositions du Code du travail s'appliquant au représentant ou placier exclusif, ainsi qu'aux salariés[1]. En ce sens, doivent être établies la distinction entre lien de subordination et les directives que peut recevoir le mandataire qui sont les conséquences logiques de son mandat[2].

4. Titre gratuit et titre onéreux – Historiquement, le mandat est un « service d'ami ». L'article 1986 du Code civil prévoit en ce sens que la gratuité est présumée, présomption simple. Aujourd'hui, les mandats se sont professionnalisés et nombreux sont les mandats rémunérés. Dans le cadre d'un mandat professionnel, la présomption est inversée et il appartient à celui qui prétend avoir conclu un mandat à titre gratuit d'en rapporter la preuve. Dans l'hypothèse d'un mandat à titre onéreux, il s'ensuit une responsabilité plus lourde du mandataire rémunéré ou intéressé.

5. Civil ou commercial. Bien que le mandat soit par essence de nature civile, il peut néanmoins être qualifié d'acte commercial dès lors que le mandat est confié par un mandant commerçant pour les besoins de son commerce. Par ailleurs, lorsqu'il y a intérêt du mandant et du mandataire à l'accomplissement des actes, le mandat sera alors dit d'intérêt commun. La notion de mandat d'intérêt commun s'applique au contrat d'agent commercial. Par ce contrat, le mandant comme le mandataire espèrent voir leurs clientèle s'accroître, et par voie de conséquence leurs profits aussi. Alors que le mandat est en principe toujours révocable unilatéralement par le mandant, le mandat d'intérêt commun ne peut être révoqué qu'à l'issue d'un commun accord, sauf cause légitime. Ainsi, il est admis que la révocation soit subordonnée à « un consentement des deux parties ou à une cause reconnue en justice, ou enfin selon les clauses du contrat »[3].

II Consentement et preuve du mandat

A Consentement et capacité des parties au mandat

6. Nature du consentement. Les dispositions du Code civil distinguent le mandat général (art. 1987, C. civ.) et le mandat en termes généraux (art. 1988, C. civ.). Le mandat conçu en termes généraux est un mandat donné en termes, imprécis ou vagues, qui laissent planer le doute sur l'exacte volonté du mandant. Par conséquent, ce mandat n'est valable que pour les actes d'administration par souci de protection du patrimoine du mandant. *A contrario*, le mandat général, dès lors qu'il est donné en termes exprès, en termes précis, sans ambiguïté sur l'exacte volonté du mandant, peut valablement s'appliquer à « toutes les affaires du mandant ».

Le consentement du mandant est premièrement sur le contrat de mandat lui-même et, en second lieu, sur l'acte envisagé, qu'il est demandé au mandataire d'accomplir. En somme, le consentement du mandant doit intervenir avant l'accomplissement de sa mission par le mandataire. En l'absence de mandat préétabli, ce sont les règles de la gestion d'affaires qui doivent s'appliquer (art. 436, C. civ.). Le consentement doit être libre et éclairé. Les vices du consentement du droit commun des contrats trouvent ici à s'appliquer. En effet, sauf dans

1. Cass. soc., 25 mars 2010, n° 08-42.302.
2. Cass. soc., 28 janv. 1988, n° 84-42.315.
3. Cass. 1re civ., 2 oct. 2001, n° 99-15.938.

l'éventualité où le mandant donne pouvoir en blanc (en pratique, cela arrive principalement lors de la tenue des assemblées générales au sein de laquelle les copropriétaires absents se font représenter par un mandataire) c'est à dire sans désigner une personne déterminée, le contrat de mandat est *intuitu personae*. Par conséquent, le mandant peut demander la nullité du contrat de mandat en cas d'erreur sur la personne du mandataire. Le dol sera le terrain le plus propice à la recherche de la nullité du contrat conclu en exécution du mandat, car la jurisprudence a déjà pu juger que « le consentement d'un mandant se trouve affecté des vices mêmes qui ont entaché celui donné par son mandataire agissant dans la limite de ses pouvoirs »[1]. *A contrario*, le tiers en proie à un dol peut demander la nullité de la convention que le vice émane du mandant ou du mandataire.

7. Capacité des parties. Le mandant doit non seulement être capable de s'engager à l'égard du mandataire, mais aussi à l'égard du tiers, puisque c'est lui qui sera engagé par l'acte accompli en son nom et pour son compte par le mandataire. À l'égard du mandataire, le contrat de mandat s'envisage comme un simple acte d'administration. À l'égard du tiers, le mandant doit avoir la capacité d'assumer juridiquement l'acte accompli en son nom et pour son compte par le mandataire. Plus l'acte envisagé sera grave, plus l'exigence en termes de capacité sera considérable. Cette capacité du mandant s'apprécie au jour de la conclusion du contrat de mandat. En cas d'incapacité du mandant, la nullité du mandat peut être demandée par le mandant ou par le mandataire. Néanmoins, étant donné que le mandataire n'est pas engagé par l'acte qu'il a pour mission d'accomplir les exigences sont beaucoup plus souples en ce qui concerne sa capacité juridique. C'est la raison pour laquelle l'article 1990 du Code civil dispose qu'un « *mineur non émancipé peut être choisi pour mandataire* ». Le mandataire doit seulement être doté de discernement, mais il n'a pas besoin d'être juridiquement capable.

Le mandataire doit lui aussi être pleinement capable. Cette pleine capacité de disposer doit exister au moment de la conclusion de l'acte, mais également pendant toute la durée d'exécution du mandat.

B Formalités et preuve du contrat de mandat

8. Solennité. Le mandat est, en principe, un contrat consensuel. Aucune forme n'est requise pour sa validité. L'article 1985 du Code civil dispose à cet égard que « *Le mandat peut être donné par acte authentique ou par acte sous seing privé, même par lettre* ». Par ailleurs, le mandat peut même être donné soit par écrit soit verbalement. Cependant, l'absence d'écrit pourra entraîner des difficultés de preuve, pour la bonne raison que, conformément au droit commun de la preuve, le mandat, même verbal, devra être prouvé par les parties par la démonstration d'une preuve écrite préconstituée s'il porte sur une somme supérieure à 1 500 euros. L'article 1985 du Code civil prévoit à cet effet que le mandat « *peut aussi être donné verbalement, mais la preuve testimoniale n'en est reçue que conformément au titre des contrats ou des obligations conventionnelles en général* » ». En ce sens, la Cour de cassation a déjà admis qu'un mandat de gestion professionnelle conclu sans écrit encourt une nullité relative, laquelle peut être couverte par une ratification ultérieure des actes de gestion[2]. Le mandat peut également être un fait juridique dont l'existence, comme le contenu, peut être établie par tout moyen de preuve. À cet égard, la Cour de cassation a jugé que « le banquier dépositaire, qui se borne à

1. Cass. Com. 2 mars 1976, n° 74-12.489.
2. Cass. civ. 1re, 20 sept. 2017, n° 16-12.906.

exécuter les ordres de paiement que lui transmet le mandataire du déposant, peut rapporter la preuve par tous moyens du contrat de mandat auquel il n'est pas parti »[1].

Mandat et parallélisme des formes

La règle veut que le contrat de mandat soit consensuel. Néanmoins, la question se pose de savoir si ce consensualisme de principe subsiste lorsque le contrat pour lequel procuration a été donnée est un contrat solennel ou si, au contraire, la solennité s'impose au mandat en application d'une règle de parallélisme des formes. En réalité, il est généralement soumis au principe du parallélisme des formes en ce qu'il doit revêtir les mêmes formes que l'acte qu'il permet d'accomplir. En effet, ce parallélisme peut être imposé par la loi ou la jurisprudence. Ainsi, l'article 933 du Code civil exige que la procuration donnée par le donataire à l'acceptation d'une donation soit elle-même reçue devant notaire. S'agissant du mandat de se porter caution, la jurisprudence a admis que le contrat de cautionnement lui-même étant un contrat consensuel et il devait respecter, à titre probatoire les formalités qui y sont attachées[2]. On peut raisonnablement penser que le consensualisme du contrat de mandat est vampirisé par la solennité de l'acte pour lequel il est conclu.

9. Exceptions. Certaines hypothèses imposent un formalise *ad validitatem*, du fait de la particularité du mandat en cause. Il en va ainsi : du mandat à effet posthume qui est un acte solennel passé obligatoirement en la forme authentique, à peine de nullité. Le mandat doit être accepté par le mandataire du vivant du mandant (art. 812-1-1, C. civ.). La loi du 2 janvier 1970 impose que le mandat donné à un agent immobilier soit passé en au moins autant d'originaux que de parties ayant un intérêt distinct. Enfin, la loi impose un écrit, notarié ou sous seing privé, pour le mandat de protection futur (art. 489, C. civ.).

1. Cass. civ. 1, 3 juin 2015, n° 14-19.825.
2. Cass. 1re civ., 27 juin 1995, n° 93-10.077.

Pour aller plus loin

1. Ouvrages

- Ph. Didier, *De la représentation en droit privé*, LGDJ, 2000, n° 78, P. 50.
- Fr. Collart-Dutilleul et Ph. Delebecque, *Contrats civils et commerciaux*, Dalloz, coll. Précis, 10 éd., 2015, n° 631.
- Ph. Pétel, *Le contrat de mandat, « Connaissance du droit »*, Dalloz, 1994.
- D. Gantschnig, *La qualification générique du contrat d'entremise*, LGDJ, 2018.

2. Articles

- M. Bruschi, *« L'intervention d'un tiers dans la conclusion du contrat »*, Lamy Droit du contrat, n° 155 s.
- J.-J. Ansault, *« La validité du contrat »*, Journal des sociétés, avr. 2014, n° 18. 23.

Exercice **QCM**

→ **Répondre aux questions suivantes. Une seule bonne réponse est possible.**

1 Qu'est ce que le contrat d'entremise ?

a. Une mission de courtage.
b. Un véritable mandat.
c. Aucun des deux.

2 La représentation sans mandat ne porte que sur des actes juridiques :

a. Vrai.
b. Faux.

3 Le mandat peut est qualifié d'acte commercial.

a. Si le mandat est confié par un mandant commerçant.
b. Peut importe qualité du mandant.
c. Si le mandat est confié par un mandant agent immobilier.

4 Le Code civil distingue le mandat général et spécial.

a. Vrai.
b. Faux.

5 Le mandat peut être donné par lettre.

a. Vrai.
b. Faux.

Correction

1 **Réponse a**. Une mission de courtage.

2 **Réponse b**. Faux.

3 **Réponse a**. Si le mandat est confié par un mandant commerçant.

4 **Réponse a**. Vrai.

5 **Réponse a**. Vrai.

Exercice Cas pratique : « Le gros lot »

Énoncé

Odette De JHEU joue chaque semaine avec son groupe de copine au « Super Bingo ». Tous les vendredis elle se voit remettre de l'argent par ses amies pour enregistrer les paris à partir des combinaisons de numéros choisies en commun. Ses amies comptent sur elle ce vendredi sachant qu'un gain de 300 000 euros est annoncé. Le vendredi arrive et le miracle a lieu puisque c'est bien les numéros des amis de Odette De JHEU qui sont tirés. Mais la joie du groupe de copine est de courte durée. En effet, Odette De JHEU leur annonce qu'exceptionnellement elle a modifié un des numéros sans en avertir ses partenaires. Fâchées contre Odette De JHEU, les parieuses l'assignent aussitôt en paiement de la somme convoitée assortie de dommages-intérêts complémentaires pour violation du mandat impératif dont elle avait été chargée.

Qu'en pensez-vous ?

Correction

Rappel des faits et problème juridique

Alors que Odette De JHEU enregistrait depuis longtemps les paris de ces amies, elle a exceptionnellement modifié les numéros choisis en commun le jour même ou ces numéros étaient censés leur faire gagner le gros lot du « Super Bingo ». Pour déterminer les moyens d'action juridiques des amies d'Odette De JHEU, qui l'ont assigné en dédommagement il convient au préalable, de qualifier la nature du mandat confier à Odette De JHEU.

Qualification juridique

La convention conclue entre Odette De JHEU et ses amies peut être qualifiée de contrat de mandat. En effet, l'article 1984 du Code civil prévoit que « le *mandat ou procuration est un acte par lequel une personne donne à une autre le pouvoir de faire quelque chose pour le mandant et en son nom* ». En l'espèce il a été confié à Odette De JHEU l'accomplissement d'enregistrer les paris à partir des combinaisons de numéros choisis en commun. La mise se faisant avec l'argent remis par ses comparses.

Règles de Droit

À l'origine, le mandat est un contrat d'ami et par conséquent gratuit. En l'espèce Odette DE JHEU accomplit la mission qui lui a été confié par ses amis à titre gratuit et non à titre onéreux. En ce sens, l'article 1992 du Code civil prévoit que : « *néanmoins, la responsabilité relative aux fautes est appliquée moins rigoureusement à celui dont le mandat est gratuit qu'à celui qui reçoit un salaire* ».

Application

Par conséquent, et par application de l'article 1992 du Code civil, les fautes étant appliquées moins rigoureusement lorsque le mandat est accompli gratuitement on peut en déduire que Odette DE JHEU ne verra pas sa responsabilité contractuelle engagée.

Fiche

28 L'objet du contrat de mandat

L'essentiel

L'acte juridique doit être déterminé à la conclusion du contrat de mandat. Le contrat de mandat peut être tacite ou express. Il sera ainsi express pour certains actes graves et peut être tacite selon l'alinéa 2 de l'article 1985 du Code civil. Le Mandat peut être également général ou spécial. La distinction fait référence tantôt sur la précision ou non, dans la procuration, des biens donnant lieu au mandat, tantôt à l'occasion pour laquelle le mandat a été convenu.

I La nature des actes envisagés

1. La nature des actes. Le mandataire est investi d'un pouvoir de représentation dans la passation d'un ou de plusieurs actes juridiques. Le mandataire se distingue du locataire d'ouvrage dont les prestations ne portent que sur des actes matériels. Toutefois, le mandataire à la faculté de réaliser des actes matériels en complément des actes juridiques. Il reste à déterminer quelle est la nature des actes accessoires. L'exemple le plus typique est celui de l'agent immobilier chargé de trouver un acheteur ou un vendeur. Reprenant fidèlement l'adage selon lequel l'accessoire suit le principal, la qualification de mandat l'emporte dès lors que les opérations matérielles restent annexes ou secondaires. En ce sens, il est surprenant que la jurisprudence ait admis qu'un tiers missionné par les parties à un contrat de vente pour en fixer le prix peut être qualifié de mandataire alors même qu'il s'agit là d'un acte matériel[1].

2. Exclusion. Par exception, certains actes étant purement personnels aux personnes et parce qu'ils requièrent leurs présences physiques ne peuvent faire l'objet de mandat. Ainsi, aucun pourra porter sur un mariage ou un divorce. Il en sera de même en ce qui concerne la rédaction d'un testament ou la renonciation à une succession.

Par ailleurs, l'acte envisagé doit obligatoirement être licite. Cette défaillance entraînera la nullité du mandat. Ce sera le cas par exemple d'un mandat dont l'objet est d'assassiner quelqu'un. Il s'agit d'une nullité absolue, dont les effets varient, toutefois, selon la bonne ou la mauvaise foi du mandataire. Si le mandataire est de bonne foi et ignore le caractère illicite de l'objet, le lien contractuel qui le lie au mandat continue de produire tous ses effets. En revanche, s'il était de mauvaise foi, il ne pourra se prévaloir du lien contractuel qui l'unissait au mandant. Tel sera le cas lorsque « l'ensemble des travaux ayant été réalisés par le mandataire (du propriétaire) de mauvaise foi cherche simplement à nuire aux locataires et à les empêcher de rentrer chez eux; que les serrures de l'habitation ont été changées et que les nouvelles clés ne leur avaient jamais été remises »[2].

1. Cass. com., 4 févr. 2004, n° 01-13.516.
2. CA, Aix en Provence, 27 octobre 2016, n° 15/19329.

II La délimitation des pouvoirs du mandataire

2. Étendu du pouvoir. Le mandataire est investi d'un pouvoir de représentation dans la passation d'un ou de plusieurs actes juridiques. On distingue le mandat des autres techniques de représentation du fait qu'il agit au nom mandant et non pour le compte de celui-ci. Il reste que le mandataire « *ne peut rien faire au-delà de ce qui est porté dans son mandat* » (C. civ., art. 1989). Ainsi, lorsqu'elle n'est affectée d'aucune stipulation express du mandant le mandataire ne peut engager ce dernier dans une autre opération de vente ou d'achat. Le mandat ne doit donc laisser aucune marge de manœuvre au mandataire. À cet égard, le mandataire ne peut pas acquérir des biens qu'il est chargé de vendre sous peine de nullité de la vente (C. civ., art. 1596).

L'article 1989 du Code civil précise également que « le pouvoir de transiger ne renferme pas celui de compromettre ». Par exemple, un transporteur chargé de livrer des marchandises contre remise d'espèces ou d'un chèque commet une faute dans l'exécution de son mandat en se faisant remettre en paiement une lettre de change[1]. De même que le notaire chargé d'élaborer une vente n'a pas le pouvoir de la conclure[2]. Enfin, on citera l'exemple d'un mandataire designer afin de faciliter le règlement d'un sinistre qui excède les limites de son mandat en transigeant avec l'assureur et en signant une quittance subrogative sans en informer son mandant[3].

Les pouvoirs et limites conférés au mandataire doivent-ils figurer obligatoirement dans le contrat de mandat ? *A priori* on pourrait le penser. Toutefois, le mandat donné par un mari à sa femme pour des emprunts dont le nombre n'est pas déterminé[4] ou dont le montant n'est pas fixé[5] a été admis par la jurisprudence.

Débat sur la théorie du mandat apparent

La théorie du mandat apparent peut se définir comme la croyance légitime du tiers à l'étendue des pouvoirs du mandataire. Dans ces conditions, le mandant peut voir sa responsabilité engagée, même en l'absence de faute susceptible de lui être reprochée. À l'origine pour être pris en compte par le juge, la croyance légitime du tiers devait être soit invincible[6] soit excusable.[7] Aujourd'hui, le critère légitime est retenu par la jurisprudence[8]. Toutefois, la théorie du mandat apparent ne pourra être admise « *pour l'établissement d'un acte par un notaire instrumentaire avec le concours d'un confrère, les deux officiers publics étant tenus de procéder à la vérification de leurs pouvoirs respectifs, la cour d'appel à violer le texte susvisé* ».[9] Le mandat apparent sera caractérisé par exemple lorsque le prétendu mandataire d'une société d'assurance a ainsi détourné des fonds au moyen de contrats signés sur le papier à en-tête de l'entreprise réputée mandante[10]. En effet, lorsque le signataire de l'acte est le mandataire de l'une des parties, le notaire doit vérifier la validité et l'étendue de son mandat. Pareillement, il n'y a pas mandat apparent dans le

1. Cass. com. 19 mars 1985, n° 83-14.314.
2. Cass. civ. 3e, 17 juillet 1991.
3. CA Aix en Provence 2e ch. 30 avr. 2007. N° 05/11075.
4. Cass. civ. 1er, 6 déc. 1858.
5. Cass. civ. 1er, 6 févr. 1861.
6. Cass. req., 9 févr. 1934, S. 1934, 1, p. 143.
7. Cass. ass. plén., 13 déc. 1962, n° 57-11.569.
8. Cass. 1re civ., 27 mai 2003, n° 00-12.131.
9. Cass. 1re civ., 20 mars 2013, n° 12-11.567.
10. Cass. Civ. 1, 8 avril 2010, n° 09-10790.

cas d'un bail consenti par un mari sur le bien propre de sa femme alors que les deux époux étaient en instance de divorce et que le preneur, connaissant cette situation familiale, n'était pas dispensé, pour une convention de cette importance, de vérifier les pouvoirs de son cocontractant. Dans le même ordre d'idée, la demande de l'intermédiaire d'établir le chèque de souscription à son ordre alors que le bulletin de souscription présenté faisait obligation, par une mention portée en caractères gras, de libeller le chèque à l'ordre de la société d'assurance, aurait dû amener le souscripteur à vérifier la réalité du mandat allégué[1].

Le tournant concernant ces doutes résulte de la réforme qui a introduit une action interrogatoire qui dispose : « *le tiers qui doute de l'étendue du pouvoir du représentant conventionnel à l'occasion d'un acte qu'il s'apprête à conclure, peut demander par écrit au représenté de lui confirmer, dans un délai qu'il fixe et qui doit être raisonnable, que le représentant est habilité à conclure cet acte. L'écrit mentionne qu'à défaut de réponse dans ce délai, le représentant est réputé habiliter à conclure cet acte* ». (C. civ., art. 1158). On peut en déduire une volonté de réduire ou de ne plus excuser l'imprudence du tiers. Par ailleurs, la jurisprudence a également pu décider que pour signer la vente à la place du vendeur, l'agent doit y être habilité par une clause expresse[2]. La théorie du mandat apparent ne pouvant s'y substituer. L'autorisation de recueillir la signature de l'acquéreur, et recevoir les sommes ou valeurs relatives à la vente, ne permet pas au mandataire de conclure la vente sans la signature du mandant[3].

4. Mandat exprès et tacite. Par ailleurs, le mandat peut être donné de manière expresse ou de manière tacite. En effet, certains actes graves ne peuvent être couverts que par un mandat exprès, précis, sans ambiguïté sur l'acte envisagé. Dans ces circonstances certains actes envisagés ne peuvent faire l'objet d'un mandat tacite. Les dispositions du Code civil prohibent le mandat tacite notamment dans les actes d'aliénation, hypothèques, baux de longue durée (art. 1988, al. 2, C. civ.). La jurisprudence a pu admettre comme mandat exprès le « pouvoir de gérer et administrer tous ses biens, en conséquence de recevoir tous loyers, de donner à bail, de faire exécuter tous travaux, d'acquitter toutes sommes dues, d'acquérir tous immeubles, de céder toutes parts sociales, de vendre tout ou partie des biens meubles et immeubles lui appartenant en totalité ou en partie, de consentir ces ventes aux prix, charges et conditions que le mandataire avisera, etc. ».

Toutefois, les parties peuvent notamment avoir recours à un mandat tacite. L'article 1985, alinéa 2 du Code civil prévoit que « L'acceptation du mandat peut n'être que tacite et résulter de l'exécution qui lui a été donnée par le mandataire. ». L'accord tacite du mandant peut découler de son simple silence, lorsqu'il a connaissance de l'acte passé par le mandataire en son nom et qu'il ne s'y oppose pas. Il en va ainsi lorsqu'un époux prend en main la gestion des biens propres de l'autre à la place de celui-ci et, néanmoins, sans opposition de sa part. (art. 1432 C. civ.).

5. Mandat général et mandat spécial. Il convient de distinguer le mandat général du mandat spécial. Que faut-il en déduire ? la distinction entre mandat général et mandat spécial fait référence tantôt sur la précision ou non, dans la procuration, des biens donnant lieu au mandat, tantôt à l'occasion pour laquelle le mandat a été convenu. Ainsi aux termes de l'article 1988 du Code civil : soit il s'agit d'un mandat général et exprès et le mandataire peut gérer au nom du mandant, tous ses biens, tous les actes de disposition et d'administration, soit il

1. Cass. 1re civ., 5 déc. 2000, n° 98-14.082.
2. Cass. 1re civ., 14 déc. 2004, n° 03-10.528.
3. Cass. 1re civ., 6 mars 1996, n° 93-19.262.

s'agit d'un mandat général et conçu en termes généraux et le mandataire doit gérer tous les biens du mandant.

A contrario aux termes de l'article 1987 du Code civil : soit il s'agit d'un mandat spécial et exprès et le mandataire doit gérer un bien en particulier. Par exemple, il devra vendre l'immeuble A et aucun autre. Soit le mandat est spécial et conçu en termes généraux et alors il s'agira par exemple d'assurer l'entretien de l'immeuble A et pas un autre.

La réforme introduite par l'ordonnance du 10 février 2016 a instauré un nouvel article 1155 prévoyant que « Lorsque le pouvoir du représentant est défini en termes généraux, il ne couvre que les actes conservatoires et d'administration. Lorsque le pouvoir est spécialement déterminé, le représentant ne peut accomplir que les actes pour lesquels il est habilité et ceux qui en sont l'accessoire ». Il est intéressant de constater que les articles 1987 et 1988 du Code civil n'ont pas été abrogés. Pourquoi introduire un nouvel article ? En réalité, il s'agit de la création d'un droit commun de la représentation s'inspirant des règles encadrant le mandat qui est le modèle de la représentation. Par ailleurs, l'article 1155 distingue uniquement le pouvoir « défini en termes généraux » et le pouvoir « spécialement déterminé » en ajoutant *a contrario* de l'article 1987 qu'il peut accomplir outre les actes pour lesquels il est habilité, « ceux qui en sont l'accessoire », sans aucune limitation.

Pour aller plus loin

1. Ouvrages

- M. Storck, *Essai sur le mécanisme de la représentation dans les actes juridiques*, préf. D. Huet-Weiller, « BDPr ».
- A. Dubois-de Luzy, *L'interposition de personnes*, préf. B. Ancel, « BDPr », t. 519, LGDJ, 2010.

2. Articles

- N. Dissaux (dir.), *Le mandat. Un contrat en crise?*, Economica, 2011, p. 49.
- O. Padé, « *Le mandat double. De la nécessaire transparence dans la double représentation* », RJ com., 2002., 339.
- C. Lazerges, « *Les mandats tacites* », RTD civ., 1975., 222.

Exercice QCM

→ Répondre aux questions suivantes. Une seule bonne réponse est possible.

1 Les pouvoirs et limites conférés au mandataire doivent-ils figurer obligatoirement dans le contrat de mandat?

a. Vrai.
b. Faux.

2 Le mandat peut être donné:

a. Uniquement de manière express.
b. Uniquement de manière tacite.
c. Peut être donné tacitement ou expressément.

3 Qu'est-ce que le mandat apparent?

a. Il s'agit de la situation dans laquelle la fonction du mandataire est du mandant se confonde.
b. Il s'agit de la croyance légitime du tiers à l'étendue des pouvoirs du mandataire.
c. Il s'agit de la situation ou le mandant prend la place du mandataire.

4 Florence se demande si elle peut mandater son amie Martine pour se marier pour son compte et en son nom avec Léo?

a. Oui.
b. Non.

5 Le mandataire peut:

a. Agir au-delà ce qui est prévu au contrat.
b. Ne peut agir au-delà de ce qui est prévu au contrat.
c. Ne peut pas agir à la place du mandant peu importe la situation.

Correction

1 **Réponse b**. Faux.

2 **Réponse C**. Peut être donné tacitement ou expressément.

3 **Réponse b**. Il s'agit de la croyance légitime du tiers à l'étendue des pouvoirs du mandataire.

4 **Réponse b**. Non.

5 **Réponse b**. Ne peut agir au-delà de ce qui est prévu au contrat.

Exercice

Cas pratique : « Mercato sans mandat »

Énoncé

Alain Provist est un agent sportif de renom. Fondant ses espoirs sur l'intégration d'un jeune footballer du nom de Alphonse Danlmur au sein l'ABS Saint-Étienne. Il entreprend des négociations avec le club OLEM au sein duquel joue le jeune joueur. Après plusieurs jours de négociation, le club OLEM concède le transfert de Alphonse Danlmur pour une petite fortune au sein de l'ABS Saint-Étienne. Toutefois, l'ABS Saint-Étienne apprend avec surprise l'intégration de Alphonse Danlmur. En effet, l'ABS Saint-Étienne n'a jamais donné mandat à Alain Provist pour opérer ces négociations. Le Club OLEM demande le paiement du transfert de Alphonse Danlmur au club ABS Saint – Étienne qui soutient que le mandant lui est inopposable étant donné qu'il n'a jamais mandaté l'agent sportif.

Qu'en pensez-vous ?

Correction

Rappel des faits et problème juridique

Alain Provist est un agent sportif qui souhaite intégrer un jeune joueur au sein du club ABS Saint-Étienne. Il négocie alors le transfert du joueur avec un autre club français du nom de OLEM. Une fois le transfert conclu pour une belle somme, le club ABS Saint-Étienne invoque l'inopposabilité du mandat puisqu'il n'a jamais été donné mandat à Alain Provist. Le problème qui se pose au sein du cas pratique réside dans la question du mandat apparent en l'absence de vérification des pouvoirs du mandataire par le tiers ici le club OLEM.

Qualification juridique

Aux termes de l'article 1984 du Code civil, le mandat est un acte par lequel une personne, le mandataire, est chargée d'en représenter une autre, le mandant pour l'accomplissement d'un ou plusieurs actes juridiques. Cela dit, les tiers n'étant pas toujours en mesure de connaître la réalité du mandat d'une personne agissant au nom et pour le compte d'une autre, la doctrine et la jurisprudence dans un souci de protection des tiers ont développé la théorie du mandat apparent. Le mandat apparent sera donc souvent invoqué dans l'éventualité de l'absence de vérification des pouvoirs du mandataire par le tiers, du fait de la rapidité des conclusions des tractations commerciales, en l'espèce le mercato.

Règles de Droit

Le mandat apparent n'ayant pas reçu exécution entraîne la nullité de la convention conclue entre le mandataire apparent et le tiers. Néanmoins, la responsabilité du mandant peut être engagée puisque la théorie du mandat apparent est admise par la jurisprudence. Cependant, la réforme du droit des contrats à intégrer un nouvel instrument juridique de contrôle permettant d'ôter toute ambiguïté en cas de doute sur les pouvoirs du mandataire. Il s'agit d'une action interrogatoire prévu par le nouvel article 1158 du Code civil qui dispose que « *le tiers qui doute de l'étendue du pouvoir du représentant conventionnel à l'occasion d'un acte qu'il s'apprête à conclure, peut demander par écrit au représenté de lui confirmer, dans un délai qu'il fixe et qui doit être raisonnable, que le représentant est habilité à conclure cet acte. L'écrit mentionne qu'à défaut de réponse dans ce délai, le représentant est réputé habiliter à conclure cet acte* ».

Application

En l'espèce tout dépendra de la légitime croyance du Club OLEM dans l'existence réelle du mandat de Alain Provist qui s'il est admis pourra engager la responsabilité de l'ABS Saint-Étienne. À l'inverse si la théorie du mandat apparent est peu probante alors la convention portant sur le transfert du joueur Alphonse Danlmur sera annulée. Il semble peu probable au vu de la réputation de Alain Provist comme agent sportif qu'il soit reproché au Club OLEM de ne pas avoir soulevé la question de l'action interrogatoire.

Section II

Les effets du contrat de mandat

Le mandant a l'obligation de respecter les termes du contrat si une rémunération a été prévue, il doit également rembourser les frais avancés et indemniser les pertes (Fiche n° 29). Le mandataire quant à lui pour sa part doit respecter la mission qui lui a été confiée et rendre des comptes au mandant (Fiche n° 30). Le contrat de mandat peut prendre fin de différentes manières (Fiche n° 31).

Les effets entre les parties

L'essentiel

Le mandataire se doit d'exécuter la mission qui lui a été confiée par le mandant. Le mandataire doit faire preuve de diligence et de loyauté. Autrement dit, il doit agir dans l'intérêt du mandant. Pareillement, il doit accomplir sa mission sans faute et la poursuivre jusqu'à son achèvement. Le mandataire est soumis à une obligation d'information et de conseil envers son cocontractant. Enfin, le mandataire est tenu d'une obligation de rendre compte.

Le mandant a quant à lui un devoir de coopération. Le mandat se doit de rembourser les avances et les frais du mandataire même si ce dernier a échoué. Il doit indemniser les pertes. Enfin, il doit rémunérer le mandataire si cela est prévu au contrat. En cas de conflit la révision judiciaire est possible.

I Les obligations du mandataire

A L'accomplissement du mandat

1. Diligence et loyauté. Le mandataire doit exécuter sa mission avec diligence, probité, célérité et loyauté. Ainsi, manque à son obligation de prudence le mandataire qui donne en location un bien, alors même qu'il disposait d'éléments de nature à faire naître un doute sur la fiabilité du locataire en raison de ses défaillances répétées dans l'exécution de ses obligations[1].

S'agissant du mandataire professionnel, l'obligation de prudence est plus intense. Dans ce contexte, l'agent immobilier, mandataire professionnel du propriétaire est tenu de pourvoir au mieux aux intérêts du mandant et de le préserver de tout risque connu. Pareillement, une société mandataire spécialiste du financement doit satisfaire à un devoir de prudence et de diligence vis-à-vis du signataire d'un acte de cautionnement et notamment vérifier la réalité de ses pouvoirs, sachant que la société mandante créancière est profane en la matière[2].

De manière générale il est fait interdiction au mandataire de se porter contrepartie. Autrement dit, il lui est interdit de prendre à son propre compte l'opération qu'il était chargé de conclure avec un tiers. En ce sens, la jurisprudence a admis qu'une banque mandataire qui se porte-contrepartie sans en informer le mandant viole son devoir de loyauté[3]. La sanction applicable dans ce cas est la nullité relative du contrat conclu[4]. En revanche, cette règle n'est pas

1. Cass. 1re civ, 12 juill. 2007, n° 06-15.243.
2. Cass. com., 24 mars 2015, n° 14-10.255, D.
3. T. arb. Paris, 7 juill. 2008, B. Tapie c/Crédit Lyonnais.
4. Cass. 1re civ., 29 nov. 1988, n° 87-10.011.

d'ordre public et le mandant peut autoriser le mandataire à agir ainsi sous réserve de l'absence de texte contraire. Cette règle est d'ailleurs reprise par le nouvel article 1161 du Code civil.

Interdiction du double mandat

Les textes prévoient également l'interdiction du double mandat. Ainsi, l'article 1161 du Code civil précise que « *En matière de représentation des personnes physiques, un représentant ne peut agir pour le compte de plusieurs parties au contrat en opposition d'intérêts* ». Le Code civil, laisse néanmoins une grande liberté contractuelle, car les parties peuvent convenir malgré tout entre elles qu'elles seront représentées par le même mandataire. À défaut, « *L'acte accompli est nul à moins que la loi ne l'autorise ou que le représenté ne l'ait autorisé ou ratifié.* ».

2. Poursuite de la mission jusqu'à son achèvement. L'article 1991 du Code civil, précise que le mandataire est tenu d'accomplir le mandat tant qu'il en demeure chargé et répond des dommages-intérêts qui pourraient résulter de son inexécution. En outre, l'article 1993 du même code ajoute l'obligation de rendre compte au mandant de l'exécution de sa mission.

3. Responsabilité. Par ailleurs, le mandataire doit accomplir sa mission sans faute. Par exemple commet une faute le mandataire qui remet un véhicule à son client qui n'est pas conforme aux exigences réglementaires permettant sa mise en circulation[1]. L'article 1991 du Code civil précise que le mandataire « *répond des dommages-intérêts qui pourraient résulter de son inexécution* ». À cet égard, l'article 1992 du Code civil prévoit que : « *Le mandataire répond non seulement du dol, mais encore des fautes qu'il commet dans sa gestion* ». Inversement sa responsabilité sera moins rigoureuse lorsque mandat est à titre gratuit. En cas d'inexécution du mandat, le mandataire est présumé fautif. Toutefois, le mandataire peut être exonéré s'il est rapporté par le mandant que l'inexécution soit due à un cas fortuit ou en l'absence de faute de sa part.

Le mandataire est-il tenu de garantir le résultat de l'acte ?

Le mandataire n'est pas tenu de garantir le résultat de l'acte accompli, mais seulement de la bonne réalisation de son contrat de mandat. Toutefois, si une clause de ducroire est insérée dans le contrat de mandat alors le mandataire a obligation d'assumer tous les risques liés à une inexécution, y compris en cas de force majeure. La clause de ducroire est une clause particulière ayant pour objet de faire garantir par un contractant la bonne exécution d'une opération contractuelle conclue entre son cocontractant et un tiers.

4. Substitution. L'article 1994 du Code civil envisage une opération à trois parties dans laquelle le mandataire s'est substitué à un tiers dans l'exécution de ses obligations. De quoi s'agit-il concrètement ? La substitution peut apparaître comme une simplification de l'exécution d'une obligation par le mandataire qui confie a un tiers (mandataire substitue) tout ou partie de la mission qu'il a reçue de son mandant, le substitue agissant alors au nom et pour le compte de ce dernier. Malgré l'intuitu personae qui domine le contrat de mandat, la pratique a admis la création de ce sous-mandat. Le mandataire principal n'est pas dans tous les cas responsables des faits du mandataire substitué. Sauf si la substitution n'a pas été autorisée par le mandant.

1. CA Metz, 10 déc. 1997.

Lorsque la substitution a été autorisée, le mandataire principal doit choisir un substitué qui n'est ni incapable ni insolvable. À défaut, il devrait s'agir d'une responsabilité du mandataire principale pour le fait d'autrui. Toutefois, la jurisprudence ne l'entend pas ainsi et préfère engager la responsabilité du mandataire principal de son fait personnel[1]. Dans ces hypothèses, le mandataire, engagé vis-à-vis du mandant, disposera toujours d'une action récursoire contre le mandataire substitué. L'article 1994 alinéa 2 du Code civil reconnaît le droit pour le mandant d'agir contre le mandataire substitué. Réciproquement, la jurisprudence a admis la possibilité d'une action directe du mandataire substitué à l'encontre du mandant d'origine notamment une action en paiement[2]. Toutefois, elle a précisé que cette action directe ne pouvait pas être exercée tant que l'action du mandataire intermédiaire n'est pas elle-même éteinte[3] ; on parle alors d'action directe imparfaite.

B Obligation incombant au mandataire

1 Obligation d'information et de conseil

5. Obligation d'information. L'article 1991 du Code civil prévoit que le mandataire est soumis à une obligation d'information de son cocontractant. Une obligation d'information précontractuelle est d'ailleurs mise à la charge du mandataire. Par exemple, il a été retenu que les informations données à l'acquéreur par le mandataire du vendeur, ne permettait pas à l'acquéreur d'avoir conscience, lors de la signature d'un contrat portant sur un appartement en l'état futur d'achèvement, de la portée de leur engagement et de l'étendue des risques encourus[4].

6. Devoir de conseil. Ce devoir d'information est d'ailleurs étendu au domaine du devoir de conseil. Il est nécessaire de distinguer les deux notions. L'obligation d'information consiste en effet à fournir au mandant des informations objectives lui permettant d'opérer un choix éclairer alors que le devoir de conseil consiste d'attirer l'attention du cocontractant sur les avantages et les inconvénients de l'opération envisagée et de lui indiquer le choix le plus opportun eu égard à ses besoins. Pareillement, on doit tenir compte des circonstances quant à l'intensité du devoir de conseil qui s'impose lorsque le cocontractant est un professionnel. À défaut, le mandataire n'y est pas tenu. Par exception, nombreuses sont les professions auxquelles ce devoir est étendu. On citera par exemple le notaire ou bien encore l'agent immobilier. En ce sens, la jurisprudence a retenu la responsabilité du mandataire d'un promoteur immobilier qui dispose d'informations relatives aux implications fiscales de l'achat envisagé par les clients. Il se doit à cet égard de les conseiller même si aucun lien contractuel ne les lie[5]. Ce devoir de conseil est également dû par les notaires qui doivent éclairer les parties sur le choix du procédé juridique dont l'acte doit résulter et sur les conséquences fiscales afin de leur permettre, dans les limites légales, de choisir la solution qui leur convient[6]. Enfin, on citera le devoir de l'agent immobilier : « *Il appartenait à l'agent immobilier de s'assurer que se trouvaient réunies toutes les conditions nécessaires à l'efficacité de la convention négociée par son intermédiaire et, à cette fin, de se faire communiquer par les vendeurs leur titre de propriété avant la signature de la*

1. Cass. civ. 1re, 29 mai 1980, n° 79-11.784.
2. Cass. civ. 1re, 27 déc. 1960, D. 1961491, note J. Bigot, RTDciv. 1961700, obs. G. Cornu.
3. Com., 3 déc. 2002, n° 00-18.988.
4. CA, Montpellier, 1re ch, 14 déc. 2017, no 15/00063.
5. Cass 3e civ., 29 oct. 2015, no 14-17.469.
6. Cass. 1re civ., 9 déc. 1997, n° 95-21.407.

promesse de vente, lequel lui aurait permis d'informer les acquéreurs de l'existence de travaux précédents ayant traité la présence de mérule»[1].

2 Obligation de rendre compte

7. Fondements. Le droit commun impose également au mandataire une obligation de rendre compte de sa gestion au mandant (C. civ., art. 1993). Par exception, à l'obligation de rendre compte l'époux mandataire sera souvent dispensé de cette obligation. L'obligation de rendre compte ne s'applique que s'il y a séparation de fait des époux. Cette obligation de rendre compte se décline en deux obligations distinctes. La première étant d'informer le mandant du déroulement de sa mission et des éventuelles difficultés qu'il peut rencontrer, tant pendant le cours de sa mission qu'à la fin de sa mission. La seconde étant de rendre des comptes, au sens comptable du terme.

8. Contenu de l'obligation de rendre compte. Cette dernière notion appelée Reddition des comptes se caractérise par l'obligation qui incombe au mandataire de justifier de l'utilisation des fonds reçus ou prélevés. L'article 1996 du Code civil précise que le mandataire est redevable des intérêts «*des sommes qu'il a employées à son usage, à dater de cet emploi; et de celles dont il est reliquataire, à compter du jour qu'il est mis en demeure*». Le mandant, seul créancier de cette obligation, est en droit d'exiger cette reddition de compte même si aucune circonstance ne laisse penser que le mandataire a dépassé les limites de la procuration donnée, peu importe que le mandat soit à titre gratuit ou à titre onéreux. Il est d'ailleurs transmis aux héritiers du mandataire en cas de décès de ce dernier.

Dans l'appréciation des fautes du mandataire dans la gestion comptable on notera le fait de se soustraire à l'obligation de reddition des comptes[2], alors même que ce devoir est essentiel[3]. Ce sera notamment le cas lorsque le mandataire a utilisé des bons de réduction sur les primes relatives à des contrats d'assurance automobile[4] ou lorsque le mandant reçoit les plaintes d'un garagiste qui n'a pas reçu les fonds correspondant à des sinistres pour lesquels le mandataire avait été mandaté[5].

9. Approbation des comptes. Le mandant est censé approuver les comptes du mandataire. Par cette approbation, il donne décharge au mandataire, attestant que les sommes dues lui ont été réglées. D'autre part, en ce qui concerne le mandataire substitué, il faut noter que le substitué n'est pas couvert du fait que les comptes ont reçu l'approbation du mandataire; puisqu'il doit cette réédition de compte au mandant, sauf s'il ignorait que le mandataire agissait pour le compte du mandant et qu'il croyait être mandaté par le mandataire principal. Face à cette situation le substitue sera libéré de ces obligations s'il a rendu les comptes au mandataire principal.

---

1. Cass. 1re civ., 14 nov. 2019, n° 18-21.971.
2. CA Toulouse, 7 juin 2001.
3. Cass. 1re civ, 12 nov. 2015.
4. Cass. 1re civ., 21 mai 1996, n° 93-16.938.
5. Cass. 1re civ., 6 juin 2000, n° 97-18.291.

II Les obligations du mandant

A Obligation de loyauté

10. Principes. Il appartient au mandant de faire preuve de loyauté. De même, il existe un devoir réciproque d'information. Le mandant doit mettre le mandataire en mesure d'exécuter son mandat et par conséquent, le mandant doit respecter l'obligation de loyauté et d'information envers le mandataire. Ces obligations sont d'ailleurs renforcées pour l'agent commercial (C. com., art. L. 134-4, al. 2). Le mandant s'engage à remettre au mandataire les documents contractuels objets et titres nécessaires à la bonne réalisation de son mandat. Ainsi, il a été retenu par la jurisprudence un manquement du mandant à l'obligation de loyauté résultant du contrat d'agent commercial le fait d'embaucher un animateur, pour le même secteur, une telle mesure ne pouvant aboutir qu'à troubler l'image de l'agent commercial en tant que représentant exclusif du mandant[1].

B Obligations financières

11. Remboursement des dépenses. Selon l'article 1999 du Code civil, le mandant doit rembourser au mandataire les avances et frais que celui-ci a faits pour l'exécution du mandat. Par ailleurs, il convient de noter qu'en l'absence de «*faute imputable au mandataire, le mandant ne peut se dispenser de faire ces remboursement et paiement, alors même que l'affaire n'aurait pas réussi*». Aux termes de l'article 2000 du Code civil, le mandataire a le droit d'être indemnisé par le mandant des pertes qu'il a subies à l'occasion de sa gestion. Il peut aussi bien s'agir de perte financière que d'un préjudice corporel. À cet égard, la compensation peut s'opérer entre le montant des recettes non reversées provenant de la vente des carburants et les pertes subies par le mandataire à l'occasion de sa gestion[2]. Ces règles ne sont pas d'ordre public: le mandataire peut renoncer au remboursement de certains frais, ou aux intérêts. Toutefois, encore faut-il que la renonciation ne soit pas uniquement déduite de la stipulation, dans le contrat de mandat, d'une rémunération forfaitaire couvrant l'ensemble des charges et obligations du mandataire, s'il n'est pas prévu qu'elle couvrira les pertes liées à la gestion du mandat[3]. Sur cet aspect, en l'absence de renonciation mentionnée dans les conditions générales du contrat de mandat des pertes d'exploitation et de toute indemnisation, l'article 2000 du Code trouve fondement à s'appliquer. Les parties peuvent ajouter des clauses de renonciation. Ainsi, s'agissant des pertes qui auraient pour origine un élément de l'exploitation dont la maîtrise a été conservée par le mandant, elles ne sauraient être conventionnellement mises à la charge du mandataire par une clause de renonciation à l'article 2000 du Code civil[4].

12. Indemnisation des pertes. Enfin, l'article 2000 du Code civil envisage le cas où le mandataire a commis une imprudence auquel cas il ne saurait être remboursé des pertes subies à l'occasion de sa gestion. Dans l'hypothèse où le mandataire aurait été susceptible de

1. CA. Rennes, 2e ch, n° 01-12-1993.
2. Cass. com., 1er juin 1993, n° 90-20.745.
3. Cass. com., 1er févr. 1994, n° 92-16.235.
4. Cass. com., 26 oct. 1999, n° 96-20.063.

commettre une imprudence, celle-ci ne peut être simplement déduite par le mandant[1]. En cas de difficulté, une expertise peut être ordonnée pour vérifier si les pertes constatées ne relèvent pas d'une imprudence du mandataire.

13. Rémunération du mandataire. Il ne fait normalement pas de difficulté pour le mandant de payer les honoraires du mandataire. En effet, mandat pourra donner lieu au versement d'une rémunération au profit du mandataire, si celle-ci est prévue contractuellement. Les honoraires du mandataire, dont le montant est librement convenu entre les parties, ne sont pas un élément de validité du contrat de mandat. La prestation du mandataire n'est pas toujours déterminée avec précision dans son étendue le jour de la conclusion du contrat. À défaut d'accord entre les parties sur la fixation du salaire dû au mandataire, le juge peut déterminer souverainement le montant des honoraires à l'achèvement de la mission du mandataire. Si les honoraires avaient été fixés par les parties il se peut qu'elles puissent être réduites ou supprimées par le juge en cas de faute du mandataire dans l'exécution du mandat, à titre d'indemnité pour le mandant[2]. Conformément à une jurisprudence ancienne, mais constante, les juridictions peuvent contrôler les stipulations relatives à la rémunération et les réduire si celles-ci, même lorsque le mandataire a fidèlement exécuté ses consignes, apparaissent excessives, et disproportionnées par rapport au travail accompli[3]. C'est au mandant que revient la mission de démontrer en quoi la rémunération serait abusive et procurerait un avantage excessif au mandataire[4]. Enfin, en cas de litiges portant sur une clause fixant de manière imprécise la rémunération du mandataire les juges du fond doivent apprécier les éléments susceptibles d'en déterminer le montant. Par exemple, à l'occasion de la vente d'une société, la rémunération du mandataire prévue pour la vente doit prendre en compte les opérations de cession, mais également l'augmentation de capital réservée au nouvel associé[5].

14. Co-mandants. L'article 2002 prévoit qu'en présence de pluralité de mandant pour une affaire commune ils sont chacun solidairement tenus de tous les effets du contrat à l'égard du mandataire. Autrement dit, il est nécessaire que l'affaire leur soit commune[6]. Pareillement, il importe peu que le mandat soit à titre gratuit ou salarié. Dans ces conditions le contractant prestataire dispose alors d'une action solidaire à l'encontre de ses cocontractants, considérés comme ses co-mandants[7].

1. Cass. com., 28 janv. 1992, n° 89-15.676.
2. Cass. 1re civ, 13 mars 1967.
3. Cass. 1re civ, 29 janv. 1867.
4. Cass. 1re civ, 24 sept. 2002, n° 00-12.146.
5. Cass. com., 14 mai 2013, n° 12-18.035.
6. Cass. 2e civ., 9 oct. 1991, n° 90-11.719.
7. Cass. 1re civ., 22 nov. 1989, n° 88-16.879.

Pour aller plus loin

1. Ouvrages

- Ph. Pétel, *Les obligations du mandataire*, préf. M. Cabrillac, Litec, 1988.
- B. Mallet-Bricout, *La substitution de mandataire*, Éd. Panthéon-Assas, 2000.

2. Articles

- L. Maupas, «*Le devoir d'information de l'agent immobilier*», LPA 18 oct. 2007, n° 209.
- G. Wicker, «*Le nouveau droit commun de la représentation dans le Code civil*», D. 2016.

Exercice **QCM**

→ Répondre aux questions suivantes. Une seule bonne réponse est possible.

1 Le mandataire doit assurer sa mission avec :

a. Loyauté, diligence, probité et célérité.
b. Loyauté uniquement.
c. Simplement avec probité.

2 La pratique du sous mandat est :

a. Autorisée.
b. Interdite.
c. N'existe pas.

3 Le mandataire peut :

a. Interrompre sa mission avant son achèvement.
b. Ne peut interrompre sa mission avant son achèvement.
c. Peut interrompre sa mission à tout moment.

4 Le mandataire est tenu d'une obligation :

a. De résultat.
b. De moyen.
c. De résultat et de moyen.

5 Marion a été mandatée par Phillipe pour lui trouver ou passer ses vacances. Elle se demande si elle doit lui rendre compte de ses démarches ?

a. Oui.
b. Non.

Correction

1 **Réponse a**. Loyauté, diligence, probité et célérité.

2 **Réponse a**. Si le mandant l'a autorisée.

3 **Réponse b**. Le mandataire ne peut interrompre sa mission avant son achèvement.

4 **Réponse b**. De moyen.

5 **Réponse a**. Oui.

Exercice Cas pratique : « Une mariée trop pressée »

Énoncé

Ella Lapêche est une jeune femme cultivée et brillante. Elle partage sa vie entre sa passion pour la littérature anglaise et son chien Oscar, un bichon maltais gentil et affectueux. Un jour elle rencontre Tom Égérie, un jeune homme sympathique et séduisant, amateur de golf et de cerf-volant. Éperdument amoureux de Ella Lapêche, il la demande en mariage et Ella accepte. Malheureusement entre sa vie sociale et son travail très prenant, Ella n'a pas le temps de se rendre elle-même dans une boutique de mariage. Pour ces raisons elle fait appel à Sheila Zizanie une blogueuse mode célèbre avec qui elle signe une convention assez couteuse par laquelle Sheila Zizanie est chargée de trouver une robe de mariage à Ella. Le contrat stipule toutes les caractéristiques qu'elle recherche pour sa robe de mariage que ce soit le tissu, la couleur, la coupe et l'étole. Ella est d'ailleurs ravie du temps qu'elle va gagner. Un mois plus tard, Sheila Zizanie l'appelle pour l'informer qu'elle a trouvé la robe et qu'elle va effectuer l'achat. Ella est heureuse et retrouve Sheila Zizanie trois jours plus tard pour voir la robe. La robe est bien blanche et présente toutes les caractéristiques demandées par Ella plus des fanfreluches embellissant la tunique. Cependant le prix de la robe dépasse de plus de 1 500 euros son budget, bien qu'elle ne l'ait pas précisé à Sheila Zizanie lors de la conclusion de la convention. Celle-ci ayant avancé l'argent, elle doit maintenant la rembourser. Ella pense que le superflu du budget est dû aux fanfreluches additionnelles de la robe qu'elle n'a pas demandées.

Qu'en pensez-vous ?

Correction

Rappel des faits et problème juridique

Une future mariée confie via un contrat l'achat de sa robe à une blogueuse spécialiste de la mode. Cela dit, la blogueuse mode ne respecte pas tout à fait les caractéristiques qui lui ont été indiquées. En effet, des fanfreluches non demandées font monter le prix de la robe dont le budget n'avait toutefois pas été défini à la base. Ici le problème réside dans la question de l'étendue des pouvoirs du mandataire.

Qualification juridique

La convention conclue entre Ella Lapêche et Sheila Zizanie est un contrat de mandat. En effet, il s'agit bien comme le précise l'article 1984 du Code civil d'un acte par lequel une personne donne le pouvoir à une autre de faire quelque chose pour le mandant et en son nom.

La problématique posée par le cas pratique réside dans l'éventuel dépassement de pouvoir qui a été confié à Sheila Zizanie. Le mandataire est tenu de faire que ce qui est porté dans son mandat, il « ne peut rien faire au-delà » (art. 1989., C. civ.).

Règles de Droit

À cet égard, le mandataire est tenu de rendre compte de sa gestion au mandant. Parmi les obligations du mandant, il est tenu d'exécuter les engagements contractés par le mandataire, conformément au mandat confié. Pour tout dépassement de pouvoir, le mandant n'y est pas tenu, sauf à l'avoir ratifié tacitement ou expressément (article 1998., C. civ.). Par conséquent, il sera tenu de rembourser les frais avancés par le mandataire pour l'exécution de sa mission. Seule une faute imputable au mandataire peut permettre au mandant de ne pas faire ces remboursements ou « faire réduire le montant des frais et avances sous le prétexte qu'ils pouvaient être moindres ». (art. 1999., C. civ.). Dans le cas où le mandant ne rembourserait pas le mandataire, celui-ci dispose d'un droit de rétention sur les objets confiés à l'occasion de son mandat pour être payé de ses honoraires[1].

Application

En l'espèce, la mandataire Sheila Zizanie s'est vu confier la mission d'effectuer l'achat d'une robe de mariée présentant des caractéristiques précisées dans le contrat pour le compte de Ella Lapêche, sans qu'un plafond de prix ne soit exigé. La robe présente plus que les caractéristiques voulues et le prix dépasse de plus de 1 500 euros le budget. Cependant, il ne s'agit pas là d'un dépassement de pouvoir de Sheila Zizanie chargée « d'acquérir une robe ». Celle-ci a rempli sa mission comme indiqué dans le contrat. Si la robe présente des fanfreluches pour la rendre plus belle, ceci n'est pas pertinent. Aucun budget n'étant précisé, elle s'est contentée d'acheter la robe souhaitée. Sheila Zizanie n'a pas commis de faute de gestion puisqu'elle a informé Ella Lapêche de la trouvaille faite. Les frais avancés devront être remboursés par le mandant. Dans le cas contraire, le mandataire pourra exercer son droit de rétention sur la robe acquise jusqu'au complet paiement du prix et de sa rémunération. Ella Lapêche ne peut se défaire des 1 500 euros supplémentaires et devra intégralement payer le prix de vente de la robe à Sheila Zizanie, ainsi que la rémunération du contrat de mandat. Le budget aurait dû être précisé avant l'achat de la robe de marié.

1. CA Paris, 5ème Ch, 28 nov. 2007.

Fiche 30

Les effets à l'égard des tiers

L'essentiel

Le mandataire n'est pas lié contractuellement avec les tiers. Néanmoins, la doctrine pose quelques tempéraments en ce qui concerne le mandataire sans représentation. Par conséquent, le mandataire qui commet une faute à l'égard d'un tiers verra sa responsabilité extracontractuelle engagée.

Aux termes de l'article 1154 du Code civil, le mandant quant à lui ne verra sa responsabilité engagée vis-à-vis des engagements des contrats pris par son mandataire que si ce dernier a agi sans pouvoir ou dépassement de pouvoir. À l'inverse il pourra être exonéré. Enfin, le mandant répond des actes du mandataire qui ont créé un dommage dans le cadre de sa mission à d'autres tiers que ceux avec qui il devait contracter.

I Les effets du mandat entre le mandataire et les tiers

A La nature de la responsabilité du mandataire envers les tiers

1. Absence de lien contractuel. De manière générale aucune obligation préexistante ne lie le mandataire au tiers. La représentation du mandataire envers le mandant détermine un trait essentiel du régime du mandat : l'absence de lien contractuel entre le mandataire et les tiers. L'article 1997 du Code civil, énonce le principe selon lequel le contrat de mandat n'emporte pas pour le mandataire de garantie supplémentaire de ce qui est stipulé expressément au contrat de mandat.

2. Tempéraments. La question qui oppose la doctrine concerne notamment le mandataire sans représentation. Dans cette éventualité, le mandataire agit pour le compte du mandant, mais pas en son nom. Ainsi, le mandataire répond alors personnellement des actes accomplis auprès du tiers contractant, et ce, même si le tiers connaît l'existence de ce mandat sans représentation. Il en va ainsi du représentant qui agit toujours en son nom propre, sans révéler sa qualité d'intermédiaire et sans rendre le maître de l'affaire partie à l'acte juridique qu'il réalise. Certains auteurs qualifient les mandats sans représentation de mandats imparfaits voir de faux mandats. Le mandataire sera bien donc responsable contractuellement envers le tiers s'il prend un engagement personnel à son égard, indépendamment du point de savoir s'il a dépassé les limites de son mandat. Le nouvel article 1154 alinéa 2 du Code civil confirme cette responsabilité en énonçant que « lorsque le représentant déclare agir pour le compte d'autrui, mais contracte en son propre nom, il est seul engagé à l'égard du cocontractant ».

2. Responsabilité extracontractuelle. En l'absence de contrat entre le mandataire et le tiers, la responsabilité recherchée est nécessairement extracontractuelle. Ainsi, si le mandataire dépasse les limites de ses pouvoirs et conclut ainsi un acte nul, le tiers pourra exiger auprès du mandataire réparation du préjudice causé par l'anéantissement de l'acte. Tel sera le cas des copropriétaires qui, à titre individuel, souffriraient d'un dommage personnel causé par une faute du syndic[1]. Néanmoins, le mandataire ne saurait engager sa responsabilité lorsque le tiers a contracté avec lui tout en sachant qu'il dépassait les limites de sa mission. Par ailleurs, Cour de cassation a admis, que « *le tiers à un contrat peut invoquer, sur le fondement de la responsabilité délictuelle, un manquement contractuel* (du mandataire) *dès lors que ce manquement lui a causé dommage* »[2].

La jurisprudence a affirmé que « *le mandataire est personnellement responsable envers les tiers des délits et quasi-délits qu'il peut commettre à leur préjudice dans l'accomplissement de sa mission soit spontanément, soit même sur instruction de son mandant* »[3]. Pour rechercher la responsabilité quasi délictuelle d'un mandataire, le tiers doit, en effet, prouver qu'il a commis une faute dans l'exécution de son contrat[4].

B Les effets des actes accomplis par le mandataire hors des limites de sa mission

5. Principes. L'article 1998 du Code civil, précise que « n'est tenu de ce qui a pu être fait au-delà (du pouvoir donné au mandataire), qu'autant qu'il l'a ratifié expressément ou tacitement ». Autrement dit, le mandant ne sera donc, en principe, pas tenu par les actes accomplis par le mandataire en dehors des limites de sa mission. La difficulté provient de la pluralité des conceptions envisageables ou l'action du mandataire sort des limites de sa mission :

- **Dépassement et absence de pouvoir du mandataire** : Il s'agit de l'accomplissement d'un acte autre que celui pour lequel il avait été mandaté. Le dépassement de pouvoir du mandataire a pu être caractérisé par l'exécution tardive d'un ordre de Bourse, sur un marché financier[5] ou par exemple, la souscription d'une vente pour un prix différent de celui qui a été fixé. La jurisprudence est restée néanmoins hésitante quant à la sanction à donner à ce dépassement de pouvoir. Des décisions ont tantôt retenu la nullité absolue[6], tantôt que l'acte passé par un représentant dénué de pouvoir était inopposable au prétendu représenté[7]. Encore récemment, certaines décisions penchaient pour la nullité relative invocable par la seule partie prétendument représentée. Mais la nouvelle orientation prise par la réforme de l'ordonnance du 10 février 2016 fondée sur l'article 1156 du Code civil, précise que « *l'acte accompli par un représentant sans pouvoir ou au-delà de ses pouvoirs est inopposable au représenté, sauf si le tiers contractant a légitimement cru en la réalité des pouvoirs du représentant, notamment en raison du comportement ou des déclarations du représenté* ». Ainsi, le mandant peut invoquer l'inopposabilité de l'acte tandis que le tiers contractant de bonne foi peut invoquer la nullité relative de l'acte. En ce qui concerne l'absence pouvoir du mandataire, il s'agit de l'hypothèse dans laquelle le mandataire n'avait aucun pouvoir de représentation.

1. Civ. 3e, 6 mars 1991, n° 89-18.758.
2. Cass. ass. plén., 6 oct. 2006, n° 05-13.255.
3. Cass.com. 17 févr., n° 07-21996.
4. Cass. Civ. I. 7 décembre 1992.
5. Cass. Com. 26 mars 2008, pourvoi n° 07.11-554.
6. Cass. 1re civ, 9 juin 1976, n° 73-10.157.
7. Cass. ass. plén., 28 mai 1982, n° 79-13.660.

En ce sens, l'article 1156 du Code civil confère le droit de dénoncer le défaut ou le dépassement de pouvoir au prétendu représenté et au tiers contractant.

- **Détournement de pouvoir** Il s'agit de l'éventualité dans laquelle le mandataire utilise bien les pouvoirs qu'il a reçus, mais dans un but autre que pour celui auquel le mandat lui avait été confié. L'article 1157 du Code civil confère au représenté le droit d'en invoquer la nullité, pour autant que le tiers cocontractant ait eu connaissance ou n'ait pu ignorer le détournement. Néanmoins, il convient de mentionner quelques tempéraments qui militent pour la survivance des actes conclus. En effet, l'article 1998, al. 2, C. civ., ménage la possibilité d'une ratification de l'acte a posteriori par le mandant : « *il n'est tenu de ce qui a pu être fait au-delà [du pouvoir donné au mandataire], qu'autant qu'il l'a ratifié expressément ou tacitement* ». Pareillement, l'alinéa 3 de l'article 1156 du Code civil apporte une exception à l'inopposabilité en disposant que « *l'inopposabilité comme la nullité de l'acte ne peuvent plus être invoquées dès lors que le représenté l'a ratifié* ». Autrement dit, ni la nullité relative ni l'inopposabilité ne peuvent plus être invoquées après la ratification de l'acte par le représenté.

6. Gestion d'affaires. Enfin, le mandant peut parfois être tenu au-delà du mandat et des pouvoirs conférés au mandataire. En effet, se distinguant du mandat apparent, le quasi-contrat de la gestion d'affaires posé à l'article 1301-2 du Code civil prévoyant l'établissement d'une gestion utile pour le géré, qui lui impose de remplir les engagements contractés (des actes matériels comme des actes juridiques) dans son intérêt par le gérant.

II Les effets du mandat entre le mandant et les tiers

3. Lien contractuel avec le tiers contractant. La responsabilité du mandant vis-à-vis des tiers du fait des engagements de son mandataire était déjà prévue à l'article 1998 du Code civil. Cela dit, les nouvelles dispositions du Code civil viennent conforter ce principe. Ainsi, l'article 1154 du Code civil prévoit que « *lorsque le représentant agit dans la limite de ses pouvoirs au nom et pour le compte du représenté, celui-ci est seul tenu de l'engagement ainsi contracté* ». Ce texte engage la responsabilité du mandant par les contrats conclus par l'intermédiaire de son mandataire si celui-ci n'a pas agi sans pouvoir ou en dépassement de ses pouvoirs. *A contrario*, seuls l'absence de pouvoir ou le dépassement de pouvoir du mandataire permettent au mandant de s'exonérer. Le tiers est tenu envers le mandant d'exécuter l'acte accompli qu'il a contracté avec le mandataire. Par ailleurs, le tiers doit ainsi répondre à l'égard du mandant des vices du consentement dont le mandataire a pu être victime. Les fautes du mandataire obligent, le mandant, aussi bien sur le terrain contractuel en vertu de la représentation, aussi bien sur le terrain délictuel puisque la jurisprudence a eu l'occasion de considérer que le mandant peut avoir à répondre du dol commis par son mandataire[1].

1. Cass. 3e civ., 29 avr. 1998, n° 96-17.540.

4. Responsabilité envers les autres tiers. Le mandant ne répond pas uniquement des actes du mandataire à l'égard du tiers contractant. Il répond également à l'égard de tous les autres tiers des faits dommageables accomplis par son mandataire dans le cadre de sa mission. Rappelons ici rapidement la distinction entre parties et tiers. Les parties sont évidemment les contractants, ceux qui ont contracté, conclu le contrat. En revanche, les tiers sont ceux qui n'y sont pas intervenus. La seule participation d'un tiers aux négociations ne suffit pas à le qualifier de partie au contrat.

Pour aller plus loin

1. Ouvrages

- F. LASSERRE-JEANNIN et B. LE BARS, *Le modèle dans le contrat de mandat, Code civil et modèles. Des modèles de Code au Code comme modèle*, LGDJ, 2005, p. 333.
- C. LARROUMET, *Les opérations juridiques à trois personnes*, thèse dactyl., Bordeaux, 1968.

2. Articles

- J. ANDREO, *Mandat commercial*, J.-Cl. Contr. Distr., fasc. 460.
- S. Hébert, *Le mandat de prévention : une nouvelle forme juridique ?*, D. 2008. 307.

Exercice QCM

→ Répondre aux questions suivantes. Une seule bonne réponse est possible.

1 La responsabilité entre le mandataire et les tiers est :

a. Contractuelle.
b. Extracontractuelle.
c. N'a aucune responsabilité vis-à-vis des tiers.

2 Traditionnellement les mandats sans représentation sont considérés comme :

a. Des mandats parfaits.
b. Des mandats imparfaits.
c. De double mandat.

3 Qu'est qu'un dépassement de pouvoir du mandataire ?

a. Il s'agit de l'accomplissement d'un acte pour une autre personne que le mandant.
b. Il s'agit de l'accomplissement d'un acte pour celui pour lequel il avait été mandaté.
c. Il s'agit de l'accomplissement d'un acte autre que celui pour lequel il avait été mandaté.

4 Le mandataire est-il tenu dans certains cas d'une gestion d'affaire ?

a. Oui.
b. Non.

5 L'inopposabilité comme la nullité de l'acte ne peuvent plus être invoquées dès lors :

a. Avant la ratification de l'acte par le représenté.
b. Après la ratification de l'acte par le représenté.
c. À aucun moment.

Correction

1 Réponse b. Responsabilité extracontractuelle.

2 Réponse b. Imparfaits.

3 Réponse c. Il s'agit de l'accomplissement d'un acte autre que celui pour lequel il avait été mandaté.

4 Réponse a. Oui.

5 Réponse b. Après la ratification de l'acte.

Exercice

Cas pratique : « De l'argent mal placé »

Énoncé

Guy De Michelin souhaite donner de l'argent à son fils mineur. Il souhaite lui verser de l'argent sur un compte. Néanmoins Guy De Michelin est un homme d'une autre époque et il ne souhaite pas utiliser Internet pour faire les versements. Ne possédant pas de voiture, il ne désire pas non plus se promener avec une mallette pleine de billets. C'est pour ces raisons qu'il conclut avec Claire Laplace une convention rémunérée au sein de laquelle elle doit en son nom et pour son compte placer de l'argent sur le compte de son fils. L'opération est simple chaque semaine il donne une certaine somme en espèce à Claire Laplace pour qu'elle dépose cette somme à la banque. Néanmoins, quelque temps plus tard Guy De Michelin s'aperçoit que l'argent de son fils n'a pas été versé à la banque. Guy De Michelin découvre que Claire Laplace encaisse sur son propre compte l'argent qu'il lui confie chaque semaine.

Qu'en pensez-vous ?

Correction

Rappel des faits et problème juridique

En l'espèce Guy De Michelin confie une certaine somme d'argent à Claire Laplace pour qu'elle dépose les fonds sur le compte de son fils mineur. Néanmoins, Guy De Michelin découvre que les fonds n'ont jamais été déposés sur le compte de son fils, mais que Claire Laplace encaisse l'argent sur son propre compte. Toute la question repose dans ce cas pratique sur l'éventuel détournement de pouvoir du mandataire.

Qualification juridique

En l'espèce, il s'agit bien d'un mandat aux termes de l'article 1984 du Code civil qui dispose que « *le mandat ou procuration est un acte par lequel une personne donne à une autre le pouvoir de faire quelque chose pour le mandant et en son nom* ». Néanmoins, en l'espèce, le mandataire a détourné les fonds. Il s'agit d'un détournement de pouvoir du mandataire puisque celui-ci utilise bien les pouvoirs qu'il a reçus, mais dans un but autre que pour celui lequel le mandat lui avait été confié.

Règles de Droit

Le mandataire ne peut invoquer la donation en l'espèce puisqu'il nous est bien indiqué qu'il y a bien eu conclusion d'une convention rémunérée. En l'espèce, il y a bien détournement de pouvoir du mandataire qui commet un délit pénal. Il a déjà été jugé que le mandataire qui reçoit une somme d'argent à telle ou telle fin se rend coupable d'abus de confiance en la détournant[1].

Application

En l'espèce, Guy De Michelin pourra agir sur le fondement de l'article 1156 du Code civil qui dispose que l'acte accompli par un représentant sans pouvoir ou au-delà de ses pouvoirs est inopposable au représenté à moins que le tiers contractant ait légitimement cru en la réalité des pouvoirs du représentant. Ici le tiers étant l'enfant mineur (son rôle étant minoré). C'est surtout sur le fondement pénal de l'abus de confiance que Guy De Michelin pourra agir pour faire condamner Claire Laplace.

1. Cass. crim., 22 févr. 2012, n° 11-83.722.

L'extinction du mandat

L'essentiel

Le contrat de mandat peut prendre fin de quatre façons différentes :
- Par la révocation de la part du mandant ;
- Par la renonciation du mandataire au mandat ;
- Par la mort, la tutelle des majeurs ou la déconfiture, soit du mandant, soit du mandataire ;
- Par la fin de la durée du mandat prévue dans le contrat.

1. Principes. L'article 2003 du Code civil énumère de manière non limitative trois causes d'extinction du mandat : révocation, renonciation, décès, tutelle ou déconfiture.

I La révocation du mandataire par le mandant

2. Principe de libre révocabilité. Selon l'article 2004 du Code civil, le mandat peut prendre fin par la seule volonté du mandant. On parle alors de mandat ad nutum, c'est-à-dire révocable de manière immédiate et sans formalités. Cette libre révocabilité se justifie par le caractère intuitu personae du contrat de mandat. Cette disposition étant d'ordre public, les parties ne peuvent y déroger. Toutefois, le mandant n'est pas libre de révoquer unilatéralement le mandataire, il doit établir une cause légitime de révocation rendant impossible le lien contractuel[1].

La révocation du mandant peut-elle porter uniquement sur une clause du contrat ?

À cette question la Cour de cassation a admis que la révocation du mandat puisse ne porter que sur une clause du contrat en se fondant fonde sur l'article 2004 du Code civil qui dispose que « le mandant peut révoquer sa procuration quand bon lui semble ». Par ailleurs, le mandataire demeure libre de refuser cette modification en renonçant au contrat. Il ne peut donc pas s'opposer à la modification unilatérale et exiger le maintien du contrat initial.

Cette révocation peut être apparente, mais également tacite. À cet égard, l'article 2006 du Code civil prévoit que « *la constitution d'un nouveau mandataire pour la même affaire vaut révocation du premier, à compter du jour où elle a été notifiée à celui-ci* ». Pareillement, l'immixtion et les contrordres du mandant s'analysent comme une révocation tacite de l'ordre donné au mandataire d'accomplir sa mission[2].

1. Cass.com. 24 oct. 2018, n° 16-26.462.
2. Cass. 1re civ., 15 mai 2001, n° 98-19.676.

Enfin, l'article 2005 du Code civil dispose que « *La révocation notifiée au seul mandataire ne peut être opposée aux tiers qui ont traité dans l'ignorance de cette révocation, sauf au mandant son recours contre le mandataire* ». Autrement dit, le mandataire est privé de tout pouvoir l'empêchant d'engager le mandant à l'égard des tiers.

3. Indemnisation du mandataire. La révocation ad nutum du mandataire, permet au mandataire d'intérêt commun de demander l'indemnisation du préjudice que lui cause la rupture du contrat, sauf juste motif de révocation. Ainsi, le droit à indemnisation disparaît soit en cas de faute du mandataire soit en cas de justes motifs. Cela dit, l'absence de cause légitime ne prive pas d'effet la révocation du mandat d'intérêt commun. En revanche, le mandant doit alors indemniser son mandataire pour le préjudice causé. Ainsi, « le mandat d'intérêt commun peut être révoqué, soit par consentement mutuel, soit pour une cause légitime reconnue en justice, soit selon les stipulations et formes prévues par la convention »[1].

II La renonciation du mandataire à sa mission

4. Le renoncement au mandat. L'article 2007 du Code civil prévoit la possibilité pour le mandataire de « *renoncer au mandat, en notifiant sa renonciation au mandant* », que le mandat soit à durée déterminée ou indéterminée. Néanmoins, l'alinéa 2 du texte dispose que « *si cette renonciation préjudicie au mandant, il devra en être indemnisé par le mandataire, à moins que celui-ci ne se trouve dans l'impossibilité de continuer le mandat sans en éprouver lui-même un préjudice considérable* ». Si le mandataire se trouve dans l'impossibilité de continuer le mandat, il doit en rapporter la preuve[2].

III Le décès, la tutelle ou la déconfiture des parties

A Le décès de l'une des parties

5. Extinction en cas décès. Le mandat prend fin en cas de décès du mandant ou du mandataire en raison du caractère intuitu personae du contrat (C. civ., art. 2003). Par ailleurs, l'article 2010 du Code civil dispose : « en cas de mort du mandataire, ses héritiers doivent en donner avis au mandant, et pourvoir, en attendant, à ce que les circonstances exigent pour l'intérêt de celui-ci ».

En cas de décès du mandant, il est prévu que le mandataire doit achever sa mission (C. civ., art. 1991, al. 2). L'article 2008 du Code civil prévoit que les actes accomplis par le mandataire sont pleinement efficaces tant qu'il n'est pas informé du décès du mandant, tandis que l'article 2009 du même code pose la même règle à l'égard des tiers, jusqu'à ce qu'ils aient été informés du décès du mandant.

1. Cass. 1re civ, 7 juin 1989, n° 87-15973.
2. Com. 23 nov. 1960.

6. Tempéraments. Néanmoins, on notera quelques tempéraments permettant la survivance du contrat de mandat lorsque les parties y ont dérogé par une convention expresse. Celle-ci peut prévoir que le mandat continuera après la mort. Dans le même sens, les parties ont même pu convenir que le contrat ne prendra effet qu'après le décès du mandant : tel le mandat posthume (dit également post mortem). Enfin, les héritiers ont la faculté de décider de maintenir le mandat.

B La déconfiture d'une des parties

7. Effet de la déconfiture. Il s'agit d'un terme quelque peu désuet et qui désigne l'impossibilité pour un débiteur de satisfaire intégralement tous ses créanciers lorsque ceux-ci ont cessé de lui faire crédit[1]. Quelques articles du Code civil évoquent la déconfiture : la cessation de l'obligation de délivrance du vendeur si l'acheteur est en déconfiture (C. civ., art. 1613) ou encore la perte de la qualité d'associé et le remboursement des droits sociaux (C. civ., art. 1860). En revanche, il n'y aura pas déconfiture au sens de l'article 2003 du Code civil en cas de mise en procédure collective du débiteur[2]. Autrement dit, le mandat ne prend pas fin du fait de la mise en liquidation du mandataire.

C La tutelle d'une des parties

8. Incapacité. Enfin, le mandat prendra fin en cas d'incapacité juridique, tel le placement sous un régime de protection comme la tutelle ou la curatelle de l'une des parties. Cela dit, à l'inverse du mandat de droit commun qui s'éteint par l'incapacité du mandant, le mandat de protection futur quant à lui prend effet qu'au jour de l'incapacité du mandant ou du décès du mandant.

IV La fin naturelle du mandat

9. Fin de l'objet. Naturellement, le mandat prend fin, par disparition de son objet.

1. Cass. com., 19 déc. 1973, n° 72-13.236.
2. Cass. com., 8 déc. 1987, n° 87-11501.

Pour aller plus loin

1. Ouvrages

– M. GRIMALDI, *Le mandat à effet posthume*, Defrénois, 2007.

2. Articles

– P. DOUCET, *Les effets de la mort sur le mandat*, Gaz. Pal. 1963., 2. Doctr. 27.

Exercice **QCM**

Répondre aux questions suivantes. Une seule bonne réponse est possible.

1 Le mandat cesse à la mort du mandant?

a. Vrai.
b. Faux.

2 Le renoncement du mandataire est énoncé :

a. L'article 2008 du Code civil.
b. L'article 2006 du Code civil.
c. L'article 2007 du Code civil.

3 La révocation du mandataire ad nutum signifie :

a. Sans formalité.
b. Avec formalité.
c. Les deux.

4 La révocation du mandant peut porter que sur une seule clause du contrat?

a. Vrai.
b. Faux.
c. Les deux.

5 Le mandat ne prend pas fin du fait de la mise en liquidation du mandataire?

a. Vrai.
b. Faux.

Correction

1 Réponse a. *Vrai.*

2 Réponse a. *L'article 2007 du Code civil.*

3 Réponse a. *Sans formalités.*

4 Réponse a. Vrai.

5 Réponse b. Vrai.

Exercice Cas pratique : « Fin de mandat »

Énoncé

Jean Némard a été mandaté par Justin Calva âgé de 97 ans pour qu'il vende en sans nom et pour son compte une collection de timbres que Justin Calva avait mis des années à rassembler. En effet, ce dernier souhaite donner un petit peu d'argent à son petit-fils. Malheureusement, Justin Calva décède de vieillesse et la mission de Jean Némard n'est pas achevée. Jean Némard se demande s'il doit continuer sa mission.

Qu'en pensez-vous ?

Correction

Rappel des faits et problème juridique

Un homme âgé mandate quelqu'un pour vendre sa collection de timbres. Cependant, il décède avant la fin de mission du mandataire. Ce dernier se demande s'il doit poursuivre sa mission. La question repose sur la poursuite du contrat de mandat malgré le décès du mandant.

Qualification juridique

En l'espèce, il s'agit bien d'un contrat de mandat. Jean Némard est mandaté par Justin Calva. On ignore s'il s'agit d'un mandat à titre gratuit ou onéreux.

Règles de Droit

L'article 2003 indique que le mandat prend fin au décès du mandant. Cette solution s'explique par le fait que les héritiers de l'ex-mandant ne placeront peut-être pas leur confiance dans le mandataire. Toutefois, les parties peuvent déroger à ce principe par une convention expresse. Elles ont pu convenir que le mandat continuerait après la mort, ou même ne commencera qu'après celle-ci. Dans ce dernier cas, on parlera de mandat posthume.

Application

En l'espèce, il ne nous est pas indiqué qu'une convention dérogeant aux dispositions de l'article 2003 du Code civil a été convenue entre Jean Némard et Justin Calva. On peut donc en déduire que le mandat a pris fin.

Chapitre

6

Le contrat d'entreprise

Section I
La formation du contrat d'entreprise

Énoncé à l'article 1708 sous la dénomination de louage d'ouvrage au côté du louage de chose qu'est le contrat de bail, le contrat d'entreprise est défini à l'article 1710 du Code civil comme un « *contrat par lequel l'une des parties s'engage à faire quelque chose pour l'autre, moyennant un prix convenu entre elles* ». S'il est parfois difficile à distinguer des autres contrats spéciaux (Fiche n° 32), il est avant tout un contrat consensuel dont la formation obéit aux règles de droit commun des contrats (Fiche n° 33) à l'exception de la détermination de son prix qui revête quelques spécificités (fiche n° 34).

Les critères de qualification du contrat d'entreprise

L'essentiel

Le contrat d'entreprise est parfois difficile à distinguer des autres contrats spéciaux. Le contrat d'entreprise se distingue ainsi du contrat de travail du fait que l'entrepreneur n'est pas un salarié du maître de l'ouvrage. Il travaille ainsi en toute indépendance. Par ailleurs, le contrat d'entreprise se distingue également du contrat de vente, car il porte sur service et non sur un objet. En outre, à l'inverse de la vente le prix n'a pas à être déterminé ou déterminable au moment de la conclusion du contrat d'entreprise. Il se distingue également du contrat de mandat par l'absence de représentation. Enfin, il se démarque contrat de dépôt dont l'obligation principale est la restitution d'une chose alors que le contrat d'entreprise porte sur la réalisation d'un ouvrage.

1. Une définition mal aisée. Le contrat d'entreprise est défini à l'article 1710 du Code civil comme un « *contrat par lequel l'une des parties s'engage à faire quelque chose pour l'autre, moyennant un prix convenu entre elles* ». C'est un contrat qui unit le maître de l'ouvrage appelé encore donneur d'ordre et un entrepreneur. À cet égard, on verra que comme l'a souligné la doctrine, établir une véritable ligne directrice dans la qualification de contrat d'entreprise n'est pas chose aisée. Tantôt, le contrat d'entreprise est confondu avec le mandat, le contrat de travail ou la vente sans que la justification de pareils atermoiements soit toujours facile à déterminer. Pour ces raisons la doctrine a proposé des éléments complémentaires : le caractère indépendant de la prestation, l'absence de représentation et la rémunération. La Cour de cassation a tranché en faveur de ces éléments de qualification par un arrêt rendu le 19 février 1968[1]. Depuis la Cour de cassation maintient ces critères de qualifications.

I Le statut de l'entrepreneur

A L'indépendance de l'entrepreneur

2. Le caractère indépendant de la prestation. Il existe également un risque de confusion avec le contrat de travail. L'entrepreneur n'est pas un salarié qui exécute les consignes sous la directive de l'employeur. Il est libre de ses moyens et de sa tâche. L'entrepreneur n'est pas non plus le préposé du maître de l'ouvrage[2].

1. Cass. Civ 1er., 19 févr.1968, n° 64-14.315.
2. Cass. 3e civ., 24 juin 1992, n° 90-16.992.

B L'absence de représentation de l'entrepreneur

3. L'absence de représentation. La jurisprudence se montre très claire : « le contrat d'entreprise est la convention par laquelle une personne charge un entrepreneur d'exécuter en toute indépendance, un ouvrage ; qu'il en résulte que ce contrat relatif à de simples actes matériels ne confère à l'entrepreneur aucun pouvoir de représentation[1]. Il s'agit d'une différence de taille avec le mandat dont la représentation est l'essence même de la convention.

4. La rémunération. Le Code civil réglemente précisément cette question dans son article 1710. En effet, la qualification du contrat d'entreprise dépend de la rémunération perçue par l'entrepreneur. En ce sens, un « coup de main » qui relève des services gratuits en nature ne peut être considéré comme un contrat d'entreprise. Pareillement, le mandat est à l'origine un contrat à titre gratuit.

II La nature du contrat d'entreprise

A Un contrat de service

5. La nature de la prestation. L'objet du contrat d'entreprise est une prestation. Il s'agit d'une obligation de faire une prestation matérielle (construire un mur, fabriquer un instrument de musique, réparer une voiture, etc.) ou une prestation intellectuelle (donner un conseil juridique, organiser un voyage, donner une représentation artistique, etc.) De toute manière, l'obligation de faire est l'exécution d'un fait qui requiert une manifestation humaine dans sa réalisation. Le contrat d'entreprise ne doit pas être confondu avec le contrat de vente découlant quant à lui d'une obligation de donner.

6. La révision du prix. Comme dit précédemment le contrat d'entreprise est un contrat de service. C'est dans ces conditions que le nouvel article 1165 du Code civil dispose qu'en cas d'abus du prix dans les contrats de prestations de services le juge du fond peut être saisi d'une demande en dommages et intérêts, alors qu'au sein d'un contrat de vente il est interdit au juge de fixer le prix. D'où la tentation de certains d'obtenir la requalification d'un contrat de vente en un contrat d'entreprise pour obtenir la révision judiciaire du prix. Ainsi, dans une espèce concernant un contrat de fourniture d'eau un pourvoi soutenait qu'il s'agissait d'un contrat d'entreprise et non un contrat de vente et que par conséquent il était envisageable que le juge révise le prix. Cet argument fut rejeté par la Cour de cassation qui confirma la qualification de contrat de vente[2].

7. Transfert de propriété. L'exigence d'un transfert de propriété permet de distinguer la vente du contrat d'entreprise. À titre d'exemple, la convention par laquelle un professionnel s'engage à construire sur le terrain de son client ne comporte aucun transfert de propriété et s'analyse en un contrat d'entreprise et non en une vente d'immeuble à construire[3]. Il n'y a de vente d'immeuble à construire que si le vendeur est propriétaire du sol et en transfère la propriété à l'acquéreur par le même contrat que celui par lequel il s'oblige à construire l'immeuble.

---

1. Cass. 3e civ., 3 nov. 1993, n° 92-13.217.
2. Cass.com., 27 nov. 2001, n° 99-13.133.
3. Cass. 3e civ., 9 mars 1977, n° 75-13.050.

8. Critère de spécificité. Une question reste débattue et la jurisprudence est parfois difficile à interpréter dans ce domaine. En effet des doutes peuvent subsister en ce qui concerne une chose matérielle lorsque l'entrepreneur exécute non seulement son travail, mais fournit aussi la matière. Tel sera le cas lorsqu'un couturier confectionne un vêtement avec son propre tissu. La distinction est importante en raison de son enjeu concernant : l'application des clauses limitatives, le prix, l'action en garantie des vices cachés. La doctrine classique a élaboré une distinction en se fondant sur un critère dit psychologique : dès lors que le fabricant a travaillé sur les plans du maître de l'ouvrage et sous sa direction, il y a contrat d'entreprise, et s'il a travaillé sur ses propres plans et suivant son initiative, il y a vente. La doctrine contemporaine a critiqué une distinction artificielle, malaisée à mettre en œuvre et impuissante à systématiser les solutions jurisprudentielles. Ce critère s'il n'a pas été entièrement abandonné n'est pas celui qui est retenu par la jurisprudence qui lui préfère le critère de spécificité. Désormais, si la chose a été fabriquée spécifiquement pour le client il s'agira d'un contrat d'entreprise. À l'inverse si la chose est fabriquée en série ou de manière standardisée il s'agira d'un contrat de vente.

B Un contrat ne portant pas sur une chose

9. La nature de l'obligation. La question de la distinction entre contrat d'entreprise et contrat de dépôt se pose lorsque le client ou maître de l'ouvrage confie un objet, c'est-à-dire un bien meuble, à l'entrepreneur. Les deux contrats relèvent d'une obligation de faire. Leur objet diffère toutefois, à tel point que l'on ne devrait pas les confondre. L'objet du contrat de dépôt est de garder et de restituer la chose tandis que celui du contrat d'entreprise est de réaliser un travail sur ou à partir de la chose. La distinction pourrait paraître aisée, si le dépositaire n'avait parfois quelque travail à faire pour conserver la chose, et si l'entrepreneur, outre sa tâche à accomplir, ne devait, par la force des choses, détenir celle-ci avant et après, jusqu'au moment de la livraison.

Pour aller plus loin

1. Ouvrages

- J. Huet, *Traité de droit civil. Les principaux contrats spéciaux*, 2e éd., 2001, LGDJ.
- J. Sénéchal, *Recherches sur le contrat d'entreprise et la classification des contrats spéciaux. Recherche sur un double enjeu du mouvement de recodification du droit des contrats*, PUAM.
- F. Leduc, *« Deux contrats en quête d'identité. Les avatars de la distinction entre le contrat de mandat et le contrat d'entreprise »*, Mél. G. Viney, LGDJ, 2008, p. 595.

2. Articles

- P. Trisson-Collard, *Tentative de distinction des contrats d'entreprise et de mandat fondée sur l'objet du contrat*, Petites affiches, 7 févr. 2001, n° 27, p. 4.
- A. Arseguel et Ph. Isoux, *« Les nouvelles frontières entre le contrat de travail et le contrat d'entreprise »*, Les collaborateurs de l'entreprise : salariés ou prestataires de services, 1995, PUAM.

Exercice QCM

Répondre aux questions suivantes. Une seule bonne réponse est possible.

1 Le contrat d'entreprise se distingue du contrat de travail par :

a. Son caractère indépendant.
b. Son système de représentation.
c. Son caractère translatif.

2 On distingue le contrat d'entreprise du contrat de vente par :

a. Le fait qu'il s'agisse d'un contrat synallagmatique.
b. Le fait qu'il porte sur un service et non sur une chose.
c. Le fait qu'il s'agisse d'un contrat onéreux.

3 La nature du contrat d'entreprise porte sur l'obligation de restituer ?

a. Vrai.
b. Faux.
c. Les deux.

4 La doctrine classique avait distingué la vente et le contrat d'entreprise :

a. Sur le critère de spécificité.
b. Sur le critère économique.
c. Sur le critère psychologique.

5 Le contrat de mandat et le contrat d'entreprise se distinguent notamment par :

a. L'absence de représentation.
b. L'absence d'indépendance.
c. L'absence de rémunération.

Correction

1 Réponse a. *Son caractère indépendant.*

2 Réponse b. *On distingue le contrat de vente et d'entreprise par le fait que cette dernière porte sur un service et non sur une chose.*

3 Réponse b. *Faux.*

4 Réponse c. *Le critère psychologique.*

5 Réponse a. *L'absence de représentation.*

Exercice

Cas pratique : « Une longue escale »

Énoncé

Édouard Rvenir est l'un de ces hommes pressés qui passent plus de temps dans un avion que devant leur bureau. Son métier d'avocat international qu'il pratique depuis l'obtention de son LLM à Columbia University le conduit à voyager fréquemment autour du globe : de Paris à Shanghai, en passant par Tokyo et New York, ses affaires lui ont fait visiter la Terre entière ! Rapidité et efficacité sont ses maîtresses absolues. Ses clients, parmi lesquels figurent nombre de grandes entreprises internationales, n'en attendent d'ailleurs pas moins. Un beau jour il confie la réparation de son Jet privé à la société Luxpress dirigée par Jules Depeche ce dernier précise à Édouard Rvenir qu'il pourra récupérer son Jet flambant neuf dans une semaine. Pourtant, la semaine passe puis le mois et Édouard Rvenir n'est toujours pas revenu récupérer son avion. Jules Depeche laisse plusieurs messages à Édouard Rvenir en vain. Une nuit alors que le Jet est entreposé dans le hangar de restauration de la société Luxpress un incendie provoque la destruction du hangar et de gigantesque gerbe de flammes brûle entièrement le jet. Le lendemain alors qu'il ne reste plus rien de la société Luxpress Édouard Rvenir revient pour récupérer son Jet. Découvrant les ruines laissées par l'incendie et déplorant la perte de son Jet il décide d'engager la responsabilité de la société Luxpress pour manquement à son obligation de conservation du Jet.

Qu'en pensez-vous ?

Correction

Rappel des faits et problème juridique

Une personne confie son jet privé pour réparation à une société spécialisée. Malgré, que les réparations soient entièrement terminées, le propriétaire ne revient pas chercher son avion en temps voulu. Par un coup du sort, le hangar où est entreposé le jet brûle emportant l'avion avec lui. C'est à ce moment que le propriétaire vient rechercher son bien. Celui-ci ayant disparu dans l'incendie il souhaite engager la responsabilité de la société de réparation pour manquement à son obligation de conservation. Toute la question de cette affaire réside dans la qualification du contrat qui lie le propriétaire du jet et la société de réparation. À savoir s'il s'agit d'un contrat d'entreprise ou un contrat de dépôt.

Qualification juridique

Le contrat d'entreprise est un contrat de service aussi bien matériel qu'intellectuel. En l'espèce, la réparation du Jet de Édouard Rvenir par la société Luxpress répond à la qualification d'un contrat d'entreprise. Ainsi est qualifié comme tel le contrat par lequel un garagiste effectue des opérations de réparation ou d'entretien sur un véhicule. Il s'agit d'une obligation de résultat. Le garagiste doit œuvrer dans les règles de l'art et de réparer ce qui doit l'être. En revanche le contrat de dépôt est celui par lequel on reçoit une chose appartenant à autrui, à charge de la garder et de la restituer en nature. Le contrat de dépôt est un contrat dit « réel ». Il s'agit également d'une obligation de résultat de restitution. En l'espèce, encore faut-il prouver que la société Luxpress était soumise à un contrat de dépôt du Jet.

Règles de Droit

En ce qui concerne l'obligation de conservation, tout dépend s'il s'agit d'un contrat de dépôt par lequel le dépositaire doit conserver la chose jusqu'à la restitution. Obligation inexistante dans le contrat d'entreprise. C'est une question auquel la Cour de cassation a déjà pu répondre à l'occasion d'une espèce ou une personne avait confié un bateau à restaurer à une société, celle-ci l'avait réparé, mais le client ne revient pas chercher le bateau, trois mois plus tard le bateau brûle dans l'incendie de la société. En ce sens, la haute juridiction avait pu décider que le restaurateur était lié par les règles du dépôt et qu'il avait la charge de conserver le bateau jusqu'à sa restitution[1].

Application

Édouard Rvenir pourra engager la responsabilité de la société Luxpress à condition qu'il prouve qu'elle était soumise à un contrat de dépôt.

1. Cass. civ. 1re 30 mai 2006, n° 05-13.980.

Fiche

33 La forme du contrat d'entreprise

L'essentiel

Le contrat d'entreprise est un contrat consensuel. En ce sens, l'article 1710 du Code civil dispose qu'il s'agit d'un « *contrat par lequel l'une des parties s'engage à faire quelque chose pour l'autre, moyennant un prix convenu entre elles* ».

La preuve de l'existence du contrat d'entreprise obéit aux règles de droit commun du droit des contrats.

Le contrat peut se former instantanément ou faire l'objet de phase préparatoire notamment lorsque la convention porte sur une prestation matérielle d'une certaine importance : construction d'un immeuble par exemple.

1. Définition. Le contrat d'entreprise est défini à l'article 1710 du Code civil comme un « contrat par lequel l'une des parties s'engage à faire quelque chose pour l'autre, moyennant un prix convenu entre elles ». Plus exactement, on s'accordera à considérer le contrat d'entreprise est celui par lequel une personne, appelée maître d'ouvrage ou donneur d'ordre, charge une autre personne appelée entrepreneur d'effectuer une prestation de service moyennant rémunération, en toute indépendance et sans représentation.

I La forme et la preuve du contrat d'entreprise

2. Principe. Tout comme le contrat de vente, le contrat d'entreprise est fondé sur le consensualisme. Aucune formalité n'est donc en principe exigée pour sa formation. Un simple échange de consentements des parties sur les éléments essentiels de la prestation suffit pour que le contrat d'entreprise soit valablement formé. Cela dit, il existe des tempéraments au principe du consensualisme. Ainsi, les contrats d'architecte, les contrats de construction de navires, ou encore les contrats portant sur la construction de maison individuelle requiert un écrit étant *ad validatem*.

3. Preuve. L'administration de la preuve du contrat d'entreprise ne déroge pas au droit commun. Il appartiendra à celui qui se prévaut de l'existence du contrat d'en rapporter la preuve. Aussi celui qui exige le paiement par son cocontractant d'une prestation, dont ce dernier conteste la présence dans le contrat, doit prouver qu'elles étaient bien contractuellement prévues. À titre d'exemple, c'est au garagiste réparant un véhicule qu'il appartient de démontrer que le client a bien commandé ou accepté l'ensemble des travaux réalisés lorsque celui – ci refuse de payer la facture[1]. Il en va de même pour l'architecte qui prétend avoir réalisé une mission plus importante que celle reconnue par son cocontractant, il doit en apporter la

1. Cass. 1re civ., 14 déc. 1999, n° 97-19.044.

preuve[1]. Par conséquent, le client n'a pas à prouver l'accord verbal par lequel il n'aurait consenti qu'à la réalisation de certains travaux[2]. Ainsi, le client ne doit pas davantage être condamné au paiement de la facture sous prétexte qu'il n'a pas contesté par écrit les réparations[3]. Par ailleurs, la preuve du contrat est soumise à l'exigence d'un écrit dès qu'il porte sur une valeur supérieure à 1 500 euros (art. 1359 C. civ.) ; mais sa portée est tempérée en matière de paiement d'obligations non pécuniaires.

II Le consentement au contrat d'entreprise

4. Formation instantanée. Les règles de formation du contrat d'entreprise ne diffèrent pas de celles du droit commun. Aussi, les parties doivent-elles réunir les conditions de consentement, de capacité et de contenu pour que le marché soit valablement passé (C. civ., art. 1128 ; C. civ., anc. art. 1108). Le contrat d'entreprise peut se former instantanément par l'acceptation d'une offre. Le contrat naîtra alors de la seule rencontre des volontés, instantanément.

5. Phase préparatoire. Lorsque les travaux revêtent une certaine importance, le contrat est souvent précédé d'une phase de pourparlers au cours de laquelle le client recueille les informations nécessaires pour apprécier l'opportunité de conclure le contrat. La question se pose alors de savoir quelle va être la nature juridique des devis émis par l'entrepreneur, lors de cette phase préparatoire. En effet, il n'est pas rare que les parties recourent à l'utilisation d'un devis au cours de la phase de négociation. En principe, l'établissement d'un tel devis est gratuit, sauf si une rémunération est prévue.

6. Nature des devis. Quant à la nature juridique de ces devis, tout dépendra de l'interprétation de la volonté des parties et des stipulations contenues dans le devis. Le plus souvent, les devis établis par l'entrepreneur s'inscrivent dans la phase de pourparlers. Ils n'ont qu'un caractère préparatoire et ne lient pas les parties. Selon les stipulations qu'ils contiennent, ils peuvent s'analyser en une simple invitation à entrer en pourparlers, en un contrat de négociation, en une offre, ou même en une promesse de contracter. Le régime juridique applicable à chacune de ces phases de pourparlers trouvera alors à s'appliquer. Néanmoins, un document préparatoire intitulé « dossier d'étude d'une maison d'habitation » ne comportant pas de devis sur le contenu du dossier ni sur un prix, est insuffisant pour caractériser l'existence d'un contrat d'entreprise[4]. Toutefois, il se peut également que le devis constitue un véritable contrat préparatoire obligeant les parties, ce qui sera généralement le cas lorsqu'il a été prévu que le devis serait effectué contre rémunération. L'entrepreneur aura alors droit à sa rémunération, quand bien même le maître de l'ouvrage ne donnerait pas suite aux projets envisagés. Tel est le cas en particulier au sujet de l'architecte, pour qui l'établissement d'un devis correspond déjà à un travail important puisque sa mission réside essentiellement dans l'élaboration de plans.

1. Cass. 3e civ., 6 sept. 2018, n° 17-21.329.
2. Cass. 1re civ., 20 mars 2001, n° 99-12.150.
3. Cass. com., 6 mai 1980, n° 78-15.775.
4. Cass. 3e civ., 30 avr. 2002, n° 99-18.359.

Pour aller plus loin

1. Ouvrages

- MALAURIE et AYNÈS, *Droit des contrats spéciaux*, 4e éd. Par GAUTHIER, 2009, Defrénois.
- BÉNABENT, *Droit des contrats spéciaux civils et commerciaux*, 11e éd., 2015, coll. Domat Droit privé, LGDJ.
- BAUDRY-LACANTINERIE et WAHL, *Du contrat de louage*, t. 2, 1898, L. Larose.
- PUIG, *La qualification du contrat d'entreprise*, thèse, Paris 2, 1999.

Exercice QCM

→ **Répondre aux questions suivantes. Une seule bonne réponse est possible.**

1 Le contrat d'entreprise est un contrat :

a. Réel.
b. Consensuel.
c. Mixte.

2 La preuve de l'existence du contrat d'entreprise déroge au droit commun ?

a. Vrai.
b. Faux.

3 Le contrat d'entreprise se forme instantanément ?

a. Vrai.
b. Faux.
c. Les deux.

4 Le devis d'architecte constitue :

a. Un véritable contrat.
b. Une phase de pourparlers.
c. Un avant-contrat.

5 Fabien est garagiste. Il se demande s'il doit apporter la preuve que son client à accepter les réparations ?

a. Oui.
b. Non.

Correction

1 Réponse b. *Consensuel.*

2 Réponse b. *Faux.*

3 Réponse c. *Il peut se conclure instantanément ou faire l'objet de pourparlers.*

4 Réponse a. *Un véritable contrat.*

5 Réponse a. *Oui.*

Exercice Cas pratique : « Haro sur devis »

Énoncé

Cicéron Cépacaré à ouvert son bureau d'études d'architecte très récemment. Il reçoit une commande de la part de Garcin Lazare qui vient d'hériter de ses parents. Garcin Lazare souhaite avec l'argent qu'il a reçu en héritage se faire construire une maison sur plan. Cicéron Cépacaré dont c'est le premier contrat, travail jour et nuit pour satisfaire son client. Après quatre mois de travail intense, Cicéron Cépacaré envoie le devis à Garcin Lazare qui décide de ne plus passer par Cicéron Cépacaré pour la construction de sa maison. Cicéron Cépacaré n'en revient pas. Furieux il se demande ce qu'il peut faire.

Qu'en pensez-vous ?

Correction

Rappel des faits et problème juridique

Une personne passe par un bureau d'études d'architectes pour faire construire une maison. L'architecte après avoir travaillé longtemps sur le projet envoie le devis à son client. Néanmoins ce dernier, décide de ne plus passer par l'architecte pour construire sa maison. Toute la question repose sur le fait de savoir si le commanditaire de la maison est lié à contractuellement à l'architecte par un simple devis.

Qualification juridique

Depuis un arrêt du 21 janvier 1963[1], le contrat d'architecte est qualifié de contrat d'entreprise. Cette solution a été confirmée par la loi n° 67-3 du 3 janvier 1967. Les dispositions législatives s'appliquent à toute personne et à tout organisme faisant fonction d'architecte. Par ailleurs, le contrat d'architecte est présumé, par la jurisprudence, être à titre onéreux[2]. En l'espèce on peut en déduire que le contrat passé entre Cicéron Cépacaré et Garcin Lazare est bien un contrat d'entreprise.

Règles de Droit

Encore faut-il que les éléments d'un véritable contrat puissent être prouvés. Ainsi, le seul refus par le maître d'ouvrage d'un projet qui lui était soumis n'établit pas l'absence de contrat le liant à l'architecte[3].

1. Cass. civ. 1er, 21 janvier 1963, n° 58-11.450.
2. Cass. civ. 3e, 23 janv. 1979.
3. Cass. civ. 3e, 9 févr. 2011, n° 10-10.264.

Application

En l'espèce, Cicéron Cépacaré aura droit à rémunération puisque l'établissement d'un devis d'architecte correspond déjà à un travail important puisque sa mission réside essentiellement dans l'élaboration de plans. Toutefois, la preuve de l'acceptation du devis par Garcin Lazare obéira au droit commun de la preuve. Ainsi, il appartient à Cicéron Céparé de démontrer que le client a bien commandé ou accepté l'ensemble des plans et croquis. Il ne nous est pas précisé au sein du cas pratique s'il s'agit d'un accord verbal ou écrit. On peut supposer qu'au vu de l'enjeu économique du projet qu'il s'agit d'un accord écrit qui ne sera donc pas difficile de prouver.

Fiche

34 Le prix du contrat d'entreprise

L'essentiel

À la différence de ce qui se passe pour la vente, le prix n'est pas une condition essentielle à la validité du contrat d'entreprise. Cela se justifie parce qu'il est fréquent que l'étendue de la prestation contractée ne soit pas arrêtée définitivement au jour de la conclusion du contrat. Plusieurs modalités de paiement du prix sont concevables:

- Le marché unitaire: Le marché à unitaire est celui dans lequel le prix n'est pas définitivement convenu par les parties au jour de la conclusion du contrat.
- Le marché à forfait: Le marché à forfait est celui dans lequel un prix global et définitif est convenu par les parties au jour de la conclusion du contrat.

Les parties peuvent stipuler une clause de révision. Ce faisant, le prix peut être corrigé en fonction de l'évolution des coûts des salaires ou des matériaux. En cas d'abus le juge peut intervenir dans la réduction du prix.

I Le prix élément essentiel du contrat d'entreprise

A La fixation du prix

1. La détermination du prix. Le contrat d'entreprise est un contrat à titre onéreux[1]. En l'absence d'indication des parties en ce sens, il est présumé onéreux. Il doit être conclu moyennant une rémunération, sous peine d'être requalifié en contrat de services gratuits ou contrat d'assistance bénévole. Si l'existence d'une rémunération est un élément essentiel du contrat d'entreprise, la loi n'exige pas que le prix du contrat d'entreprise soit déterminé, ni même déterminable, lors de la conclusion du contrat[2]. Ainsi, il peut être convenu à l'avance ou établi à l'achèvement des travaux. Par exemple, l'absence de convention d'honoraires ne prive pas l'avocat de son droit à rémunération. Cette flexibilité dans la fixation du prix est due à la difficulté d'apprécier le degré de précision du coût de la prestation.

2. Une rémunération conforme à la prestation. Lorsque la qualité de la prestation n'est pas déterminée ou déterminable en vertu du contrat, le nouvel article 1166 du Code civil dispose que le débiteur doit offrir une prestation de qualité conforme aux attentes légitimes des parties en considération de sa nature, des usages et du montant de la contrepartie. Cela signifie que l'objet de la rémunération doit correspondre très exactement à l'objet de la prestation. À titre d'exemple, un particulier qui fait installer une nouvelle salle de bains dans sa maison pourra se contenter d'une baignoire de moindre qualité installée par erreur, en refusant de régler l'intégralité du prix initialement convenu plutôt que de réclamer une réinstallation complète.

---

1. Cass. 3e civ., 17 déc. 1997, n° 94-20.709.
2. Cass. 1re civ., 15 juin 1973, n° 72-12.062.

Cela dit, il ne faut pas voir dans le prix uniquement une somme d'argent. Il peut ainsi, s'agir de choses fongibles ou d'un service.

B Les marchés à forfait

3. Le marché à prix unitaire. Le marché à prix unitaire encore appelé marché sur facture consiste en un contrat dans laquelle le prix n'est ni déterminé, ni déterminable lors de la conclusion. Le marché à prix unitaire peut se référer aux articles d'une série de prix ou d'un bordereau de prix ou bien encore d'un devis indiquant à la fois le prix unitaire applicable et l'importance des ouvrages à exécuter sous réserve des modifications pouvant être apportées.

Le maître de l'ouvrage s'engage à payer l'entrepreneur une fois le travail réalisé. Jusqu'à présent, à défaut d'accord sur la détermination du prix, les juges du fond pouvaient intervenir dans le contrat pour fixer le prix en lieu et place des parties, en procédant eux-mêmes à l'estimation de la valeur de la prestation fournie[1]. Ce fut notamment le cas de la révision par le juge du prix exercé par les professions libérales lorsqu'il était abusif. Toutefois, le nouvel article 1165 du Code civil laisse planer le doute quant à la possibilité d'une révision judiciaire du prix abusif[2]. En effet, les nouvelles dispositions visent spécialement « le créancier » qui lorsqu'il n'y a pas eu d'accord des parties sur le prix avant l'exécution peut en fixer lui-même le montant. Ce n'est qu'en cas d'abus dans la fixation du prix que le juge peut être saisi d'une demande tendant à obtenir des dommages et intérêts et, le cas échéant, la résolution du contrat ».

Débat doctrinal sur la fixation du prix

L'article 1165 du Code civil issu de la réforme du 10 février 2016 met-il fin à la solution jurisprudentielle classique, concédant que des honoraires préalablement convenus puissent être révisés *a posteriori* par le juge lorsqu'ils apparaissent excessifs au regard de l'étendue ou de la qualité de la prestation fournie ? La doctrine est divisée à ce sujet. En effet, plusieurs auteurs considèrent que ce pouvoir régulateur du juge est conservé, principalement parce qu'il n'est pas visé par l'article 1165, qui n'envisage que la seule hypothèse où il n'y a pas eu d'accord des parties sur le prix avant l'exécution. D'autres au contraire estiment qu'un tel maintien n'est plus possible, à raison spécifiquement de l'indispensable respect de la hiérarchie des normes. Cela signifie que les stipulations contractuelles doivent être soumises au texte légal, c'est-à-dire aux dispositions de l'article 1165 du Code civil.

4. Le marché forfaitaire. Au sein de cette convention, le prix à payer par le Maître de l'Ouvrage est un montant fixé de façon ferme et définitive par le contrat. On remarquera que la jurisprudence a admis qu'un marché peut être forfaitaire pour une partie seulement des travaux convenus[3]. Tout repose sur l'évaluation *a priori* du travail à effectuer. C'est un facteur de sécurité pour le Maître de l'Ouvrage contre toute répercussion des augmentations importantes de coûts, le prix ne sera pas modifié. Ainsi, l'article 1793 du Code civil prévoit que lorsqu'un « *architecte ou un entrepreneur s'est chargé de la construction à forfait d'un bâtiment, d'après un plan arrêté et convenu avec le propriétaire du sol, il ne peut demander*

1. Cass. 1re civ., 3 juin 1986, n° 85-10.486.
2. Chénedé Fr., Le nouveau droit des obligations et des contrats, 2e éd., Dalloz, 2018.
3. Cass. 3e, 25 juin 2020, n° 19-11.412.

aucune augmentation de prix (...)». Le prix est donc invariable, impliquant que soit précisément défini son montant, ainsi que la nature et l'étendue des travaux correspondants. Dans ce contexte, un prix simplement approximatif ne peut être retenu[1]. La Cour de cassation a pu estimer que « constituent un marché à forfait les conventions selon lesquelles il est entendu entre les parties que les ouvrages seront exécutés tels qu'ils sont définis par les plans acceptés par l'entrepreneur et tels qu'ils sont désignés au devis descriptif remis au maître de l'ouvrage, lequel contient tous les éléments de calcul d'un prix fixé »[2]. Par ailleurs, le marché forfaitaire ne peut être remis en cause pour surestimation ou sous-estimation en quantité ou en prix du détail estimatif décomposant le prix forfaitaire[3].

Généralement, l'entrepreneur incorpore dans son offre des suppléments qui ont pour objet de le garantir contre les surcoûts prévisibles. Cela dit, si l'entrepreneur sait qu'il ne sera pas payé plus que ce qui a été prévu à l'origine, il risque de refuser d'accomplir des travaux supplémentaires qui apparaîtraient nécessaires au cours de la construction cela afin d'éviter une perte injustifiée.

5. Le marché forfait imparfait. À cet égard, la Cour de cassation admet que les parties « tout en stipulant le forfait pouvaient y ajouter des clauses qui en modifient le caractère et les effets »[4]. Plusieurs conditions pour caractériser le marché imparfait peuvent être prévues et il est parfois difficile de s'y retrouver. Le forfait imparfait permet de revendiquer des suppléments même non demandés par le maître de l'ouvrage ou encore de ne pas prédéterminer le prix de ceux-ci. Il peut s'agir tantôt de devis estimatifs, mais à prix ferme et définitif[5], tantôt d'un bon de commande signé par le maître de l'ouvrage[6].

La notion de bouleversement de l'économie générale du marché

Traditionnellement, lorsque la nature et le coût des ouvrages diffèrent profondément du marché à forfait conclu par les parties, il y aura un bouleversement général de l'économie de ce marché. Tel est le cas pour un coût de travaux supplémentaires[7]. *A contrario*, elle peut résulter d'une diminution des travaux réalisés[8]. De toutes les manières, la survenance du bouleversement de l'économie ne dépend pas de la volonté des parties.[9] En revanche, des circonstances imprévisibles ne sont pas de nature à entraîner la modification du caractère forfaitaire de la convention[10]. Pareillement, le fait que le maître de l'ouvrage fournisse et impose à l'entrepreneur des métrés erronés du maître d'œuvre ne constitue pas un bouleversement de l'économie du contrat à la demande du maître de l'ouvrage de nature à entraîner la modification du caractère forfaitaire du contrat[11].

1. Cass. 3e civ., 25 avr. 1972, n° 71-10.25.
2. Cass. 3e civ., 23 mai 1978, n° 76-13.891.
3. Cass. 3e civ., 26 févr. 1986, n° 84-16.290.
4. Cass. 3e civ., 12 avr. 1976, n° 74-14.715.
5. Cass. 3e civ., 25 mars 1980, n° 79-11.054.
6. Cass. 3e civ., 11 déc. 1979, n° 78-10.142.
7. Cass. 3e civ., 11 oct. 2000, n° 97-22.253.
8. Cass. 3e civ., 17 avr. 1984, n° 83-10.281.
9. Cass. 3e civ., 6 déc. 2000.
10. Cass. 3e civ., 20 nov. 2002, n° 00-14.423.
11. Cass 3e, 19 janv. 2017, n° 15-20.846.

II La révision du prix

6. Clauses de révisions du prix. Par ailleurs, il faut souligner que le contrat peut comporter des clauses de révision du prix afin de permettre l'indemnisation de l'entrepreneur contre toutes variations économiques[1]. Pour être applicables, ces clauses doivent être exemptes de toutes ambiguïtés. Insistons sur le fait que toutes difficultés d'interprétation de ces clauses seront statué souverainement par les juges du fond.

7. Révisions judiciaires. Par ailleurs, se pose la question du prix excessif voir abusif. En effet, les prix pratiqués par certaines professions libérales (avocats, notaires, généalogistes, etc.) peuvent être hors de proportion avec les services rendus. À cet égard, les juges du fond sont susceptibles d'intervenir pour revoir à la baisse le prix fixé. Encore faut-il, pour que le client puisse exercer cette faculté, que le montant soit encore contestable. En effet, depuis longtemps, la jurisprudence admet que « *les tribunaux peuvent, quand une convention est passée en vue de l'exécution de travaux donnant lieu à honoraires, réduire ces derniers lorsqu'ils paraissent exagérés* »[2]. Une solution plus récente réitère le principe[3]. En revanche, les juges ne peuvent plus le réduire si le client a accepté le paiement et le montant de ces honoraires une fois le service rendu[4]. Néanmoins, la question de la certitude du pouvoir des juges du fond de réduire des honoraires jugés excessifs du généalogiste successoral reste une question délicate. Il a ainsi été rejeté la faculté de réduire les honoraires des généalogistes, au motif que le contrat est aléatoire[5].

1. Cass. 3e civ., 7 févr. 2001, n° 98-20.771.
2. Com., 2 mars 1993; Civ. 1, 3 juin 1986.
3. CA Reims, 1er Ch, 7 mai 2019, n° 17/02693.
4. Cass. 2e civ., 18 sept. 2003, n° 01-16.013.
5. Cass. 1re civ., 5 mai 1998.

Pour aller plus loin

1. Ouvrages

- Demogue, *De la lésion dans les contrats*, Rev. Droits 1937, vol. XVI. 5.
- Randoux, *Le « juste prix » des biens et des services dans les relations individuelles et commerciales. Contribution à l'étude de la théorie du juste prix dans le droit français des obligations*, thèse, Lille, 1973.

2. Articles

- F. Leduc, *La détermination du prix : une exigence exceptionnelle ?*, JCP 1992., I. 3631.
- PUIG, *La qualification du contrat d'entreprise*, thèse, Paris 2, 1999.
- Marganne, *Marché à forfait : le régime des travaux supplémentaires*, Mon. TP 10 mai 1996. 52 ; Le prix dans le contrat d'entreprise, JCP N 1998., Chron. 602.

Exercice QCM

→ Répondre aux questions suivantes. Une seule bonne réponse est possible.

1 Le contrat d'entreprise nécessite un prix déterminé pour la validité de la formation du contrat ?

a. Vrai.
b. Faux.

2 Dans le marché a prix unitaire le prix :

a. Est déterminé.
b. Est indéterminé.
c. Il n'y a pas de prix.

3 Qu'est-ce que le bouleversement de l'économie générale du marché ?

a. Il s'agit de circonstances imprévisibles entraînant une modification des coûts du contrat.
b. Il s'agit de circonstances prévisibles entraînant une modification des coûts du contrat.
c. Il s'agit de circonstances imprévisibles qui entraînent la fin du contrat.

4 Le juge peut réduire les coûts :

a. En cas de demande d'une des parties sans raison.
b. En cas de demande d'une des parties pour prix abusif.
c. Ne peut pas réduire les coûts.

5 Le contrat d'entreprise peut comporter des clauses de révision du prix ?

a. Vrai.
b. Faux.

Correction

1 Réponse b. *Faux.*

2 Réponse a. *Le prix est déterminé.*

3 Réponse a. *Il s'agit de circonstances imprévisibles entraînant une modification des coûts du contrat.*

4 Réponse a. *Le juge peut réduire les coûts en cas d'abus.*

5 Réponse a. *Vrai.*

Exercice Cas pratique : « La dernière note »

Énoncé

Gilles S. Desplumes est pianiste de talent. Il fait souvent la une des journaux que certaines personnes adorent parcourir chaque semaine pour y découvrir des bribes de la vie des grandes étoiles de ce bas monde. Le pianiste de renom prépare bientôt son prochain concert à l'opéra de Paris. Gilles S. Desplumes fait appel à l'atelier Pianissimo pour lui confectionner un piano sur mesure. Le prix de la confection n'est pas déterminé ni par Gilles S. Desplumes ni par l'atelier Pianissimo. Néanmoins, après des heures de travail sur la confection du Piano, l'atelier Pianissimo envoie la note d'un montant de 10 000 euros à Gilles S. Desplumes qui frôle la crise cardiaque à la vue de ce prix qu'il estime exorbitant et refuse de payer.

Qu'en pensez-vous ?

Correction

Rappel des faits et problème juridique

Un pianiste se fait confectionner un piano sur mesure par un artisan et dont le prix n'a pas été déterminé. Une fois la facture reçue, le pianiste estime qu'elle est bien trop chère et refuse de la payer. Toute la question repose la détermination du prix de cette convention.

Qualification juridique

En l'espèce, il s'agit bien d'un contrat d'entreprise prévu à l'article 1710 du Code civil. En effet, il s'agit bien d'acte matériel concernant la confection d'un piano en toute indépendance. Par ailleurs, il ne s'agit pas d'un contrat de vente qui porterait sur un piano standard, mais sur la confection sur mesure d'un piano.

Règles de Droit

Au sein d'un contrat d'entreprise, le prix n'a pas à être déterminé contrairement au contrat de vente. Toutefois, le prix est un élément essentiel du contrat d'entreprise. Il peut être fixé à l'avance ou l'achèvement des travaux. En outre, le nouvel article 1166 du Code civil dispose que le débiteur doit offrir une prestation de qualité conforme aux attentes légitimes des parties en considération de sa nature, des usages et du montant de la contrepartie.

Application

En l'espèce, deux options sont possibles selon que l'on se place du côté de Gilles S. Desplumes ou de l'atelier Pianissimo. D'une part, Gilles S. Desplumes peut demander judiciairement la révision du prix s'il estime que celui-ci est abusif. Encore faut-il que le prix soit contestable. D'autre part pour l'atelier Pianissimo, il est toujours possible de faire valoir ses garanties de paiement, en mettant en œuvre son droit de rétention sur le piano puisqu'il ne s'agit ni d'un immeuble ni d'une chose affectée au service de la personne.

Section

II Les effets du contrat d'entreprise

Le contrat d'entreprise entraîne des effets contractuels entre le maître de l'ouvrage et l'entrepreneur (Fiche n° 35), mais également entre avec les tiers. Cela se produit plus spécifiquement lorsque l'on se trouve dans une situation de sous-traitance. Il s'agit de l'éventualité au sein de laquelle l'entrepreneur principal fait appel à un sous-traitant pour réaliser une partie ou la totalité d'un ouvrage. En cas de difficulté, cette situation entraîne diverses responsabilités aussi bien contractuelles qu'extracontractuelles (Fiche n° 36).

Les effets entre les parties

L'essentiel

Le contrat d'entreprise peut entraîner pour l'entrepreneur tantôt une obligation de moyen, tantôt une obligation de résultat selon que la prestation impliquera une prestation intellectuelle ou une prestation matérielle. Cela dit, l'entrepreneur est tenu d'obligation accessoire telle qu'une obligation de sécurité et une obligation de conservation lorsque la prestation porte sur une chose. Il s'agira par exemple du garagiste qui devra conserver la chose après l'avoir réparé jusqu'au terme convenu ou son client doit venir récupérer sa voiture.

Le maître de l'ouvrage quant à lui doit payer le prix. Il sera tenu également d'obligations accessoires telles que de prendre livraison de la chose ou la réceptionner. Il devra également coopérer avec l'entrepreneur afin de ne pas entraver sa mission dans l'objectif d'une bonne exécution du contrat.

I Les obligations de l'entrepreneur

A Les obligations principales

1. Nature de la prestation. À l'origine le Code civil, limitait le contrat d'entreprise aux choses et n'envisageait pas l'exécution d'ouvrages de toutes sortes. Ainsi, le contrat d'entreprise peut porter sur la réparation, ou la transformation d'une chose mobilière ou immobilière. Il va ainsi de la réparation d'une voiture par un garagiste ou bien encore du nettoyage d'un vêtement par un teinturier d'une réparation effectuée par un plombier. Par ailleurs, la prestation peut être immatérielle. Ainsi, il peut également porter sur un service prenant la forme d'une prestation intellectuelle. Tel est le cas d'un avocat qui conseille son client ou bien d'un médecin qui préconise un traitement à son patient. Pareillement, il en va ainsi d'une expertise[1].

2. Nature de l'obligation. De toutes les manières, quel que soit l'objet du contrat, l'obligation principale de l'entrepreneur sera d'exécuter le travail commandé par le donneur d'ordre. Néanmoins, lorsque le contrat porte sur un service impliquant une prestation intellectuelle telle que le conseil d'un avocat à son client l'entrepreneur aura traditionnellement une obligation de moyens. En effet, il s'engage non pas à un résultat, mais à mettre tous les moyens en œuvre pour y parvenir. Tel est le cas du médecin, dont l'obligation de soins est une obligation de moyens, ou encore des agences de voyages, des conseillers en gestion d'entreprise. *A contrario*, lorsque le contrat porte sur une chose impliquant une prestation matérielle, l'entrepreneur s'engagera à obtenir un résultat et assumera donc une obligation de résultat. Tel est le cas par exemple du garagiste, qui promet de rendre le véhicule qu'il répare en état de marche, ou encore du teinturier

1. Cass. 3e civ., 28 févr. 1984, n° 82-15.550.

qui promet de faire disparaître la tache sur le vêtement qu'on lui demande de nettoyer, etc. À cet égard, on a souvent tendance à dire que l'entrepreneur doit réaliser la prestation dans les règles de l'art. Il s'agit du savoir-faire du professionnel.

B Les obligations accessoires

3. Obligation accessoire d'information et de sécurité. Dans tous les cas, l'entrepreneur assumera, outre l'obligation d'exécuter la prestation promise, des obligations accessoires de conseil ou de renseignement, voire parfois une obligation de sécurité particulièrement dans les contrats de transport.

4. Obligation accessoire de conservation. Dans les hypothèses où le contrat d'entreprise porte sur une chose, l'entrepreneur va assumer une obligation de conservation de la chose. Il devra en effet conserver la chose faisant l'objet de sa prestation, pendant tout le temps de l'exercice de sa mission[1]. Ensuite, selon les éventualités, il devra la restituer (tel est le cas d'un contrat de réparation d'un instrument de musique) ou la livrer (tel est le cas lors de la confection d'un vêtement en apportant le tissu) au donneur d'ordre dans le délai prévu au contrat ou, à défaut, dans un délai raisonnable. Cette obligation de conservation, qui est accessoire à la prestation principale, est alors soumise aux règles du contrat de dépôt : on parle de dépôt accessoire. En cas de détérioration ou de perte de la chose par cas fortuit, la loi distingue selon que la matière sur laquelle s'exécute le travail a été fournie par l'entrepreneur ou par le donneur d'ordre.

Lorsque la matière est fournie par le maître de l'ouvrage, celui-ci ne pourra pas engager la responsabilité de l'entrepreneur, qui n'est « *tenu que de sa faute* » (art. 1789, C. civ.). Cependant, la jurisprudence fait peser une présomption à l'encontre de l'entrepreneur, de sorte que c'est à lui qu'il reviendra de prouver l'absence de faute de sa part ou de la part de ses préposés. Concrètement, cela signifie que l'entrepreneur est responsable de la perte fautive de la chose et de la perte dont la cause est inconnue, du fait de cette présomption. Pour autant, les risques ne sont pas entièrement à la charge du maître de l'ouvrage (même en l'absence de faute de l'entrepreneur) car l'article 1790 du Code civil prévoit que la perte de la chose antérieure à sa réception dispense le maître de l'ouvrage de payer l'entrepreneur, même s'il a déjà accompli son travail et achevé la chose. Par exception, les risques pèsent entièrement sur le maître de l'ouvrage dans deux circonstances prévues par l'article 1790, C. civ. :

- Dès lors que la chose a péri par le vice de la matière (appartenant au maître de l'ouvrage, par hypothèse).
- Dès lors que la chose a péri alors que le maître de l'ouvrage était en demeure.

---

1. Civ. 1, 30 mai 2006, n° 05-13.980.

II Les obligations du maître de l'ouvrage

- **Paiement.** L'obligation principale du maître de l'ouvrage est celle de payer le prix de la prestation exécutée par l'entrepreneur. La date de paiement est en général fixée à l'achèvement de la prestation ou des travaux, mais un fractionnement du prix peut être organisé.

Souvent, l'entrepreneur bénéficie de garanties qui lui assurent le paiement du prix telles que la clause de réserve de propriété ; droit de rétention ; sûretés etc.

- **Obligations accessoires.** Outre cette obligation principale de payer le prix, le maître de l'ouvrage assume diverses autres obligations :
  - Obligation de coopérer avec l'entrepreneur pour permettre une bonne exécution du contrat ;
  - Obligation de ne pas entraver l'exécution de la prestation, voire la faciliter ;
  - Obligation de prendre livraison de la chose (quand le contrat porte sur une chose) ;
  - Obligation de réceptionner les travaux. Cette obligation apparaît surtout dans les contrats de construction, où elle présente une grande importance.

Pour aller plus loin

1. Ouvrages

- M. Thioye, J., C. civ., art. 1788 à 1794, fasc. 1 et 20, *Louage d'ouvrage et d'industrie, Contrat d'entreprise.*
- Penneau, *Règles de l'art et normes techniques*, 1989, LGDJ.
- H. Périnet-Marquet, *Pratique du droit de la construction : contrats et responsabilités*, 2003, Litec
- Soinne, *La responsabilité des architectes et des entrepreneurs après la réception des travaux*, 1969, LGDJ.

2. Articles

- E. GAVIN-MILAN-OOSTERLYNCK, *Pour une durée décennale de la responsabilité du constructeur*, RDI 2006., 259.

Exercice QCM

→ Répondre aux questions suivantes. Une seule bonne réponse est possible.

1 Traditionnellement, l'entrepreneur doit exécuter sa mission :

a. Dans les règles de l'art.
b. Dans les règles des arts.
c. Dans les règles sans art.

2 L'obligation principale du maître de l'ouvrage est de payer le prix ?

a. Vrai.
b. Faux.

3 L'entrepreneur est toujours tenu :

a. D'une obligation de résultat.
b. D'une obligation de moyen.
c. D'une obligation de résultat ou de moyen.

4 La perte de la chose antérieure à sa réception dispense le maître de l'ouvrage de payer l'entrepreneur ?

a. Vrai.
b. Faux.

5 Les risques pèsent entièrement sur le maître de l'ouvrage :

a. Dès lors que la chose à péri à cause du vice de la matière.
b. Dès lors que la chose n'a pas péri à cause du vice de la matière.
c. La faute repose toujours sur l'entrepreneur.

Correction

1 **Réponse a**. *Dans les règles de l'art.*

2 **Réponse a**. *Vrai.*

3 **Réponse c**. *Cela dépend s'il s'agit d'une prestation intellectuelle ou matérielle.*

4 **Réponse a**. *Vrai.*

5 **Réponse a**. *Dès lors que la chose à péri à cause du vice de la matière.*

Exercice Cas pratique : « Tout schuss »

Énoncé

Alonzo Balmaské et Cécile En Cieux deux amoureux ont une passion en commun : le ski. Alors que la saison d'hiver approche et que les stations de ski commence à ouvrir, il décide de prendre des cours ensemble afin d'améliorer leur niveau et d'obtenir leur troisième étoile. Ils s'inscrivent tous les deux au cours du moniteur Edmond Prochain pour la modique somme de 400 euros. Toutefois, dès les premières heures de cours Alonzo Balmaské tombe et se foule la cheville il impute cette chute à Edomnd Prochain qui selon lui la pousser trop fort pour le lancer sur la piste. Parallèlement, Cécile En Cieux tombe malade après avoir pris un mauvais coup de froid. Le couple décide de rentrer chez eux et part avant que la semaine de cours de ski ne prenne fin. Il demande le remboursement du reste de leurs cours au moniteur Edmond prochain qui refuse.

Qu'en pensez-vous ?

Correction

Rappel des faits et problème juridique

Un couple s'inscrit à des cours de ski. L'un des deux se foule la cheville et impute ce dommage au moniteur qu'il l'aurait poussé pour l'aider à descendre la piste. L'autre tombe malade après avoir pris un coup de froid. Les deux décident d'abréger leurs semaines de cours et demandent le remboursement des jours dont ils n'ont pas pu profiter. La première question repose sur la faute du moniteur de ski dans le dommage causé à Alonzo Balmaské et la seconde porte sur la possibilité d'invoquer la force majeure par le créancier.

Qualification juridique

En l'espèce, il s'agit bien d'un contrat d'entreprise puisque le moniteur Edomnd Prochain réalise une prestation de service. En l'espèce, la prestation ne porte pas sur une chose, mais bien sûr une prestation intellectuelle puisqu'il s'agit de transmettre des connaissances à savoir des cours de ski.

Règles de Droit

Dans une prestation intellectuelle, l'entrepreneur n'a qu'une obligation de moyen. Toutefois, l'entrepreneur doit agir dans les règles de l'art. Le fait de pousser plus ou moins fort alonzo Balmaské pour l'aider à descendre correspond-il aux règles de l'art d'un moniteur de ski ? Rien n'est moins certains sachant que l'entrepreneur est tenu d'une obligation de sécurité des gens à qui il donne service. En ce sens, il a déjà été jugé qu' une école de montagne doit fournir aux clients un moniteur expérimenté qui doit faire preuve de vigilance[1].

En ce qui concerne la seconde question. Le couple pourrait invoquer la force majeure pour être remboursé des jours où ils n'ont pas pu profiter des cours de ski. En effet, l'un est malade et l'autre à la cheville foulée. Toutefois, la Cour de cassation a très récemment considéré sur le fondement de l'article 1218 du Code civil, que le créancier qui n'a pas pu profiter de la prestation ne peut pas invoquer la force majeure pour demander la résolution du contrat. Seul le débiteur peut invoquer la force majeure[2].

Application

En l'espèce, Le couple pourra engager la responsabilité de Edmond Prochain pour manquement à son obligation de vigilance qui a provoqué la chute de Alonzo Balmaské. En revanche, ils ne pourront obtenir le remboursement des jours non utilisés en invoquant la force majeure qui ne peut être invoquée que par le débiteur au contrat.

1. Cass.civ 1er., 9 févr. 1994, n° 91-17.202.
2. Cass. civ. 1re, 25 nov. 2020 n° 19-21.060.

Fiche

36 L'exécution du contrat par un tiers

L'essentiel

L'entrepreneur principal, peut sous-traiter une partie de la mission qui lui a été confiée. Toutefois, l'entrepreneur principale doit recevoir l'agrément du maître d'ouvrage. Le contrat entre l'entrepreneur principal est le sous-traitant est également un contrat d'entreprise. Ainsi l'entrepreneur principal et le sous-traitant sont liés contractuellement.

En cas de sous-traitance irrégulière c'est-à-dire sans agrément du maître d'ouvrage le sous-traitant n'a pas d'action directe contre le maître de l'ouvrage. L'entrepreneur et le sous-traitant sont responsables vis-à-vis du maître d'ouvrage. Cela dit, le maître d'ouvrage ne pourra agir que sur le fondement extracontractuel à l'encontre du sous-traitant.

I La formation du contrat de sous-traitance

1. Définition. La sous-traitance définie par l'article 1er de la loi n° 75-1334 du 31 décembre 1975 est une opération tripartie dans laquelle l'entrepreneur demande à un autre, le sous-traitant de réaliser la prestation à sa place avec l'accord du troisième, le maître l'ouvrage qui accepte cet engagement. Insistons également sur le fait que l'existence de la sous-traitance suppose que les deux contrats en cause, à savoir le marché principal et le sous-traité, aient le caractère de contrats d'entreprise. Le sous-traitant se charge de faire un ouvrage soit en fournissant seulement son travail ou son industrie, soit en fournissant aussi la matière. Il peut également s'agir d'une prestation de services, sans qu'intervienne un travail sur la matière.

2. Formation. Le contrat qui lie le sous-traitant à son donneur d'ordre est également un contrat d'entreprise[1]. Simplement, le prestataire, qui demeure l'entrepreneur général, sous-traite la prestation. Néanmoins, le contrat de sous-traitance ne créera aucun lien contractuel entre le maître de l'ouvrage et le sous-traitant. Malgré tout, l'entrepreneur principal doit faire agréer le sous-traitant par le maître de l'ouvrage, ainsi que ses conditions de paiement. La situation de l'entrepreneur principale demeure affectée d'une certaine précarité tant que le sous-traitant n'a pas reçu l'agrément du maître de l'ouvrage. En effet, l'entrepreneur principal ne pourra invoquer le contrat le liant au sous-traitant.

En revanche, une entreprise qui n'a à aucun moment exécuté tout ou partie du contrat d'entreprise liant l'entreprise générale au maître de l'ouvrage, mais s'est contentée par la fourniture de matériaux, d'équipements ou de personnel de production courante de mettre en mesure l'entrepreneur de remplir personnellement son contrat, ne peut être considérée comme

1. CA Paris, 5e ch. C, 14 janv. 1993, Société Borie SAE c/Société Matra Transport.

sous-traitant[1]. Pareillement, l'entrepreneur ayant fourni de simples services à l'entrepreneur principal qui ne lui a pas confié l'exécution des travaux pour le maître de l'ouvrage ne peut être considéré comme un sous-traitant[2]. L'existence d'un contrat de sous-traitance ne peut être déduite du simple fait de mettre du matériel ou des engins à disposition de l'entrepreneur constituant seulement un prêt ou une location.

3. Preuve. En matière de contrat de sous-traitance, l'écrit n'est pas exigé. La jurisprudence a déjà admis que la conclusion du sous-traité pouvait se déduire de l'exécution directe du contrat par le sous-traitant, manifestant par là son acceptation de l'offre faite par l'entrepreneur principal[3]. Le contrat de sous-traitance est passé pour l'exécution de tout ou partie du marché principal confier une autre entreprise.

II Les effets du contrat de sous-traitance

A Les effets dans les relations entre sous-traitant et entrepreneur principal

4. Nature du contrat. Le sous-traitant et l'entrepreneur principal sont liés par un contrat d'entreprise. Ils sont donc soumis aux obligations classiques pesant sur les parties à un contrat d'entreprise. Simplement, dans ce schéma, l'entrepreneur principal qui aura la qualité de maître de l'ouvrage, et le sous-traitant qui aura la qualité d'entrepreneur.

5. Obligations principales. Ainsi, le sous-traitant sera responsable de ses prestations selon le droit commun. Traditionnellement à l'article 1792-4-2 du Code civil, sa responsabilité pourra être recherchée suivant le même délai de prescription que celui qui s'applique à l'action en responsabilité contre l'entrepreneur principal, avec le même point de départ : c'est la réception du marché principal, prononcée par le maître de l'ouvrage, qui déclenchera le point de départ de la prescription. En cas de sous-traitance irrégulière autrement dit, en l'absence d'acceptation du sous-traitant ou d'agrément des conditions de paiement, le sous-traitant pourra choisir de renoncer au contrat. Toutefois, s'il décide de l'exécuter, il ne pourra plus par la suite invoquer l'irrégularité du contrat pour échapper à sa responsabilité. Autrement dit, il ne peut à la fois se prévaloir du contrat de sous-traitance pour obtenir le paiement des travaux qu'il a exécutés et le rejeter pour échapper à sa responsabilité contractuelle. Même non accepté par le maître de l'ouvrage, le sous-traitant reste tenu envers l'entrepreneur principal de livrer exempts de vices les ouvrages dont il a reçu ou réclame le paiement.

6. Obligation accessoire de garantie. Certains contrats d'entreprise font naître à la charge de l'entrepreneur une obligation de garantie des vices. C'est le cas, notamment, du contrat de construction d'ouvrage. En ce domaine, le droit de la construction prévoit un régime spécial de garantie, selon les éléments de l'ouvrage qui se trouvent viciés :

- L'article 1792 du Code civil installe une garantie décennale à la charge du constructeur d'ouvrage s'appliquant soit en cas d'atteinte à la solidité de l'ouvrage (ou à la solidité d'un élément d'équipement indissociable), soit en cas d'atteinte à la destination de l'ouvrage.

---

1. CA Paris, 7e ch. À, 11 juill. 1983.
2. Cass. 3e civ., 23 janv. 2002, n° 00-17759.
3. Cass. com., 25 juin 1991, n° 90-11230.

- L'article 1792-3 du Code civil installe en place une garantie biennale qui a vocation à s'appliquer que lorsque le dommage affecte un élément d'équipement dissociable qui fonctionne, c'est-à-dire qui est doté d'un dynamisme propre, tel que des volets roulants
- L'article 1792-6 du Code civil installe une garantie annale de parfait achèvement pour les désordres signalés par le maître de l'ouvrage, soit au moyen de réserves mentionnées au procès – verbal de réception, soit par voie de notification écrite pour ceux révélés postérieurement à la réception

En cas de nullité du sous-traité, le sous-traitant est en droit d'obtenir la restitution par l'entrepreneur principal des sommes réellement déboursées sans que soit prise en compte la valeur de l'ouvrage[1].

B Les effets dans les relations entre sous-traitant et maître de l'ouvrage

1 Les droits du sous-traitant contre le maître de l'ouvrage

7. Sous-traitance régulière. Lorsque la sous-traitance est régulière, elle fait naître des droits pour le sous-traitant à l'encontre du maître de l'ouvrage, alors même que ces deux personnes ne sont pas contractuellement liées. C'est exactement la raison pour laquelle un agrément du sous-traitant par le maître de l'ouvrage est nécessaire. L'article 12 de la loi du 31 décembre 1975 relative à la sous-traitance permet aux sous-traitants, en cas de non-paiement par l'entrepreneur principal une action en paiement contre le maître de l'ouvrage.

8. Sous-traitance irrégulière. Le maître de l'ouvrage doit mettre l'entrepreneur principal ou le sous-traitant en demeure de s'acquitter de ses déclarations aux termes de l'article 14-1 de la loi du 31 décembre 1975. Autrement dit, il doit donner agrément au sous-traitant. En cas de défaillance de ces obligations, la sous-traitance sera considérée comme irrégulière, le sous-traitant n'a pas d'action directe contre le maître de l'ouvrage. En revanche, le sous-traitant pourra rechercher la responsabilité du maître de l'ouvrage, dans l'hypothèse où le maître de l'ouvrage aurait eu connaissance de la sous-traitance non déclarée et n'aurait pas mis l'entrepreneur principal ou le sous-traitant en demeure de s'acquitter de ses obligations lui imposant de faire accepter le sous-traitant et agréer les conditions de paiement[2].

En revanche, le maître d'œuvre ne peut se voir reprocher un défaut d'acceptation et d'agrément, alors qu'il n'était pas établi que cette acceptation des sous-traitants et l'agrément de leurs conditions de paiement relevaient de la sphère d'intervention et de la compétence de celui-ci[3]. En revanche, l'entrepreneur n'a pas à indiquer au maître de l'ouvrage les incidences du défaut d'agrément d'un sous-traitant dont il a révélé la présence sur le chantier[4].

2 Les droits du maître de l'ouvrage contre le sous-traitant

9. Sanctions. Que la sous-traitance soit régulière ou irrégulière, le maître de l'ouvrage pourra agir en responsabilité contre le sous-traitant en cas de dommage causé par l'intervention de ce dernier. La difficulté provient de savoir s'il s'agit d'une responsabilité délictuelle ou

1. Cass. 3e civ., 13 sept. 2006, n° 05-11.533.
2. Cass. 3e civ., 7 juill. 2015, n° 14-20.353.
3. CA Paris, 19e ch. B, 3 mai 2001.
4. Cass. 3e civ., 12 mars 2008, n° 07-13.651.

contractuelle. La Cour de cassation par l'arrêt Besse en date du 12 juillet 1991[1] a considéré que l'action du maître de l'ouvrage contre le sous-traitant est de nature délictuelle et non contractuelle. Néanmoins, il est admis aujourd'hui qu'une action entre deux personnes non parties à un même contrat peut toutefois être contractuelle quand les conventions ont pour objet le transfert de propriété d'un bien. En effet, dans un arrêt en date du 13 janvier 2020 (même si la solution n'est pas nouvelle et que la jurisprudence l'a déjà admise en 2006) les juges du 5 quai de l'horloge ont confirmé que « le tiers à un contrat peut invoquer, sur le fondement de la responsabilité délictuelle, un manquement contractuel dès lors que ce manquement lui a causé un dommage »[2].

1. Cass. ass. plén., 12 juill. 1991, n° 90-13.602.
2. Cass. ass. plén., 13 janv. 2020, n° 17-19.963.

Pour aller plus loin

1. Ouvrages

- D. Rambure, *Le paiement du sous-traitant. L'action directe contre le maître de l'ouvrage*, 1990, LGDJ.
- J.-E. Caro, B. Sablier et S. Abbatucci, *La sanction prévue en cas de défaut d'acceptation du sous-traitant et d'agrément de ses conditions de paiement*, JCP 2004. II., 10042.
- A. Le Gars, *Le maître de l'ouvrage ayant manqué aux obligations prévues par l'article 14-1 de la loi du 31 décembre 1975 doit garantir les sommes impayées dues au sous-traitant*, JCP 2004., 2. Articles.
- J.-P. Karila, *L'action directe du maître de l'ouvrage à l'encontre du sous-traitant est nécessairement de nature délictuelle*, Gaz. Pal. 1992.
- V. Roulet, *Opération de sous-traitance et responsabilités*, LPA 14 juin 1993, n° 71, p. 12.

Exercice QCM

→ Répondre aux questions suivantes. Une seule bonne réponse est possible.

1 L'agrément du maître de l'ouvrage des sous-traitants est-il obligatoire pour l'entrepreneur principal ?

a. Oui.

b. Son système de représentation.

2 La société Super-Ciment fait appel à la société Super-Béton pour réaliser des travaux dans la construction d'un immeuble. La société Super-Béton a :

a. Une obligation de résultat.

b. Une obligation de moyen.

c. Une obligation de donner.

3 Entre le sous-traitant est le maître d'ouvrage c'est une responsabilité :

a. Contractuelle qui pourra être engagée en cas de dommage.

b. Délictuelle qui pourra être engagé en cas de dommage.

c. Mixte qui pourra être engagée en cas de dommage.

4 Pour engager la responsabilité du sous-traitant le maître de l'ouvrage :

a. N'aura pas à prouver la faute du sous-traitant, celle-ci de plein droit.

b. Devra prouver la faute du sous-traitant.

c. Le sous-traitant devra prouver une faute dans les directives du maître de l'ouvrage.

5 Défaut d'agrément ouvre-t-il un droit d'action en direct pour le sous-traitant envers le maître de l'ouvrage ?

a. Vrai.

b. Faux.

Correction

1 Réponse a. *Oui.*

2 Réponse a. *Obligation de résultat.*

3 Réponse b. *Délictuelle.*

4 Réponse b. *Prouver la faute du sous-traitant.*

5 Réponse b. *Faux.*

Exercice

Cas pratique : « Péril en la demeure »

Énoncé

Annie Versaire s'installe dans une maison construite il y de cela deux ans. Afin d'aménager la salle de bains, elle fait faire une baignoire sur mesure à la société Candy Raton qui sous-traite la fabrication de la baignoire à la société Astérix Épéril. Trois mois après l'installation de la baignoire celle-ci cède sous le poids du jet d'eau dégradant le sol de la salle de bains. Annie Versaire souhaite engager la responsabilité de l'entrepreneur.

Qu'en pensez-vous ?

Correction

Rappel des faits et problème juridique

Une personne souhaite installer une baignoire dans sa salle de bains. Elle conclut un contrat avec une société pour l'installation qui elle-même passe par une société pour réaliser l'ouvrage. Néanmoins, l'installation de la baignoire s'avère défectueuse. Tout le problème réside en l'espèce dans la responsabilité des deux sociétés unies par un contrat de sous-traitance.

Qualification juridique

En l'espèce, il s'agit bien d'un contrat d'entreprise prévu à l'article 1710 du Code civil. En effet, il s'agit bien d'acte matériel concernant l'installation d'une salle de bains. Néanmoins, en l'espèce, il s'agit de sous-traitance. Autrement dit, l'entrepreneur en tant que contractant direct du client ne va pas réaliser lui-même la prestation qui lui a été promise : il passe par un sous-traitant. Il y a donc une succession de deux contrats d'entreprise.

Règles de Droit

Pour que la sous-traitance soit valable encore faut-il que la sous-traitance soit acceptée par le maître de l'ouvrage, autrement dit le client. En l'espèce, aucune indication ne nous permet de savoir si cette sous-traitance a été validée par la cliente. La solution trouvera à s'appliquer, peu importe si la sous-traitance a été acceptée par Annie Versaire. La Cour de cassation dans un arrêt d'assemblée plénière en date du 6 octobre 2006, a admis que le tiers à un contrat peut invoquer sur le fondement même de la responsabilité délictuelle, un manquement contractuel si ce manquement contractuel lui cause un dommage.

Application

Annie Versaire pourra agir contre la société Astérix Épéril sur le fondement délictuel. En l'absence d'agrément de la sous-traitance par Annie Versaire, il s'agira d'une sous-traitance irrégulière et la société Candy Raton ne pourra pas invoquer le contrat de sous-traitance et verra sa responsabilité engagée.

Index

Les numéros renvoient aux numéros de fiches.

L

M-N

O

P

R

S

T-U

V

Table des matières

Imprimé en France par CPI
en juillet 2021

Dépôt légal : juillet 2021
N° d'impression : 164569